滋賀県公的扶助史研究

――戦前・戦中社会事業のあゆみ――

畠中　耕

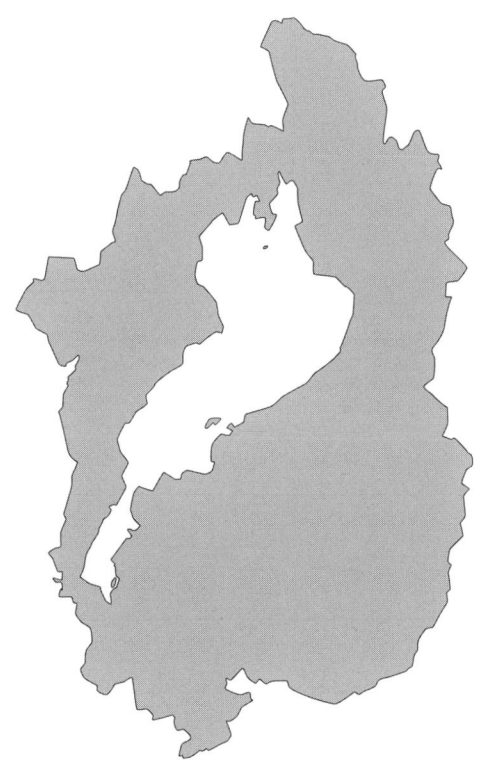

本の泉社

序

　本書は、筆者がこれまで発表してきた滋賀県における社会事業史に関する論稿を一冊にまとめたものである。滋賀県の社会福祉といえば、第二次世界大戦後の糸賀一雄、田村一二、池田太郎らによる知的障害児者福祉の先駆的な活動をイメージすることが多いと思われる。しかし、滋賀県に限らず社会福祉という言葉が一般に普及する以前から各地域において発生した生活問題に対処するためにさまざまな救済活動が展開されてきた。同時に社会事業史研究をめぐる動向を確認してもここ数年間に各地域で展開された社会事業を精力的に発掘した研究が漸次提出され、地域ブロックごとに研究誌が発行されるなど著しい進歩が確認される。社会福祉が一部の職業政治家や官僚らの手によってのみ創造されるという性質のものでない以上、各地域で展開された事業やその事業を担った人物を発掘するのは当然の作業といえるであろう。本研究もこれまで地域社会福祉史研究に従事してきた先駆者と同様に、権利主体である市民と共に社会福祉は存在するという前提から出発している。そして、それは金銭成果主義と市場原理に飲み込まれた現代の社会福祉に対するアンチ・テーゼでもある。

　滋賀県における社会（福祉）事業史に関する通史研究は、前述した糸賀らによる知的障害児者福祉の実践史や思想史等の一部の個別研究を除けばほぼ皆無に等しい状況である。わずかに『滋賀県史』や矢上克己がまとめた「滋賀県社会事業年表──近代のあゆみ──」が存在するにすぎない。そのなかでも『滋賀県史』は他県の「〇〇県史」と比較しても社会（福祉）事業の動向について詳細に記述されており、滋賀県社会（福祉）事業の全体像を理解する上では参考になる図書である。しかし、記述・発行された内容が「昭和期」に限定されているため、一般に近代社会事業が成立したといわれている大正期の社会事業の分析は依然課題として残されたままであった。本研究が特に

大正期の社会事業成立過程に焦点をあてたのも、このような「空白」を埋める意図があったからである。

　上記のような関心をもとに研究を進めるにあたって筆者が注目したのが、滋賀県県政史料室に所蔵されている一連の行政文書である。県政史料室は、滋賀県が成立した明治以降から現代までに発行された行政文書や県史編纂の際に収集された古文書が多数保存されているアーカイブス（＝文書館）である。同史料室には特に学務部社会課関連の簿冊群が豊富に所蔵されており、地域の社会事業史研究を進める上で有効に活用できると思われる好材料が眠っていた。実際に筆者は、県政史料室を訪問する度に研究室の机上では得られない興奮と新たな識見を得ることができた。無論、行政資料を史料として利用することに「限界」と「リスク」が伴うことは否定できない。「行政側」の判断・意図によって保存資料の取捨選択が為された可能性があることも承知している。しかし、それでも中央省庁から発行された文書や帝国議会の議事録、さらには社会事業史の先行研究が必ずといってよいほど依拠している『社会事業』等の全国機関紙からは決して得ることのできない地域固有の情報が得られたことも事実である。その情報をどのように評価・選択して史実として記述するのか、そこに社会福祉研究者としての価値判断が介入することはいうまでもない。本研究は、基本的には社会福祉の権利主体としての「市民」の視点から歴史を捉えたいという筆者の価値判断に基づいている。なお、県政史料室所蔵資料以外にも滋賀県救済協会機関紙『時報』や、滋賀県社会事業協会機関紙『共済』の他、社会課が発行していた『社会叢書』なども本研究の基礎になっている。これらの資料は散逸が著しくすべてを発掘できたわけではないが、現代の情報化社会において比較的容易に入手できたことも事実である。この点は県政史料室のアーキビストや大学図書館関係者の協力に依る所が大きかった。改めて感謝申し上げる次第である。

　なお、本書に収録した論稿は次の通りである。論稿発表後に明らかになった誤記等を修正したものの、基本的にはそのまま掲載している。

・「滋賀県社会事業史研究――米騒動と救貧――」中国四国社会福祉史学会『中国四国社会福祉史研究』（第9号）、2010年。

・「滋賀県における方面委員制度の成立と展開」田代国次郎・畠中耕共著『社会福祉の未来は』社会福祉研究シリーズNo27、社会福祉研究センター、2013年。
・「関東大震災と滋賀県（1）――滋賀県人共済会の同胞援護事業――」社会福祉研究センター『草の根福祉』（第41号）、2011年。
・「関東大震災と滋賀県（2）――震災救護関西府県聯合と滋賀県――」中国四国社会福祉史学会『中国四国社会福祉史研究』（第11号）、2012年。
・「室戸台風と罹災救助――滋賀県を事例として――」中国四国社会福祉史学会『中国四国社会福祉史研究』（第12号）、2013年。
・「昭和初期滋賀県における農村社会事業の展開」田代国次郎先生喜寿記念論文集編集委員会『いのち輝く野に咲く草花に――田代国次郎喜寿記念論文集――』社会福祉研究センター、2012年。
・「滋賀県における農村隣保施設事業の展開――戦時下を事例として――」田代国次郎編『続・地域から社会福祉を切り開く』本の泉社、2011年。
・「滋賀県における救護施設の創設――滋賀養老院、延寿舎の創設を中心に――」中国四国社会福祉史学会『中国四国社会福祉史研究』（第10号）、2011年。
・「昭和期滋賀県における軍事援護事業の展開」社会福祉研究センター『草の根福祉』（第42号）、2012年。
・「海野幸徳の『湖西社会事業』論――滋賀県『遊覧社会事業』の構想――」社会福祉科学研究所『社会福祉科学研究』（創刊号）、2012年。

　上記の論稿名からも判断されるように本書は体系的な滋賀県社会（福祉）事業史とはいえず、いわば「つまみ食い」の域をでるものではない。遺漏の点も多く、特に社会事業を地域のなかから推進した人物について十分に取り上げているとはいえない。同時に関係者から常日頃指摘を受けることであるが、戦前社会事業と現代の社会福祉との関係性（連続性）を明らかにするために必要不可欠な「戦後社会福祉」の分析も完全に欠如している。また、恤救規則や生活保護法の運用に関する論稿を掲載しないで「公的扶助史」というタイトルを採用することに筆者自身大きな抵抗感を覚えたことも事実である。しかし、読者の批判を想定してもなおこのタイトルにこだわったのは、

指導教授の強い「推薦」があったことと、「権利としての社会福祉」や「社会福祉の公的責任」といった社会福祉の近代理念を歴史のなかに再確認して現代に継承したいという筆者自身の強い思いがあったからである。大風呂敷を広げておいてこの点に殆ど回答できていないという批判は、甘んじて受け入れたい。

　本書が地域社会福祉史研究の発展に、さらには地域の社会福祉の発展に多少なりとも寄与できれば幸いである。

滋賀県公的扶助史研究
―― 戦前・戦中社会事業のあゆみ ――

◎目次◎

序 ……………………………………………………………………………… 3

第一編　社会事業の形成 …………………………… 11

　第一章　滋賀県における米騒動と救貧 ………………………… 12
　第二章　民力涵養運動と方面委員制度の成立 ………………… 38

第二編　災害と罹災救助 …………………………… 63

　第一章　関東大震災と滋賀県（1）
　　　　　——震災救護関西府県聯合と滋賀県—— ……………… 64
　第二章　関東大震災と滋賀県（2）
　　　　　——滋賀県人共済会の同胞援護事業—— ……………… 90
　第三章　室戸台風と罹災救助 …………………………………… 104

第三編　農村社会事業の展開 ……………………… 121

　第一章　昭和初期における農村社会事業の展開 ……………… 122
　第二章　戦時下における農村隣保施設事業 …………………… 146

第四編　救護法の運用と軍事援護 ………………… 169

　第一章　滋賀県における救護施設の創設 ……………………… 170
　第二章　軍事援護事業の展開 …………………………………… 186

補　章　海野幸徳の「湖西社会事業」論
　　　──滋賀県「遊覧社会事業」の構想── ……………………… 203

あとがき……………………………………………………………………… 221

第一編
社会事業の形成

第一章　滋賀県における米騒動と救貧

Ⅰ．はじめに——社会事業史研究における米騒動への視座——

　米騒動は社会事業史研究における重要トピックの一つであるが、そこで常に議論されてきた問題が米騒動と社会事業成立の因果関係に関する問題である。米騒動が近代社会事業成立の要因となったことは、すでに多くの先行研究で指摘されてきた。吉田久一は、社会事業成立の要件の一つとして大正中期以降の社会事業対象（窮乏層）の激増を指摘している[1]。つまり、米騒動が全国レベルで浸透していた社会問題の存在を政府に認識させ、その対応策としての社会事業の組織化・制度化をもたらしたという論理である。池田敬正は米騒動が勃発した1918（大正7）年を境界とし、「慈善事業の社会事業化」という表現でもって近代社会事業の成立を指摘している[2]。池田もまた吉田と同様に社会事業対象の増大を社会事業成立の指標としているが、米騒動が一部の救貧対象（被恤救的窮民）だけではなく広汎な「労働者階級」の問題として認識されたとする点に特徴を持つ[3]。米騒動期における「社会事業対象の拡大」を各地域の新聞資料を基に実証しようとした田代国次郎もまた、窮乏層の拡大及び窮乏層に対する社会的認識の高揚を米騒動が近代社会事業成立に与えた第一の要件とみている[4]。いずれにしても、社会事業対象（窮乏層）の増大と生活不安の高揚が全国的な騒擾となった米騒動の勃発をもたらし、政府に緊急な対応策を迫った結果として社会事業が成立したという主張は共通している。

　このような「抵抗と譲歩」といった論理で、米騒動と社会事業成立の関係を端的に主張したのが小川政亮である。小川は、米騒動が勃発した1918、19年の時期が支配階級にとって最も危機感の切迫した時代であったことを指摘し、「アメとムチ」の関係によって方面委員制度に代表される近代社会事業の成立を説明する[5]。もっとも小川の場合には米騒動後の労働運動（社

会主義運動）高揚をその条件としているが、大衆的規模で展開された米騒動と労働運動との連続性を指摘している。

　一方で、上記の定式的な「抵抗と譲歩」の社会政策的論理を米騒動と社会事業成立に当てはめることに異議を唱えたのが一番ヶ瀬康子である。一番ヶ瀬は米騒動の主体となった「細民」の階層分析を通してその停滞的過剰人口としての性格を指摘すると共に、米騒動とその後の労働運動の主体の階級的成熟度の相違を主張する[6]。こうした主張にもとづいて、米騒動と社会事業成立の直接的な因果関係を否定し、米騒動対策としての救済事業を「感化救済事業の積極的展開」と位置づけることで[7]、近代社会事業とは明確に区別している。

　以上、先行研究における米騒動と社会事業成立の因果関係に対する見解を見てきた。米騒動が「その後のいっさいの社会運動の本格的な発展のための跳躍台となり、無産階級革命運動のための素地を準備」したという意味において考えるならば[8]、唯一ではないにせよ近代社会事業成立の大きな要因となったと考えることは極めて妥当であろう。しかし、このような歴史的研究課題に応えるためには、定説の論理を当てはめるのではなく各地域の状況を当時の資料分析を通して実証的に明らかにしていく作業が必要不可欠である。より具体的にいえば、米騒動対策として展開された廉売・施米に見られる救済対策と社会事業の接点の有無を当時の資料を通して確認していくことが必要であると考える。結論を述べるならば、筆者は次の一点において米騒動対策のなかに近代社会事業成立の萌芽が確認できると考えている。つまり、米騒動対策として展開された廉売・施米対策ではその救済対象を戸数割等級や扶養者の有無の状況によって選別していた。近代的救貧法が成立を見ていない歴史的状況のなかで、このような救済対象の選別が為されていることはそれまでの恣意的な慈善事業・感化救済事業とは袂を分けている。さらに、救済対象の「限定」は米騒動を直接の契機として成立した救済団体の救済原則のなかにも確認できる。

　上記の点に注目して本章では、滋賀県を事例として米騒動対策としての救済対策と社会事業との接点を解明してみたい。すでに先行研究が明らかにしているように、滋賀県は他府県で米騒動が勃発すると即座に県費100万円を

支出して独自に外米を買入れて廉売の資にあてた。同時に、「民衆に対しては温情主義をとること、絶対に兵力を借らないことの二原則」を打ち出した結果、大規模な米騒動を未然に防ぐことに成功した近畿地方のなかでも稀有な県として評価されている[9]。その効果の一端を本稿では明らかにしてみたい。分析資料は、滋賀県所蔵文書『大正七年米価暴騰による救済書類』である（カナは平仮名で引用している）。

Ⅱ．騒動下における「窮民」の生活状況と下賜金の配当

　滋賀県における米騒動の概況については、すでに京都大学人文科学研究所による詳細な研究があるのでここでは繰り返さない[10]。ここでは一例として栗太郡山田村（現草津市）の被差別部落で発生した騒擾と当時の当局の騒擾への対応を資料から紹介してみたい。

「栗太郡山田村大字〇〇〇〇〇（細民部落）五十六戸二百七十五人の小部落なるも何れも赤貧洗ふが者大多数を占め今回の米高に際し一層生活難を感じ居れる折柄京阪神地方の米暴動を耳にし甲乙相伝へ一昨十二日夜同部落民は二隊に分れ一は草津町の米商を襲はんとし一は居大字〇〇区長を襲はんとせる趣聞〇したるを以て直ちに警察署長と協議し一面〇〇山田村に於ては未発に防止方を取りはしめたるに雖も未だそれ程〇に達し居らさりし為め同夜は事なきを得たるも翌十三日に至り部落民は四名の代表者を選定し居大字区長に対し部落の共有金（部落有財産にあらず）を貸付し救助方を申込たる処元より貸付すべき性質の金にあらざるを以て之を拒否したり茲に於て細民の激昂する所となり十三日夜は区長を襲撃するやも斗られすとのことなりしを以て直に同夜吏員を派し村長警察官等と共に相方の間に入り協議を尽さしめたるに容易に纏り難かりしが遂に今十四日に至り共有金は貸付せささるも大字〇〇の有志者より金三百円余りを寄付し之に依て外米又は小米の類を購入する場合に一升に付金七銭を〇金を以て補助することを協議し之を細民に通じたるに非常に感激し有志の厚意を感謝せり又前日襲ふへしとの風説ありし草津町米商人は彼等の要求を待たず進んで〇〇細民へ白米七斗五升し恵供したる為之に対しても大いに感謝の意を表して居家右之如く一時は稍不穏の形勢なきにあらさるも有志又は米商人の厚意に依り今夕に至り全く鎮静に賑し」（〇

は伏字及び判読不能）¹¹⁾。

　山田村の騒擾は、結果的に村内有志者の寄附による廉売と米商の施米、さらには村長の寄附行為の約束によって一時的に沈静を見るに至った。前に述べたように、滋賀県はこのような慰撫活動や救済活動が速くから計画・実施され、軍隊の出動をみることなく米騒動を収束させた関西地方では稀有な県として評価されている。他府県で勃発した米騒動をいち早く察知し適切な救済対策を講じるためには、米価暴騰による要救済者の生活状況を把握することが何より必要であった。滋賀県内務部は1918年8月10日付けで県内各郡市長宛に、「窮民救済に関する件」を発した。それは救済を要する「窮民」の戸数、「窮民」の食物（栄養）状況及び職業別の収入状況、さらには「細民」の救済状況を調査報告するように指示した内容であった[12]。その調査結果が「物価の暴騰に困る窮民生活の概況」としてまとめられ、一般に公表されることになった[13]。その内容を紹介してみる。

　先ず、戸数であるが、「大正七年七月末現在に就き之を観みるに県下に於ける貧民は壱万二百十七戸、四万千八百七十五人（内男二万四百八十九人、女二万千三百八十六人に）して本県総戸口に比し戸数に於ては七分六厘余りに当り人口に在りては五分八厘余を含む而して貧民の戸口は時に〇長ありと雖も大正六年十二月末調査の戸口に比するときは戸数に於て八千四百余戸、人口に於て三万五千余の増加を示せり」と記されている（〇は判読不能）[14]。この調査結果により、約半年間で生活困窮者が著しく増大していることを県当局も承認せざるをえなくなった。

　次に、県下「窮民」の「食物の状況」と「職業別収入の状況」を見てみたい。「食物は概して粗食にして外米に少量の内地米を混して従来の麦に代用し然も其の割合は外米六分に内米四分を混するもの多く或は外米のみを食するもの或は外米の粥を常食とする者あり副食物としては多くは漬物、野菜、塩、味噌を主とし魚類の如きは乾物の類すら口にするもの稀なり」[15]。外米を食することに対して抵抗感を覚える者が少なくないなかで、外米のみの食事を強いられている生活者や蛋白質の摂取が殆んど見込めない生活者が多くいたことが調査結果から確認できる。また、職業別収入については、「細民中其の多くは日稼又は労働に従事する者大部分を含め工業及商業に従事する者比較的

少なく又収入は職業又は期節に依り差異ありと雖も月収五円以上十円未満及十円以上十五円未満の者最も多く月収十五円以上の者割合に少なし」と記されている[16]。調査対象となった「細民」の職業で最も多いのが「日稼労働其他」の5,363世帯、次いで多いのが「農業」の2,408世帯であった[17]。その他にも「無業」世帯が516戸あり、この世帯は細民層のなかでも特に米価暴騰の影響を受けた階層であった。

　最後に、「細民救済の状況」についてみてみたい。そこでは「近時経済界の変調に伴ひ職業の種類は大に変動を来し従来の労銀昂騰の結果却て貧民生活を脱したるもの増加せるも○日末の未売暴騰に因り下級細民は生活困難に陥り悲惨なる状態を呈するに至れり而して其の救済方法は地方有志の寄附を募集し外米の購買を計り又は内地米、外国米の廉価販売に努め、又老幼不具廃疾にして扶養者なき者等に対しては施米並に日用品たる塩、醤油等の無代交付を為す等何れも適当の方法を講じつつあり」と述べられている（○は判読不能）[18]。「適当の方法」という県当局の評価はともかくとして、救済の対象となる「細民」を廉売対象となる一般細民と「老幼不具廃疾にして扶養者なき者」等の窮民とに区別し後者に対しては無償での食糧供給をおこなっていた事実が確認できる。

　このように米価暴騰による生活困窮者が増大し為政者の間に社会問題として米騒動が認識されるなかで、政府は細民・窮民救済策を講じる必要に迫られる。政府が打ち出した救済策の柱が皇室からの下賜金の配当であった。下賜金の配当を受けた各都道府県は、この資金を基にして米廉売を中心とした窮民救済策を講じていく。以下、滋賀県における下賜金及び寄付金の配当状況を見てみたい。

　1918（大正7）年8月14日付で内務局より滋賀県知事宛に電報（訓第534号）が発信された。その電訳には「今般米価騰貴に伴ひ人民困窮の状態を聞し召れ賑恤の思召を以て内努の資を下賜せらる依て貴県へ金三万四千円を配当す聖恩優渥感激の至りに堪えす地方当局者宜しく深く御○の存する所を奉体し速かに聖恩に奉答するの道を講ずるべし」との指示がある（○は判読不能）[19]。また、同日内務局より滋賀県知事宛に発せられた別の電報の電訳には、「今般配布したる恩賜金は地方の実情に応じ緩急を図り廉売其他適切の方法に依り救恤の貴

途に充て御趣旨の普及徹底を期する様速かに御配慮相成し尚救済方法相立ちたる上は報告ありたし」との指示がある[20]。この二つの電訳から判断されるように、滋賀県への下賜金配当額は34,000円で、その下賜金を基に廉売等による窮民救済の方策を講じることが指示されていた。

この下賜金34,000円の配当を受けて県当局は県内郡市への配当を検討することになる。その配当案は5案まで検討されていたが[21]、結果的には第1案が採用された様子である。第1案の配当方法は、下賜金34,000円の内から30,000円を現住人口数に、残り4000円を細民数に比例して配分するという内容であった。下賜金の県下郡市への配当額が（表1）である。

（表1）下賜金の県内配当表

郡市名	大津市	滋賀郡	栗田郡	野洲郡	甲賀郡	蒲生郡	神崎郡	愛知郡	犬上郡	坂田郡	東浅井郡	伊香郡	高島郡	計
下賜金四千円を細民人口に比例	15	132	135	70	481	431	171	428	643	506	382	347	269	4000
下賜金三万円を現全人口に比例	2562	1833	2105	1790	3059	3948	1555	2061	2974	3027	1617	1414	2055	30000
計	2800ママ	2070ママ	2240	1860	3540	4000ママ	1726	2479	3617	3533	2050ママ	1761	2324	34000

滋賀県所蔵『大正七年米価暴騰による救済書類』より引用作成。

上記のような下賜金配当以外にも、政府（内務省）による義捐金（三菱等資本家による寄付金）の配当があった。1918年8月19日付で内務省地方局長より「寄付金分配の件に付通牒」が発せられ、「米価暴騰に関する困難者救済の資」として31,742円が滋賀県に対して配当された[22]。この義捐金も「廉売其他窮民補給」することを目的として、県下郡市に配当された[23]。配当基準は下賜金の配当基準を踏襲していたが、その配当額が表2の通りである。

（表2）義捐金配当表

郡市名	滋賀郡	栗田郡	野洲郡	甲賀郡	蒲生郡	神崎郡	愛知郡	犬上郡	坂田郡	東浅井郡	伊香郡	高島郡	大津市	合計
金額	1932	2091	1736	3305	3734	1611	2314	3376	3298	1914	1644	2169	2618	31742

滋賀県所蔵「地方局より配当せられたる富豪の寄付金配当表」『大正七年米価暴騰による救済書類』より引用作成。

以上下賜金及び義捐金の県郡市下への配当状況を見てきたが、この他にも県内有志者よりの寄付が県及び各郡市長に届けられた。先に触れたように、県当局の配当基準は一般県民と細民層を区別してそれぞれの郡市における人口数に応じて決定される内容であった。すなわち、当時の県当局の認識のなかには米価暴騰による救済措置を講じるにあたって一般県民から細民層（要救護層）を区分しようとする意図があったことが確認できる。その区分の指標となったのが税納付額によって決定される戸数割等級であった。次節以下に見る米の廉売や施米においても、戸数割等級による一般県民と窮乏層の区分が顕著に確認できる。無論、その配当額から窮乏層に特段の配慮が為されていたとう事実は確認できない。実際に、8月12日付で発せられた「滋賀県告諭第一号」のなかでは、「事態斯くの如くは中流以下の困難少からさるへし依て県に於ては夙に之か救済の策を樹て」ることが確認されているように[24]、県当局の主要な関心層は一部の窮乏層よりも包括的な「中流層」以下の階層にあった。ただ、包括的な救済対象のなかで一般労働者層と被救済層を区別しようとする思考の萌芽が寄付金の配当基準のなかに確認できる。こうした配分基準は、郡から各町村への配当にも適用されている。実際に、栗太郡（総額2,240円）においては、2000円を郡内現住総人口数に、240円を郡内細民数に応じて配当している[25]。

Ⅲ．滋賀県下における廉売・施米状況

　一般に、細民層（下層社会層）のなかから近代的労働階級と窮民層（要保護層）の分化を始めたのは産業革命期以降であるといわれている[26]。しかし、隅谷三喜男が指摘するように、細民層と窮民層（要救護層）は対立する概念ではないし、その後もしばしば同一視されてきた[27]。ここに、近代的救貧法の成立を見ない日本社会事業の前近代的性格が存在するのであるが、一方で実際の社会事業行政のなかには細民層から要救護層を区別しようとする動きが米騒動前後に確認できる。その代表例が、1918年に成立を見た大阪方面委員制度であろう。方面委員制度では、対象となる被救済層を第一種・第二種カード階層に分類し、その処遇を展開している。このように労働階級から窮乏層（要救護層）を抽出する動向は、社会事業成立の一つの指標とみる

ことができる。

　上記のような要救護対象の定義が法的に明確に為されるには、救護法の制定を待つ必要があった。しかし、要救護対象を抽出しようとする動きは米騒動対策としての廉売・施米等の救済事業のなかにすでに見られる。一般に米騒動対策としての廉売・施米は「その場一時しのぎに行った慈恵政策」として認識されているが[28]、社会事業成立の萌芽がそこには確認できる。以下、滋賀県下における廉売・施米状況を見ていきたい。

1. 大津市

　8月17日に大津市長代理（助役）野田貞憲の名で県知事宛に「号外」の報告書が提出された。この号外に、市下における廉価販売状況が記されている。それによると、市内三箇所（東部・西部・南部）に販売所を設け、一人に付き二升以内を限度として販売を実施している。販売方法は切符制（引換制）とし、販売価格は外国米一升15銭、国産米一升30銭にて廉売するとの報告内容である。当時の市価（国産米）より15～20銭安の廉売となった[29]。同市の場合、戸数等級割による価格差の設定は見られない。

2. 野洲郡

　最初に、「守山町窮民食糧米廉売概況」を取り上げてみたい。それによると等級25等以下135戸、1戸平均3人半と仮定（小児10歳以下は2人で1人と算定）し、対象人員延472人を救済対象に位置づけている。さらに、1日の食料費1人白米四合として、価格は白米一升に対し義捐金（寄付金）により10銭補充し、30銭にて販売することになっていた。但し、「25等級以下」というのは一つの基準であり、実際の生活状況の調査結果を基準として廉売する旨が記載されていた[30]。

　この守山町（8月15日より廉売開始）を皮切りに、郡内各町村においても次々と廉売に乗り出していった。野洲町においては、等級22等以下386戸、約千名に対して、1人1日の食糧3合を基準とした米券を発行し、国産米一升30銭、外米15銭にて廉売をおこなっている。北里村においては、25等以下380戸2080人に対して、1人1日の食糧米4合を標準とした廉売券を交付し、白米一升35銭（義捐金でもって一升5銭の補充）にて廉売をおこなっている。中里村においては、等級26等以下142戸を救済対象とし、1日の食糧

大人4合、小人2合として、国産米35銭、外米17銭にて廉売している（廉売の際には通帳を持参させた）。祇王村においては、等級26等以下145戸（約725人）を救済対象とし、1人4合（小人は2人で1人とみなす）を基準として、国産米1升35銭、外米1升17銭にて廉売している。三上村においては、「飯米の不足者八十戸」に対し、国産米33銭、外米15銭にて廉売をおこなっている[31]。

9月に入ると他町村も廉売を展開するようになる。「窮民食糧米廉売の状況」によると、篠原村が8月21日より、等級25等以下の132戸（492人）を救済対象とし、1人の1日の食糧3合を基準として、国産米1升35銭、外米19銭にて廉売をおこなっている。9月以降は国産米1升30銭、外米15銭で廉売している。他の玉津村（救済対象は等級21等以下、145戸、653人）、速野村（等級29等以下、215戸、960人）、河西村（等級27等以下、130戸、405人）、小津村（等級26等以下、171戸、724人）、北里村（等級25等以下、380戸、2080人）、中洲村（等級34等以下、173戸、762人）においても概ね同様の方法（米商人を指定し、割引券若しくは米券を救済対象者に交付）が採用されている。救済対象者は戸数割等級により相違があるが、概ね25〜30等級以下の住民を「窮民」と位置付けて廉売対象としている。販売価格も国産米が1升30〜35銭、外米が1升15〜19銭で統一されていた[32]。

3．甲賀郡

1918年8月14日付で甲賀郡長藤谷永三郎より滋賀森県知事宛に「下級民生活状況報告」が為されている。そのなかに県民の生活状況が記されているので、その一部を引用してみる。「米価の暴騰は生計に激変を来し労働者を多数包有する水口町、土山町、長野村、石部町、及商工業者多き下田村、寺庄村等に於ける下級民其他農村に於ても下級小作民は日日の生活に不安を生し動もすれは民心激動するの兆あり」[33]。こうした状況のなかで、救済対策としての米の廉売が開始された。その状況が「窮民救済実況報告」に記されているので引用してみる。「町村に於ける廉売は水口町に於ける八月十三日の開始を以て最初とし其他の町村は八月十六日より二十日間の間に於て開始を見るに至り其救護人員は郡内を通じ一万五千三百四十八人にて郡内町村民の寄付金は総計二万七千五百六十八円に達せり之れに御下賜金並に先般付配

当の義金を加ふるときは総計三万四千四百十三円に達するを以て優に十一月中旬迄の救護を為し得へき見込なり又廉売米は内地米一升三十銭外米十五銭の廉価なるを以て被救護者は一般聖恩に感激しつつあり」[34]。こうした廉売と並んで、甲賀郡の救済対策で特筆すべきは、「窮民」のなかから「著しき貧困者にして自活し難き者」を別に抽出して施米或いは金員を給与している点である。こうした極貧層への救済措置は、郡支部より郡内町村に発せられた「指示事項」のなかに記されている。つまり、「日々の食料を購入するの資なく為に廉売の恩恵に浴し得さるか如き悲惨の境遇にあるものなきやを査察し之等窮民に対しては特別の援護を為すこと」が伝達されていた[35]。つまり、細民層のなかから更なる極貧層（要保護層）を区別し、無償による救済措置を展開していたことがここに確認できる。

4．神崎郡

神崎郡の救済措置は、他の郡市のなかでも特異な状況を示している。その内容は、町村により廉売・施米・現金給付とさまざまで、それぞれの救済対象を戸数割等級により明確に区分していることが確認できる。同郡に対する恩賜金の配当は1726円で、各町村に配当するにあたり10分の3を米の廉売（一般町村民が対象）、10分の7を窮民補給の為に充てることが指示されていた[36]。さらに、廉売の範囲を「中流以下とし其の標準は各町村の状況に依り一定し難く生活の階級に依りて廉売の程度を異にすることも又必要なるへし」と所得の状況に応じて廉売額の差異を指定している[37]。その他にも上記の廉売対象とならない「窮民」に対しては、「御下賜金を以て精選したる白米を購入し之を窮民に配給す其の方法は先す恩賜券を発行し各人に配布し置き一定の日を指定し配膳米を清潔なる白木綿を以て作れる袋に入れ袋の表面に恩賜の二字を記し聖旨を伝え容器は不敬に渉らさる様永久保存せしむること」が別途指示されていた[38]。このように、救済対象（中流以下の細民）のなかでも廉売対象となる者とならない者（窮民）が区別して考慮されていた。

神埼郡の救済措置は、各町村によってその内容が大きく異なる。山上村では、戸数割等級25〜30迄の152戸に対し外米1升五合券を交付（1升21銭）する他、31〜33等級及び納税免除者146戸に対しては国産米1升券、外米1升券をそれぞれ無償で交付している。御園村では、下賜金151円99銭を

24～31等及び等級外の村民合計213戸を対象とし、さらに夫々の等級のなかでも家族数により配給額を区別して現金を給付している（最下層の等級外5人以上の世帯に対しては1円1銭を給付）。八日市町では、郡支部の指示通り、下賜金288円98銭の10分の3（86円69銭）を廉売資金として活用し、戸数割等級21等以下の者（約600戸）に対して外米を原価の半額にて廉売している。さらに、下賜金の10分の7（200円29銭）にて玄米を購入し28等以下の村民430戸に対して施米をおこなっている。施米の数量も28等（160戸）に対しては一戸に付き10合、29等（113戸）に対しては12合、30等（157戸）に対しては15合というように、等級により施米量も異なっていた。建部村では、等級28～30等の世帯（109戸、452人）に対し、現金給付（1戸25銭、1人15銭）をおこなっている（現金を御下賜金と記せる美濃紙包に水引を掛けたるものに収めて支給）。旭村では戸数割等級21～27等級までの世帯（207戸）に対し白米5合を、28～30等までの世帯には白米1升を給付している。南五ヶ荘村でも、旭村と同様に等級21～28等級までの世帯（256戸）に対し白米5合を、29等以下（免除者含む）の世帯には白米1升を給付している。北五ヶ荘村でも、基本は前2村と同様である。等級27～33等までの世帯には白米5合を、34～36等（免除者含む）には白米1升を給付している。一方で五峰村における救済対策は現金給付で、定義が定かではないが窮民114戸に対し40銭を給付し、さらに同世帯人口431人のなかで労働可能な者及び比較的収入多き者91人を控除した230人に対して1人に付き10銭を配給している。能登川村の救済対策は現物給付（施米）で、130戸（戸数割二分五厘以下の者）を救済対象（窮民）と位置づけ、家族数に応じて施米量を決定している。伊庭村の救済対策は現金給付で、戸数割等級20～30等の世帯87戸に対しては一戸に付き30銭を給付し、24～27等（免除者含む）の129世帯に対しては1戸に付き40銭を給付している。同じく八幡村でも現金給付を採用し、配当された下賜金227円95銭の内28等の世帯（105戸）に対しては50銭を給付している。さらに29～30等の世帯（201戸）に対しては40銭を給付し、上乗せの形で同等級の806人に対して一人に付き10銭を給付している。栗見荘村では現物給付（施米）を採用し、20等（21戸、89人）の世帯に対しては1人に付き2合を、21～22等（43戸、

178人）の世帯に対しては1人に付き3合を、23〜25等（38戸、125人）の世帯に対しては1人に付き五合を給付している。栗見村でも同様に現物給付を採用しているが、細民家族人数により配給量を決定している。それによると、「中流以下の者（細民を除く）」114戸に対しては5合、「細民一家族十人以上の者」（2戸）に対しては28合、「七人以上の者」（8戸）に対しては25合、「4人以上の者」（46戸）に対しては20合、「3人以上の者」（30戸）に対しては17合をそれぞれ給付している[39]。いずれの町村でも救済対象者を一同に集合させ、「恩賜」あるいは「恩賜金」「恩賜米」と記された袋に封入して町村長あるいは区長の手によって配布された。その際には必ず、「恩賜の御趣旨」を普及徹底することが諭示されている。見られるように現金給付・施米と救済方法はさまざまであるが、救済対象となった窮民のなかでも所得（戸数割等級）に応じて対象区分が為され困窮度に応じて金額や施米量が比例的に増加するような仕組みとなっていた。

5．犬上郡

犬上郡では下賜金3,617円の各町村への配当を次のように決定している。つまり、郡民73,187人のなかで「甚しき細民」と認められる彦根町2,500人、青波村296人、河瀬村1,248人、豊郷村632人、西甲良村1,232人、東甲良村815人、合計6,723人に対して下賜金総額の2分を配分している（残り8分はその他の人口に応じて配分）[40]。こうした下賜金や寄付金を基に「窮民救済」が展開されたが、その概況は8月17日付けで県知事宛に提出された「窮民救助に関する件」に記されている。そのなかで「民心激動の恐あるを以て之か未然に防止」するために、細民への内地米の廉価販売、財米貯蓄者並びに米商に対して「徳義上」廉価販売をするよう告諭することが各町村に指示されている。特に、「下層労働者多き彦根町及細民部落及米穀の産出なき山辺部落に対しては各其町村の救済施設と相待て郡に於て相当援助の方法を樹てたき希望ある」と述べられているように[41]、細民層のなかから下層労働者や被差別部落等の「窮民」を抽出して特別に救済しようとする動向が確認できる。以下、郡下町村の「窮民救助」の実情を見ていきたい。

彦根町では、県税戸数割等級26等以下の世帯で「極貧者」1000戸、5000人を対象として1人1日3合の割合で国産米30銭、外米15銭にて廉売をお

こなっている。高宮町では、等級19等〜21等までの世帯約300戸に対して、1人4合（11歳以下は2合）を平均として、国産米28銭、外米は18銭にて廉売している。河瀬村では、村内の被差別部落（特殊部落）内の「救助すべき」170戸の他、他地区の50戸を合わせて220戸に対して国産米1升30銭、外米は19銭にて廉売をおこなっている。豊郷村では、被差別部落（細民部落）内で「救助を要する窮民」120戸、他地区の88戸を合計した210戸のなかで「六十歳以上十五歳未満の老幼者」に対して、60日間限定で1日1人5銭の補助をおこなっている。西甲良村では、被差別部落（特殊部落）内で「救助の窮民」80戸、その他24戸、合計104戸（さらに50〜60戸増加の必要ありと記されている）に対して、救助を展開する「予定」であると記されている（東甲良村でも同様の措置）。松原村では、県税等級19〜21等のなかで「極貧者」20戸人員76人に対し、1人平均3合の割合で国産米18銭にて廉売をおこなっている。北青柳村では、「普通額以下」207戸中「極貧者」67戸に対し、1人平均5合の割合で国産米30銭、外米10銭で廉売している。磯田村では、「救助を要する窮民」24戸に対し1人1日4合の割合で廉売している。南青柳村では、県税等級30等中26等以下の32戸人員106名に対して1人1日3合の割合で国産米1升10銭安にて廉売している。亀山村では、「窮民」27戸に対し、1人平均4合の割合で国産米1升30銭、外米は18銭の割合で廉売している。大瀧村では、納税等級を標準として「細民と認むべき」約30戸を「限度」として国産米時価10銭安で廉売している。多賀村では等級19〜20等を標準として、約100名の「細民」に対して1人1日四合の割合で廉売している（久徳村でも同様の方法を採用）。なお、犬上郡では廉売にあたって、「内外米廉売に付諸氏に告ぐ」と題する印刷物を対象者に交付している[42]。その内容は、下賜金を交付した天皇や廉売資金を寄附した郡内有志者に対して感謝することを指示したものであった。具体的には「諸氏は之等の御思召なり有志の篤志に感佩し倍々各自の家業に勤み毫も心に緩みを生じ又は惰ける様のことなく酷苦忍耐以て此の困難の時期を凌ぎ決して世の遅れを取るか如きこと之なき様一入精励されんことを切望す」と述べられている[43]。つまり、廉売による救済は一時的措置であることが強調され、生活困難の克服は自己責任で乗り切ることが基本であると宣言されていた。

上記のような廉売による救済は８月中旬より10月まで約２ヶ月実施されたが、９月半ばを過ぎた頃から廉売廃止の措置を講じるようになる。９月27日付けで犬上郡長より各町村長に発せられた告諭には、次のように記されている。「今や端境期も目睫の間に迫り需給の困難を軽減すると共に米価は漸次緩和するに至るべく自然廉売の必要を見ざるに至るの期も亦将に遠きにあらざるべきを相信ず」[44]。さらに、廉売廃止後の措置として「急激に廉売の終止を為すが如きは其恩恵に浴したるものにありては或は一時又々困難を感することあるべきを以て今より被救済者に対し廃止を予告し又廉売人員並補助価額を漸減するの方法を採り其の廃止時価と署廉売価格と可成相均しき程度に至れる際之か終止の方策を樹つる等一時に激変を来さす漸次復価の方法」を講じることが指示されていた[45]。同時に、郡民に対しては「今后再ひ斯る困難に遭遇することありとするも決して他を依頼することなき様不断の努力を以て万難を排するの覚悟あらむこと」が期待されていた[46]。あたかも米価暴騰による生活難は個人の責任であるかのような言い草であるが、いずれにしても告諭は今回の廉売による救済措置は例外的な一時的措置であることを宣言していた。犬上郡内の多くの町村が９月末までに廉売による救済措置を廃止している（ただし、福満、青波、西甲良、芹谷の各町村では「当分継続」予定であると記されている）。

６．坂田郡

　坂田郡では全国的に騒擾が拡散する以前から、郡で外米を購入し「細民救済」を目的とした廉価販売に着手していた。1918年６月11日の最初の廉売から４回にわたって実施され、その結果「融和を見るに至れり」と報告されている[47]。その後も各町村で廉売が継続されていった。その内実を見てみたい。

　入江村では、８月14日より１人に付き５升以内に限り、１升37銭で、15日以降は１人に付き12升以内に限り１升35銭で廉売している。神照村では、14日より１升33銭で廉売を開始している（購買者数は79人）[48]。柏原村では、50俵に限り１升33銭の割合で17日より販売し、19日には１升25銭（外米18銭）まで価格を下げている。東黒田村では、国産米１升35銭、外米一升19銭（９月１日より値下げ）にて廉売している[49]。法性寺村では、「救助を要する」43戸家族数148人に対し16日より、外米１升19銭の割合で廉売している。

日撫村では、1人1日4合の割合で、6〜7升を廉売する他、「最下貧困者」に対しては1升10銭にて提供している。六荘村では、村内「最下層又は之と同程度にある生計困窮者」＝103戸、309人を対象として、補助米券を交付し、米の購入資金を補充している。神照村では、県税等級29等以下の「窮民」に対して廉売券を交付し、大人1日五合の割合で、1升に付き33銭にて廉売している。鳥居本村では、区長の意見及び駐在巡査の実施調査に基づき70戸、206人（被差別部落11戸、45人を含む）を「窮民」と定め、救済措置を展開している。同村では、「普通部落」と「特種部落」＝被差別部落を明確に区別し、それぞれで廉売方法が異なっていた。「普通部落」住民に対しては、国産米を市価より5銭引き、外米は20銭にて廉売する一方で、「特種部落」住民に対しては、国産米を市価より7銭引き、外米は17銭にて提供している。また、「特種部落救済」措置として、坂田郡内の「二大部落」に対しては、次のような措置を展開している。つまり、県にて周旋の外米を交付する他、「被救護人名簿」を作成して救済方法を検討した結果、救済対象55戸に対して国産米1升25銭、外米1升13銭の低価で廉売している。また、別の部落では、騒擾を警戒しての「慰問」活動を実施し、「大いに同情を表せること之に対する政府の措置又篤志家の寄附金の募集其他（中略）米穀廉売の方法を以て同接の部民を救済し而して一方に於ては米穀の供給を円滑ならしめることに努力すべきを以て（中略）他府県の悪例に倣ひ不心得にも暴動を為すべからさることを懇諭」した結果、「極めて平穏」を保っているとの報告である[50]。このような被差別部落に対する例外措置は騒擾に対する郡支部の憂いを端的に表しているが、他の町村でも同様に例外措置が展開されている。醒井村では、一般「貧民」に対して国産米1升に付き6銭の割引、外米19銭で廉売しているのに対し、「特種部落」に対しては、国産米1升に付き13銭の割引券を交付し、外米も13銭で廉売している[51]。息郷村では、国産米1升に付き30銭以内、外米18銭以内で、神田村では戸数10戸、25名に対して外米1升18銭にて廉売している[52]。北郷里村では、「普通部落」七戸、14人、被差別部落159戸、751人に対して、国産米1升25銭、外米1升13銭にて廉売している。さらに、「極貧者」4戸、人員6人にたいしては「施米」をおこなっている[53]。

上記のような原則に基づいて救済を開始した町村のなかでも、中途過程で救済方法の変更を決定する町村もあった。入江村では、「細民部落」＝被差別部落に対して国産米１升25銭、外米10銭で廉売することに決定した。同村の「救助規定」では、救済者の範囲を戸数割等級27等以下の者と規定し、国産米１升32銭、外米１升18銭で廉売しているから、被差別部落民の救済が如何に重要な政治的課題であったかが確認できる。法性寺村では、戸数割等級29等以下の95戸、598人に対し、８月25日より２ヶ月間、国産米は市価より１升10銭割引、外米は１升15銭で廉売している。さらに、「特別の極貧者」に対しては「特別の救済を為す」と記されている[54]。南郷里村では村民の実際生活状態を調査し「受救者」人員10歳以上427人、10歳未満173人、合計143戸を確定し、外米１升15銭、国産米１升30銭で廉売している。西黒田村では、戸数割等級30等中28等以下の54戸（10歳以上117人、10歳以下68人）に対し、外米１升15銭で廉売している[55]。神照村では、村等級30等及び等級外の「窮民」を対象とし、一升に付き４銭の割引で廉売している。六荘村では、救済対象を戸数割等級28等以下の者を救済対象に変更し５銭の補助をおこない、「極貧者」と認められる家に対しは補助券の交付以外に生活費の補助をおこなっている[56]。

７．東浅井郡

　東浅井郡では、恩賜金2,050円及び村内有志者の義捐金700円、合計2,750円の内、1,000円を姫虎町の被差別部落の「細民」に、残りの1,750円を他の町村の「細民」約300戸に配当することを決定している。救済の方法は廉売で、国産米１升10銭、外米１升５銭引きの切符を交付する他、先の被差別部落の細民に限り国産米１升25銭、外米１升13銭にて廉売を決定している[57]。こうした被差別部落における廉売を特に優遇していことは、次の報告からも明らかである。「部落民の動揺を耳にせる以来多少過激の言動ありしも外米の到着と部内救済計画中なるを耳にし何等狂暴の行為無き尤も仝字は殆んど挙家〇〇者にして旧来より殺伐の気風あり（中略）本日も字組長と細民間との意志〇〇を生じ多数寺院に参集したる事を聞知し小管現場に出張優握なるは（中略）仝字に限り米地米を一升二十五銭に外米一升十三銭に廉売することとし」その結果、「満足の意を表し散会せる次第」に至った（〇は判読不能）[58]。騒擾

に至らないまでもこのような「圧力」の結果、格安の廉売を勝ち取る事例は先行研究でも指摘されている。

8．伊香郡

伊香郡では、外米1升に付き19銭5厘の価格で「細民」に分配したほか、特に郡内木之本町は他町村と比較して「貧民多く」、殊に町内の被差別部落（特種部落）では米価暴騰に対する救済方法について特に注意を要する旨が報告されている。具体的には、対象部落では等級28等以下の212戸、人員1,095人に対して1人に付き4合の割合で1升33銭で廉売（市価より10銭安）し、他の大字地区の等級28等以下の291戸人員1,368人に対しては1人に付き4合の割合でもって1升35銭にて廉売している[59]。このように、「細民」が多いと報告されている被差別部落と他の大字地区の細民とではその廉売額にも差別を設けていた。

以上、滋賀県下における米騒動の救済対策としての廉売・施米状況を見てきたが、その内容は郡市町村によってさまざまなパターンがあったことが確認できる。しかし、多くの町村で県税による戸数割等級を指標として救済対象を抽出しようとしていたことが明らかとなった。その呼称は、「細民」、「窮民」、「貧民」、「貧困者」、「最下貧困者」等さまざまであるが、一般県民から救済対象を区別しようとする動向は共通して確認できる。さらに、同じ救済対象（多くの町村では細民や窮民で表現を使用）のなかから、「極貧者」や「最下層」（その多くは身寄りの無い非稼動者）の者を区別し、廉売とは別の救済策（確認できるのは施米や生活費の補助）を講じていたことが確認できた。

同時に、救済対策としての廉売を見るなかで、被差別部落（特殊【種】部落や細民部落で表現）に対する特別な対策が講じられていたことが確認できる。米騒動の主体と被差別部落との関係性についてはすでに多くの先行研究でその相関関係が指摘されて論争に発展しているが[60]、米騒動対策としての救済対策においても騒擾を意識してか他地区とは異なる救済対策が講じられている。実際、被差別部落民による「圧力」が廉売価格を下げたという事例も確認できた。このような事例から過渡期ではあるが、細民層から労働階級と要救護層を区別して救済を展開した近代救貧法の性格が米騒動対策としての救済対策のなかに確認できる。

Ⅳ. 慈恵救済団体の整備

前節でみたように、米価暴騰によって生活難に陥った「細民」や「窮民」に対して廉売を中心とした救済対策が展開された。その一方で、救済対象のなかに一定数の「無職業者」や非稼動世帯が存在していることが明らかとなった。1918年9月10日付けで滋賀県内務部は県内各郡市長宛に「窮民救済に関する件」を発し、窮民中無職業の者に対する救済による生業扶助の実施状況を回答するように指示した[61]。そして、その回答の多くが、「救済に依るの外別段生業扶助等の措置無」という結果であった。その理由は次の通りである。

例えば甲賀郡では、無業者13戸の状況を「疾病不具若くは老幼等に属するを以て生業扶助の方法に依り難き」と報告している[62]。神崎郡では、「無職業の主なるものは○○白痴老衰不具者等にして就業不能者に有是候に付或は町村費中より救助をなし或は部落隣保の扶養に依るものあり又は当然扶養義務者のあるもの等にして漸く糊口を凌ぎ候又白痴不具者等にして多少仕事に従ひ得るものには精々日雇として経済的に使役するもの有之候得町村としては目下生業扶助をなすもの無」と回答している（○は判読不能）[63]。愛知郡でも「何れも老衰者又は不具者等にして生業扶助を要する者無」と回答している[64]。

他の郡でも大体同じような理由（生業不能）で生業扶助を実施していない旨を報告しているが、一方で積極的な生業指導を展開している事実を報告している郡が蒲生郡と伊香郡である。蒲生郡では、「窮民中無職業者百五十二戸に対しては其後町村長をして此等無職業者に就業せしむべく督励の結果其内六十八戸は夫々生業に就かしめるも残戸数は何れも就業不能の老衰者又は疾病者等にして我力に就業せしむるを得さるも今後夫々適当なる職業を択はしめ就業せしむへく督励を加へ居候次第」と報告している[65]。また、伊香郡でも「窮民中無職業の者に対する救済状況」の報告のなかで、「大字より食品を給与するの外大字民の洗濯及縫物等を為さしめ其賃金を給与し救済しつつある向あり」と記されている[66]。このような「生業扶助」を奨励しようとする動きには、無論為政者の伝統的惰民観に基づく強制労働の側面が

あったことは否定できないが、その一方で窮乏層から労働可能な貧困層を峻別して陶冶する意味を持っていた。

　上記のような「無職業者」は、本来は救貧法による救済が必要な要保護者である。しかし、言うまでも無く日本においては近代救貧法が日の目を見るのは1929年の救護法の成立を待つ必要があった。当時救貧法の機能を代替したのが地域社会の相互扶助であるが、米価暴騰は一般細民の生活までも圧迫したため地域における相互扶助機能を弛緩させる結果となった。その結果、無職業者のような要保護者を救済することが政治上の課題として浮かび上がってくる。県当局が救貧制度を整備する代わりに、その機能を担うことを期待したのが県内に存在する民間の慈恵救済団体であった。

　1918年8月24日付けで県内務部は各郡市長宛に所轄内に存在する慈恵救済団体による「細民救済状況」（救済人員、救済方法及び救済財源）を県に報告することを指示した。その調査結果が、「慈恵救済に従事する団体の細民救済の件」として各郡市長宛に送付された。そのなかで「本県下慈恵救済団体の総数は大小十六個にして其の大なるものは資本金八万三千餘円を擁するものあるに係はらず今回米価暴騰に因る細民の窮状救済に活動せるものは左記数個の団体に止まるは真に遺憾に堪えす」と記されているように、米価暴騰によって生活難に陥った「細民」の救済活動に従事している民間の慈恵救済団体は僅かに6団体（下郷共済会、坂田郡婦人慈善会、野洲郡婦人慈善会、近江婦人会栗田支部、近江婦人会甲賀支部等）であった[67]。この調査結果を受けて県当局は、各郡市長宛に「貴官に於て適当なる指導をなすと共に斯の如き場合に於ては追て此の施設を利用して活動せしめらる」ことを指示した[68]。つまり、地域社会による隣保相扶の網の目から漏れた「細民」の救済は民間の慈恵救済団体を活用することが決定された他、慈恵救済団体に対する行政の積極的関与が奨励されたのである。

　慈恵救済団体が注目された理由は、上述の救貧制度の代替的役割が期待されたからに他ならない。しかし、その一方で救済資金として各郡市に配当された恩賜金や義捐金の剰余金をめぐって統一した管理方法を考究するなかで、恒久的な救済施設として慈恵救済団体の整備が検討された側面があった。県内務部は1918年11月25日付で各郡市長宛に「寄付金管理に関する件」

を発した。そのなかで廉売の緊縮または停止によって生じた剰余金に関して「之を救済資金として管理し地方実際の状況に応じ最も有効適切に活用し救済の徹底を期する」ことが指示され[69]、その資金管理基準として「救済資金管理規則」が提示された。その第一条には、「恩賜金及本県より配布を受けたる寄付金は之を救済資金とし特別会計として之を管理」することが定められ、第三条には「資金及其の資金より生する収入金は購買組合又は公設市場其の他日常生活を安易ならしむる施設の資に充つるものとす又は全條資金及其の資金より生する収入金は慈恵救済事業費に充て又は慈恵救済事業にして其の基礎確実なるものに対し資金若くは経費の補給として下附すること」が定められている[70]。つまり、米騒動対策として各郡市に配当された恩賜金や寄付金の残余金を基にして、各郡市で恒久的な救済事業を展開することが奨励されたのである。

さらに、翌1919年4月11日付けで内務省より各都道府県知事宛に「救済資金に関する件」が通牒された。そのなかで各都道府県に配当された恩賜金や寄付金の残金の用途として、購買組合や食品市場の創設、救済資金としての積み立ての他、「公共団体公益団体其他私人の経営に係る一般救済事業に対し資金として交付するか如き支障なきことに決定」したことが記されている[71]。この通牒を受けて、県内務部は各郡市長宛に「救済資金に関する件」を発し、資金管理方法が未設定の町村数及び該当町村に対する郡支部の対応策を報告するように指示した[72]。剰余金は多くの町村で救済資金の積み立てとして処理されたが、その一方で稀有な例であるが剰余金を新たな救済団体整備に投資しようとした村もあった。以下、蒲生郡武佐村（現近江八幡市）の慈恵救済会の設立の構想過程を見てみたい。

武佐村より蒲生郡支部に提示された「諮問案」（時局救済資金剰余金処分の件）には、次のように記されている（日時不明）。「大正七年八月以来本村に於て実施せる時局の影響を受けたる細民救済の目的を以て寄付を受けたる義捐金並に雑収入に対する剰余金一千九百五十円は今回別紙会則に依り設置したる武佐村慈恵救済会に対し之を全部引継ぎ以て同会をして救済の目的を貫徹せしむるを適当と認む」[73]。つまり、村役場で管理していた寄付金の残余金のすべてを新たに設置した慈恵救済会に引継ぎ、恒久的な救済事業を講

じることが計画されていた。

　さらに、上記「諮問案」中に記されている「会則」＝「蒲生郡武佐村慈恵救済会規約」にはその事業の目的が詳しく記されている。その役員は村長（＝会長）、警察署長（＝副会長）、さらには区長（＝評議員）によって構成され、全員「名誉職」とすることが規定されていた。そして会の目的及び事業が第7条以下に規定され、「本会は本村貧窮民を救済し且つ日常生活の安易を与る施設を為すを以て目的」とし、「前條の目的を達するため武佐村に於て取扱ひたる大正七年八月民救済の為め下賜せられたる恩賜金及本県より配付を受けたる寄付金残余金は本会へ引継を受け資金となす」ことを規定している[74]。

　1919年4月1日付けで発足した武佐村慈恵救済会が担った窮民救済活動は、実際には米の廉売が中心であった。その事業内容が、武佐警察分署長より報告された「武佐村慈恵救済会設立に関する件」に記されているので引用してみる。「武佐村細民（主として〇〇部落民約五百戸）に対しては時価より一時に廉価なる外米を販売するときは忽ち之に慣れ怠惰に流る處あり之を防くには多大の割引を為さす小額にても比較的永く持続するの可とす依て引継を受けたる外米五十袋は原価一袋十三円一升二十銭の割なるも之を原価販売するときは一時細民の生計を安易ならしむると雖も前記の如き弊害を生し且彼等将来生計上其安定を失ふ處あるを以て五十袋の外米は時価にして売却し其差金（約四百三十円餘）を引継を受けたる資金に繰入し村等級廿二等以下の細民及〇〇等外細民に対し其の家族の人員を基礎として外米需要の数量を算出し一升に付金〇銭の割引券を交付」（〇は伏字）[75]。つまり、細民のなかでも一般細民と認められる者にたいしては市価で販売し、税等級22等以下の細民と被差別部落の等外細民に対しては生活の需要に応じて割引券を交付することとしている。

　しかし、結果的に剰余金を全額慈恵救済に引継ぐことは、県当局の判断によって承認されなかった様子である。その理由として「資金の全部を救済会に引継か如きは適当ならさるのみならす村会議質問に於ても変躰の希望するか如き救済会に引渡を為すは同意せさるものなるに於ては尚更村をして管理せしむるを適切なり」と述べられているものの[76]、「適当ならさる」詳細な理由は定かではない。恐らくは恩賜金の慈恵的性格から、安易に民間の救済

団体に全額を委ねることに対する不敬の念が働いたものと推察される[77]。しかし、ここで注目すべきは、「細民」のなかでも外米を市価で購入可能な一定の所得を有している細民とそれが不可能な細民とを明確に峻別し、主に後者の層に救済措置を講じている点である。労働可能な細民を救済の対象から除外し賃労働者として陶冶する一方で、それが不可能な細民＝窮民には救済を提供する思考が過渡期ではあるが定着しつつあったことがうかがえる。米騒動対策として展開された廉売や施米対策は、近代救貧法の成立を見ないなかで細民層を賃金労働者と要救護層に峻別する機能をもっていた。

V．まとめ

以上、滋賀県を事例として米騒動対策としての救済対策の概況を見てきた。米騒動が勃発した大正中期以降は、「第一次大戦後における重工業の躍進と産業構造の高度化、それに伴う工業労働者の蓄積が次第に近代的賃金労働者と下層の貧困層とを自生的に分解しはじめた時期」であった[78]。無論、近代救貧法を持たない当時の日本では賃労働者と貧困層を峻別する機能を果たす指標が存在しなかったため、その「分解」はイギリスに典型に見られるような近代的なものではなかった。日本において、賃金労働者と貧困層との未分化の状態は第二次世界大戦後も持続していく。

しかし、このような歴史的制約のなかで勃発した米騒動の与えた政治的インパクトは、為政者の目を否応無しに細民の生活状況に向けさせ、国家規模での救済対策を打ち出すことになった。騒動勃発後に全国規模で展開された廉売施米はその一例である。その救済資金の基礎となったのが天皇の恩賜金や資本家の義捐金、さらには篤志家の寄付金であるが、その配当は地域の細民数の状況によって配当すること規定されていた。実際に実施された廉売施米においても、救済対策は対象となる「細民」を主に戸数割等級（納税額）によって峻別し、等級によって廉売額に差を設けて、等級外の世帯や被差別部落世帯には施米をおこなっている事例も確認できた。また、救済対象となった細民に対し稼動可能な者に対しては「生業扶助」を実施しようとする動きや恩賜金や義捐金の剰余金を基に慈恵救済会を設立する動きも確認された。さらに実際に、余剰金を基にして滋賀県救済協会が創設されている。

そして、救済事業のなかにも廉売策で講じられた細民層の選別は引き継がれていった。近代救貧法の先駆けとされる救護法制定以前にこのような救済対象の選別をおこなっていたことは、すでに為政者のなかで細民層のなかから労働階級を除外し、救済は窮民＝要救護層に限定する思考があったといえる。

　無論、一地域の一例をもって、即座に米騒動対策としての救済対策を近代社会事業成立の指標とみることは早計であろう。しかし、米騒動対策としての救済対策が前述したような近代性を帯びていたことも事実である。この意味で、米騒動は社会事業成立の一要因となったと評価できる。

【注】
1）吉田久一「大正デモクラシー期と日本社会事業の成立」全国社会福祉協議会『社会事業』（第43巻、2号）、1960年、11〜13頁。
2）池田敬正『日本社会福祉史』法律文化社、1985年、594頁。
3）池田敬正、同前『日本社会福祉史』536頁。
4）田代国次郎『日本社会事業成立史研究』童心社、1964年、220頁。
5）小川政亮「大正デモクラシー期の救貧体制」日本社会事業大学救貧制度研究会編『日本の救貧制度』勁草書房、1960年、176〜191頁。
6）一番ヶ瀬康子「米騒動と日本社会事業」日本女子大学文学部『紀要』（第20号）、1970年、40頁。
7）一番ヶ瀬康子、同前「米騒動と日本社会事業」42頁。
8）井上清「米騒動の歴史的意義」井上清・渡部徹編『米騒動の研究』（第5巻）、有斐閣、1962年、300頁。
9）井上清、同前「米騒動の歴史的意義」267〜268頁。
10）井上清・渡部徹編『米騒動の研究』（第2巻）、有斐閣、1959年、303〜314頁。
11）栗田郡長北村時男「細民紛擾解決ノ件報告」大正七年八月十四日。なお、同資料は平井清隆「滋賀県の水平運動」『水平運動史の研究』（第5巻）、部落問題研究所出版部、1981年、486頁にも掲載されている。
12）今回、この指示が記されている文書を『米価暴騰による救済書類』の中で確認することができなかった。ただし、回答を寄せた郡市の文書には「本月（＝八月、筆者）十日付地発第三一七号」と記されている。
13）『米騒動の研究』では、同調査結果が『近江新報』（8月31日付）で伝えられたと記されている（前掲、井上清・渡部徹編『米騒動の研究』（第2巻）、303頁）。
14）「物価の暴騰に困る窮民生活の概況」（大正七年八月廿一日）。

15）同前、「物価の暴騰に困る窮民生活の概況」。
16）同前、「物価の暴騰に困る窮民生活の概況」。
17）同前、「物価の暴騰に困る窮民生活の概況」。
18）同前、「物価の暴騰に困る窮民生活の概況」。
19）（訓第五一三号）、大正七年八月十四日。
20）（訓第二〇九号）、大正七年八月十四日。
21）他の案は次の通り。第二案は、下賜金の二分の一を細民人口に、残り二分の一を現住人口に比例して配分する案。第三案は不明。第四案は、大正六年十二月末日現在現住人口に比例して配分する案。第五案は、第四案を原案とし大津市に一割加増する案。
22）添田内務省地方局長「寄付金分配ノ件ニ付通牒」（内務省東地第二七三号）、大正七年八月十九日。
23）内務部長「寄付金配布ノ件」（地発三二二号）、大正七年八月二十二日。
24）滋賀県告諭第一号（大正七年八月十二日）。
25）栗太郡長北村時男「恩賜金ノ義ニ付報告」（庶発第七〇号）、大正七年八月十六日。
26）吉田久一『日本貧困史改訂版』著作集第２巻、川島書店、1993年、214頁。
27）隅谷三喜男『日本賃労働史論』東京大学出版会、1955年、111頁。
28）田代国次郎、前掲『日本社会事業成立史研究』220頁。
29）大津市助役野田貞憲「号外」大正七年八月十七日。
30）野洲郡長細井良吉「窮民救済状況報告」（勧第二〇五〇号）、大正七年八月十六日。
31）野洲郡長「窮民救済ノ件」（庶第一二七八号）、大正七年八月二十四日。
32）野洲郡長「窮民救済ノ件」（庶第一二七八号）、大正七年九月十六日。
33）甲賀郡長藤谷永三郎「下級民生活状況報告」（第四一号）、大正七年八月拾四日。
34）甲賀郡長藤谷永三郎「窮民救済実況報告」（第四七号）、大正七年九月二日。
35）甲賀郡長藤谷永三郎「下級民生活状況報告（第二回）」（第四三号）、大正七年八月十六日。
36）神崎郡長山本武夫「恩賜金配当ニ関スル件」（庶第二五九号）、大正七年八月二十四日。
37）神崎郡役所第一課長「恩賜金ニ関スル件」（庶第二五九号）、大正七年八月二十四日。
38）神崎郡役所第一課長、同前「恩賜金ニ関スル件」。
39）神崎郡長山本武夫「御下賜金配給方法ノ件」（庶第二五九号）、大正七年十月十九日。
40）犬上郡長平塚分四郎「御下賜金処理方法ノ件」（庶発第一二一号）、大正七年九月十三日。
41）犬上郡長平塚分四郎、同前「御下賜金処理方法ノ件」。
42）犬上郡長平塚分四郎「時局窮民ニ対シ注意書配付ノ件」（庶収第一二九号）、大正七年八月廿三日。
43）「内外米廉売ニ付諸氏ニ告ク」大正七年八月。
44）犬上郡長平塚分四郎「窮民救済ニ関スル件」（庶発第一四二号）、大正七年十月七日。
45）犬上郡長平塚分四郎、同前「窮民救済ニ関スル件」。

46) 犬上郡長平塚分四郎「犬上郡告諭第三号」大正七年九月二十八日。
47) 滋賀県坂田郡長「貧民救済ニ関スル件」(第三二八号)、大正七年八月十四日。
48) 坂田郡長藤田正邦「窮民救済状況報告(第二報)」(庶第三二九号)、大正七年八月十五日。
49) 坂田郡長「窮民救済状況報告(第三報)」(庶第三三九号)、大正七年八月二十日。
50) 坂田郡長藤田正邦「窮民救済状況報告(第四報)」(庶第三四三号)、大正七年八月二十二日。
51) 坂田郡長藤田正邦「窮民救済状況報告(第五報)」(庶第三四四号)、大正七年八月二十二日。
52) 坂田郡長藤田正邦「窮民救済状況報告(第六報)」(庶第三五二号)、大正七年八月二十四日。
53) 坂田郡長藤田正邦「窮民救済状況報告(第七報)」(庶第三五七号)、大正七年八月二十六日。
54) 坂田郡長藤田正邦「窮民救済状況報告(第八報)」大正七年八月二十七日。
55) 坂田郡長藤田正邦「窮民救済状況報告(第九報)」(庶第三六九号)、大正七年八月三十日。
56) 坂田郡長藤田正邦「窮民救済状況報告(第十報)」(庶第三七二号)、大正七年九月二日。
57) 東浅井郡長小松栄「貧民救済ニ関スル報告」(第一一三三号)、大正七年八月十六日。
58) 同前、「貧民救済ニ関スル報告」。
59) 伊香郡長「貧民救済方法報告」(第一九四号)、大正七年八月二十二日。
60) 米騒動の主体と被差別部落の関係性に関する議論や先行研究に関しては、藤野豊他著『米騒動と被差別部落』雄山閣出版、1988年に詳しい。また、米騒動期における被差別部落民の生活状態については、全国の新聞資料の分析や実地調査を行った、田代国次郎『日本の貧困階層』童心社、1968年、166〜238頁に詳しく記されている。
61) 内務部長「窮民救済ニ関スル件」(地発第三一七号)、大正九年九月十日。
62) 滋賀県甲賀郡長藤谷永三郎「窮民救済ニ関スル件」(郡第一一二六号)、大正九年九月廿七日。
63) 神崎郡長山本武夫「窮民救済ニ関スル件」(秘第二七号)、大正七年十月十八日。
64) 愛知郡長服部慶太郎「窮民救済ニ関スル件」(庶第五四七号)、大正七年九月廿六日。
65) 蒲生郡長「窮民救済ニ関スル件」(庶第三八六号)、大正七年十月十日。
66) 伊香郡長「窮民救済ニ関スル件回答」(庶第四八九号)、大正七年十月一日。
67) 内務部長「慈恵救済ニ従事スル団体ノ細民救済ノ件」(地発第三二五号)、大正七年九月廿三日。
68) 同前、「慈恵救済ニ従事スル団体ノ細民救済ノ件」。
69) 内務部長「寄附金管理ニ関スル件」(地発第四〇九号)、大正七年十一月廿五日。
70) 同前、「寄附金管理ニ関スル件」。
71) 小橋内務次官「救済資金ニ関スル件通牒」(内務省第六四号)、大正八年四月十一日。

72) 内務部長「救済資金ニ関スル件」(地発第一〇二八号)、大正八年四月十五日。
73) 「諮問案時局救済資金剰余金処分ノ件」。
74) 同前、「諮問案時局救済資金剰余金処分ノ件」。
75) 武佐警察分署長「武佐村慈恵救済会設立ニ関スル件」(第八九号)、大正八年四月一日。
76) 内務部長「慈恵救済会ニ関スル件」(地発第九一号)、大正八年六月三日。
77) この点に関して、後に剰余金が滋賀県救済協会(後の滋賀県社会事業協会)の創設に関する基金となったことが判明している。そのことから、県内務部で一括して剰余金を管理する必要があったため、一村に対して委譲することが承認されなかったものと推察される(滋賀県『滋賀県社会事業概要』1932年、16頁)。滋賀県救済協会の創設の経緯については、別項を期したい。
78) 大河内一男「日本経済と社会事業」『社会事業』(第40巻、8号)、1957年、8頁。

第二章　民力涵養運動と方面委員制度の成立

Ⅰ. はじめに

　日本において近代社会事業が成立するのは、一般に大正デモクラシー期であるといわれている[1]。しかし近年、近代社会事業の起点が明治末期に展開された地方改良運動に確認できることが明らかにされてきた[2]。地方改良運動は第二次桂内閣のもとで提示された戊辰詔書を基本理念として内務省主導で展開されたが、その目的は帝国主義段階に入った日本の国際競争力の強化を目的とした地方自治体の財政力の強化及び国民の教化指導にあった[3]。そしてその精神を承継して展開された運動が、1918年の米騒動によって再び崩壊の危機に直面した地域共同体再生の役割を担った民力涵養運動である[4]。

　民力涵養運動は1920年に内務省社会課より昇格した社会局第二課の管掌であったのにも関わらず[5]、これまで社会福祉史研究の分野では余り関心が向けられてこなかった。無論、米騒動後における防貧政策と社会教化事業との関連性が論じられることはあったが[6]、民力涵養運動と社会事業との関連性を真正面から取り上げた通史研究は皆無に等しい[7]。しかし、明治末期の地方改良運動から派生する感化救済事業が、大正期の経済保護事業を中心とした都市社会事業の成立、さらには昭和初期の農村経済更生運動（国民更生運動）期の農村社会事業の展開に派生していくことを考慮すれば、民力涵養運動期における社会事業の動向を論じることは近代社会事業の成立過程を明らかにするうえで極めて重要な作業であると思われる。このことを念頭において、本章では滋賀県を事例として民力涵養運動と社会事業との関連性を論じてみたい。具体的には滋賀県における方面委員（成立初期の名称は保導委員）制度の成立を民力涵養運動における社会教化事業を担う機関の成立として捉え[8]、方面委員が国民の思想善導・教化と弛緩した地域共同体の再生の機能を担った側面を描き出してみたい[9]。

滋賀県における方面委員制度史に関する文献としては、1941年に発行された『滋賀縣方面委員制度二十年』の他[10]、『滋賀県民生委員制度七十年史』がある[11]。特に、前者は保導委員制度成立時の状況が詳細に記され、制度黎明期の保導委員の回顧談が掲載されているなど、制度成立当時の状況を知ることができる貴重な史料である。しかし、保導委員制度の設置運営主体であった市町村自治協会の成立過程については詳細に記されているものの、民力涵養運動と自治協会成立、さらには民力涵養運動と保導委員制度成立との関連性については十分に考察されていない。また、記念誌として発行された経緯から美談集としての色彩が濃厚で、史実を十分に捉えているとは判断できない。そこで、本研究では改めて当時の資料を再検討するところから出発し、保導委員制度の成立過程を明らかにしてみたい。なお、本研究が依拠している主な資料は『滋賀県救済協会時報』、滋賀県所蔵文書『社会福祉事業──民力涵養勤倹貯蓄書──』、『民力涵養』である。

Ⅱ．滋賀県における民力涵養運動の展開

すでに先行研究が明らかにするとおり民力涵養運動の起源は、第一次世界大戦中の1917（大正6）年頃から戦後措置の一環として構想された国民に勤倹貯蓄奨励を求める一連の訓令に求めることができる[12]。1918年（大正7）年11月には、内務大臣（床次竹二郎）、大蔵大臣（高橋是清）、逓信大臣（野田卯太郎）、農商務大臣（山本達雄）の連名の訓令により、全国の都道府県知事に対して次のように指示がなされている。「今ヤ世界ノ人戦乱モ漸ク休戦ノ時期ニ入リ平和ノ克復ヲ見ル（中略）我國民ハ自重自制今ニ於テ之ニ處スルノ覺悟ナカルヘカラス乃チ此ノ際一般國民ニ對シテ更ニ一層自覺的消費ノ節約ヲ促シ餘財ヲ蓄積シテ生産資金ノ増殖ヲ圖リ以テ戰後ノ経営ニ資スルト共ニ一面生活ノ安定ヲ期スルハ極メテ必要ノコトタリトス各位宜シク此ノ趣旨ヲ體シ其ノ實果ヲ収ムルニ最善ノ努力ヲ致シ地方ノ開發國運ノ伸張ヲ圖ルニ於テ遺算ナキヲ期セラレタシ」[13]。この訓令を受けて、滋賀県では1919年1月7日付で公報号外を発行し、県内郡市町村及び県民に対して次のように告諭している。「此ノ戦役ニ方リ我國ハ幸ヒ極東ニ位置セシ故ヲ以テ獨リ惨禍ヲ蒙ムル鮮少ナリシノミナラス一面経済界ノ順調ヲ致スヲ得タ

リ然モコレレ一時ノ僥倖ニ過キス熟ヲ前途ノ形勢ヲ観察センカ列国競テ戦時ニ用キシ全力ヲ騙リ以テ戦後ノ経営ニ転移シ来リ東亜ニ及ホス波動頗ル大ナル者アル可キヤ昭々トシテ其レ明カニ我國運ノ消長一ニ係リテ挙國民人ノ覚悟如何ニ存ス國民タル者豈豫メ一大決心ヲ以テ之カ局面ニ奮當スルヲ期セスシテ可ナランヤ此事タル蓋シ奉公ノ熱意誠ニ本ツクヲ要スル復タ言ヲ須タサルナリ」[14]。つまり、こうした一連の訓令や告諭は第一次世界大戦後の国民の生活経営を国家主導で統制し、国民の倹約意識を助長して生産資金を増殖することで国民の生活基盤の安定を図ることを目的としていた。無論その背景には、米騒動で弛緩した地域共同体の再生や国民間の階級調和を意図した国家による国民生活への介入の意図があったことは言うまでもない。

　このような国民の倹約意識を浸透させるための方策として、滋賀県では「奉公貯金」という名称の貯蓄制度を導入している。先に引用した滋賀県広報では同時に「滋賀縣奉公貯金趣意書」が提示され、「本貯金は國家有事の日に際し縣民が奉公の至誠を表せん爲めに特に提供する」ことが導入の目的として記されている。具体的には1919年より3ヵ年計画で据え置き300万円の目標額を設定し、小学児童・中等学校生徒・青年団員を筆頭に貯金を奨励して漸次官民一般に普及させることを意図していた[15]。同時に、「奉公貯金ニ関スル指示事項」では、毎月の貯金予定額（小学児童1銭以上、中等学校生徒5銭以上、青年団員10銭以上、其の他一般一戸10銭以上）が提示された他、郵便貯金の利用が奨励されている。その理由として、「貯金ハ各自ノ名義ヲ以テ各別に預ケ入レ其通帳ノ保管ハ学校長青年團長其他之ニ準スヘキ者ニ於テ適當ノ方法ニ依リ監督スル」利便性が挙げられる[16]。つまり、郵便貯金を利用することで通帳を地域の有力者（指導者）が管理することが可能となり、強制的に貯金を促進させるとともにその経過状況を監視することが意図されていた[17]。こうした貯蓄制度に見られる国民の監視体制の整備は民力涵養運動における国民教化の中核的手段として採用されたのと共に、次節で述べる滋賀県保導委員制度はまさにその機能を継承することを目的として導入されたといえる。

　このような国民の倹約生活の奨励促進する動きは、1919年3月1日付で内務省より全国の都道府県知事に発せられた「民力涵養に関する内務大臣の

訓令」(訓令第九十四号)によって導入された民力涵養運動に結実する。その趣旨は訓令に示されているように、「内自ノ自制ニ依リテ犠牲奉公ノ精神ヲ発揮シ相率イテ益々國體ノ精華ヲ顕揚スルニ勉ムルト共ニ勤倹能ク産ヲ治メテ生活状態ノ改善ヲ圖リ彼此相済ケテ克ク協同調和ノ實ヲ挙クル」ことにあった[18]。そしてその実現のための具体的指針が、戦後民力涵養五大要綱と呼ばれた次の項目である。つまり、「立国ノ大義ヲ闡明シ國體ノ精華ヲ発揚シテ健全ナル國家精神ヲ養成スルコト」、「立憲ノ思想ヲ明窗シテ自治ノ観念ヲ陶冶シテ公共心ヲ涵養シ犠牲ノ精神ヲ旺盛ナラシムルコト」、「世界ノ大勢ニ順應シテ鋭意日新ノ修養ヲ積マシムルコト」、「相互諧和シテ彼此共済ノ實ヲ挙ケシメ以テ軽心妄作ノ憾ミナカラシムルコト」、「勤倹力行ノ美風ヲ作興シ生産ノ資金ヲ増殖シテ生活ノ安定ヲ期セシムルコト」の5項目である。その目的は、「優秀ナル國民性ヲ鋳成」するための国民の自覚を促すことにあった[19]。そして、その啓発については、「地方ノ實情ニ適應スル方策」を講じることが求められていた[20]。つまり、五大要綱の実行方法の選定については各地域の裁量に委ねられることになっており、立憲君主制に基づく統治下における自治制度の確立が意図されていた。ここに、自治振興策としての民力涵養運動の真の狙いを確認することができる。

　上記の訓令を受けて、滋賀県では内務省嘱託の加藤熊一郎を招聘し県民を対象とした講演会を開催している。その講演会上にて当時の滋賀県知事堀田義次郎は、上記の訓令(五大要綱)について次のように述べている。「此の五ヶ條は何れも優良なる國民性を陶冶する要素であるから此の五ヶ條を確かり會得しなければならぬと云ふのが訓令の大要であります。我々は此時局に際し是非共斯う云ふことを自覚しなければならぬ。本統の決心を一ツ諸君に持て貰はなければならぬ。又一般縣民に其決心をさせるには官民一致協力して能く此趣旨の徹底するやうにしなければならぬのであります。今日御集りを願った各位は先般御通知致しました如く各町村役場或は學校其他各種團體の幹部及神職僧侶宗教家と云ふが如き各方面に於て苟くも一般國民を指導すべき階級にあり責任ある各位であります。何卒諸君は先ず以て此意味を御了解下だされまして今後各位の関係して居らる、各團體職員及び一般の國民に對して此の趣旨の徹底するやうに一層御盡力あらむことを希望する次第であ

ります」[21]。つまり、地域における有力者を民力涵養運動の牽引役と位置づけて、五大要綱を県民の意識に浸透させるための指導者としての役割を求めた。このような県民の指導役（監視役）を担う中心人物の需要が高まるなかで[22]、新たな指導者層の擁立が求められ保導委員制度が成立したことは次節で確認する通りである。なお、この講演会の最後には大津市長の今屋友次郎を議長に協議が為され、「内務大臣訓令ノ趣旨ヲ體シ縣民各自ノ自覺ト相互ノ協力ニ依リ郡市町村其他ノ各團體等ニ於テ夫々適切ナル事業ヲ計畫シ其完成ニ努メ以テ民力涵養ノ實績ヲ擧ゲンコトヲ期ス」ことが決議された[23]。

　民力涵養に関する五大要綱を国民に提示した内務省は、1919年5月19日より各府県の主任理事官を招集の上、協議会を開催して「国民教化の普及徹底を期すること」の他、5つの運動方針を決定している。その決定された運動方針の第四には、「社会的事業の発達に注意し其善導に努むること」、「隣保相助の方法を講ずること」、「資本主と労働者地主と小作人の関係に留意し共済諧和の實を挙ぐるに努むること」、「附和雷同の弊風あるものは之を矯め自重自制の精神を養成すること」、「部落の改善方法を講ずること」が掲げられている[24]。つまり、既存の社会事業を民力涵養運動の方策の一部として動員することが決定され、社会事業は国民間の階級調和や融和を推進する機能を担うことになった。実際に滋賀県では1920年度の民力涵養事業計画のなかで、「昨年設立セシメタル滋賀縣救済協会ノ事業ヲ奨励シテ社会事業ノ充實ヲ期セムトス」ることが盛り込まれ、小額ではあるが2150円の予算が計上されている[25]。具体的には「縣下各救済事業團体ノ事業ヲ助成スルタメ其ノ新規事業ニ対シ奨励金ヲ交付スルコト」（500円）、「縣下各救済團体相互ノ理解ヲ得ルタメ相互ノ視察批評ヲ試ミ及先進地事業ノ視察ヲ行ハントス」（200円）、「斯道ノ大家ヲ顧問ニ委嘱シテ其ノ指導ヲ乞ヒ事業ノ充實ヲ期セントス」（600円）、「社会事業ニ関スル研究ヲ積マムカ為メ会報ヲ發行セントス併セテ隔月懇談会ヲ催サムトス」（440円）の4事業が計画され、民力涵養運動の一環として社会事業が動員されたことが確認される[26]。また、1919年7月21日付で県下44の社会事業団体の連絡統一、さらには意見の交換事業の相互補足を目的とした滋賀県救済共済協会が発足している[27]。その他、先の事業計画のなかで、会報（時報）の発行や、社会事業研究者の招

聘及び講演会の実施、大家（海野幸徳）の社会課嘱託就任など、事業化が成就した例も確認できる。

　ところで、上述した民力涵養運動の五大要綱の実現に向けてどのような取り組みが展開されたのか。最初に全国的な動向を確認すれば、その実行方法は内務省嘱託派遣による講演会の開催、各自治体における五大要綱の必行宣言及び実行細目の協議、各地域に設置された報徳会や青年団等の民間団体の講演会開催、啓発文書の発行等に区分される[28]。つまり、内務省地方局長の添田敬一郎が「就中此の民力涵養の運動は、宣傳を以て其第一の方法とするといふ意味から（中略）一大宣傳運動を起す段取りとなったのである」と述べているように[29]、その第一義的な実行方法は宣伝活動であった。

　滋賀県における民力涵養運動の実行方法も、講演会等の開催による宣伝活動が主流であった。1919年12月8日付けで内務部長より県内各郡市長宛に「戰後民力涵養施設ニ関スル成績報告ノ件」が通牒され、各郡市内における民力涵養施設に関する成績（実行要目、実行方法、成績状況）の報告を求めている[30]。この通牒を受けて各郡市長は、管轄内の事業成績をとりまとめて内務部に報告している。その報告内容のとりまとめにはどの郡市でも苦慮した様子で[31]、報告に多くの時間を要している。概ね報告の内容は講演会の開催や巡回講和、地主小作間の融和や時間励行や貯金励行といった教化事業が中心で、特段滋賀県に固有の事業を確認することはできない。一例として、栗太郡の成績報告を取り上げてみると、その筆頭に「部落巡回講和」が掲げられ「各町村共各部落ヲ巡回シ民力涵養ニ関スル趣旨ヲ徹底セシムル幻燈ヲ利用シ説明ヲ為シ以テ趣旨ノ宣傳ヲ為セリ其成績ニ於テハ各戸一人以上出席ヲ促シタルニ各戸一人以上ノ出席ヲ見大ニ其成績ヲ見宣傳ノ効果ヲ収メタルヲ認ム」と報告している[32]。同時に、「部落改善」として、「本郡ニ於テハ郡費ヨリ金壱百円ヲ支出シ部落改善ノ費用ヲ補助シ其ノ施設ヲ促セリ本郡各細民部落ハ七ヶ町村ニ亘ルモ老上、下田上、山田ノ部落ヲ除ク外ノ部落ハ他ノ部落ト殆ント遜色ナク下田上村大字〇〇ニ於テハ保健衛生ノ施設トシテ道路及下水溝ノ修繕工事ヲ施行シ老上村大字〇〇ハトラホーム病患者ノ多数ニ及ブヲ以テ村費ヲ以テ之ガ無料治療ヲ為シ又山田村大字〇〇ニ於テハ補習教育ヲ施シ精神的方面ニ力ヲ用ユル等夫々實行ヲ為

シツツアリ」と報告されているように（〇は伏字）[33]、従来から実施されていた地方改善事業が民力涵養運動の一部に取り込まれたことが確認できる。しかし、その一方で野洲郡のように自治講習会の開催を実行要目に掲げるものの、「未夕実施セス但シ従来モ累次全様ノ講習会開催シタルニ其ノ成績良好ナリト信ジツツアリ」との報告や[34]、高島郡の「五大要目ヲ定メ着々之力実績ヲ挙クヘク督励中ノ処未夕日尚浅キタメ其ノ実績見ルヘキモノ無」との報告に見られるように[35]、目立って活動が見られない郡町村も目立つ。無論、郡市によって進捗状況に相違があることは言うまでもないが、実行1年目には講演会の開催以上に事業として新たに展開された例は確認できない。つまり、民力涵養運動という名称の如くその内実は国家主導で展開された啓蒙運動の枠組みをでるものではなく、実行方法も教化指導の範疇を越えるものではなかった。その意味で、先行研究が「大して効果を挙げることはできなかった」と評価を下していることは正しい[36]。しかし、その一方で方面委員制度や社会課の創設・救済事業協会の設立などの社会事業の組織化が民力涵養運動期に達成されていることを考慮すれば、民力涵養運動が社会事業の近代化を促進したとの仮説が導き出される。このことを念頭において、次節では滋賀県方面委員制度の成立過程を論じてみたい。

Ⅲ. 滋賀県保導委員制度の成立

　滋賀県の方面委員制度の前身である保導委員制度は、1921年2月19日付の滋賀県訓令第九号によって提示された「保導委員設置規程」にその成立の根拠を求めることができる。そして、その規程制定の端緒はすでに多くの文献で指摘されているとおり、前年9月12日に成立した滋賀県自治協会の発足式でおこなわれた滋賀県知事の諮問にさかのぼることができる。滋賀県自治協会は「戦後國民として處すべき方策は多岐に渡れども、國家の根基たる自治の開発地方の振興はその最も急を要するものなり」という認識のもとで、「縣下の世帯主全部を會員として自治の振興発展に資すること」を目的に発足した[37]。この自治協会の成立が、民力涵養五大要綱の「立憲ノ思想ヲ明邕シテ自治ノ観念ヲ陶冶シテ公共心ヲ涵養シ犠牲ノ精神ヲ旺盛ナラシムルコト」に対応していることはいうまでもない。その発会式では「滋賀県自治協

会々則」の協議決定が同時に為され、その第四条第三項に「地方改良に従事する人物の養成をなすこと」が定められた[38]。つまり、各地域における中心人物の養成こそが滋賀県における自治振興策の第一義的な課題として認識されていたといえよう。民力涵養運動が明治末期から展開された地方改良運動を継承していることは序論で述べたが、背戸博史が指摘するように「民力涵養運動は民間有志のリーダーシップを地方改良運動ほどには期待しえない状況にあった」[39]。それは、米騒動や小作争議に見られる階級対立の激化のなかで、もはやその階級調和の機能を担う人物を自然発生的に求めることが困難になっていたことに由来している。つまり、自治協会成立の背景には全世帯主を自治協会に強制的に加入させることで弛緩した地域共同体の再建を目指し、半ば強制的に隣保相助機能を再度国民に求める支配層の思惑があった。そのなかで地域の中心人物を養成することは、国民の思想善導の機能を担うと共にその相互扶助や生活改善、勤倹力行の状況の監視役を擁立することを意味している。滋賀県保導委員制度の創始者の一人で、当時の滋賀県属石川金蔵の発言は、上記の自治協会成立の目的を端的に表現している。「自治振興の根本義は總ての市町村民に能く進歩の大勢に順應する自覺を喚起せしめて時勢に處して行く根底を與へること云ひ代ふれば公民教育を熾にせねばならぬからである（中略）今若し市町村民が相互に相會して先輩は後輩を指導誘掖して互に切磋琢磨し日新の大勢に伴ふ所の實力を養ひ併せて隣保相佑の誼を厚うし團結偕和の實を挙ぐることが出来るなれば公民教育の大部を成し遂げたものと云へよう」[40]。

　滋賀県自治協会の発会式の最後には、滋賀県知事より「戰後自治團體の振興発展に関する経営方針如何」、「刻下市町村の経営すべき緊急なる社会事業如何」の2つの諮問事項が付議された[41]。その場では、「目下の重大問題にして慎重審議を要するものと認むる」との理由から[42]、郡市特別委員に附託されることで発会式は解散している。その後年内には目立った議論はなされなかった様子で、年明けの1921年1月27日に各郡市から管轄内の町村長1名を郡市特別委員として選出し県庁内で委員会が開催されている[43]。その委員会の席で答申未済であった先の2つの諮問事項について協議がなされ、次の答申書が提出された。つまり、最初の諮問事項（戦後自治団体の振

興発展に関する経営方針如何）に対しては、「刻下實行に務めつゝある民力涵養に関する各項目の徹底に一層努力すること」、「物質及精神両方面の合理的調査を遂げ市町村是を確立すること」、「公民教育を振興して一般團員の修養を圖り特に幹部の養成をなすこと」の3つの答申がなされた[44]。一方で、後者の諮問事項（市町村の経営すべき緊急なる社会事業如何）に対しては、「刻下緊切なる社会事業としては住民の社会生活の安定を計ること隣保相佑の誼を厚うし以て團結偕和の實を挙げしむること児童を保護して健全なる将来の國民を養成すること等最も緊急の事業なりと認む」と答申している[45]。そして、その実行方法として「公営事業と私営事業との連絡統一を圖ること」、「職業紹介所及宿泊所設置」、「公設市場及産業組合」、「住宅供給事業」、「児童保護施設」、「公設診療所」、「細民地区の改善」、「社会事業に関する委員の設置」の8項目が掲げられた[46]。この最後の項目の「社会事業に関する委員」こそが滋賀県自治協会会則に定められていた「地方改良に従事する人物」の想定であり、後に全県に配置された保導委員である。その設置目的は「救護を徹底的ならしむるには不断に生活困難者の實状を知悉し適切なる救済の方法を講ずるにあり社会事業委員の設置は此理想に適合するものにして単に物質的給與をなすに止まらず就学の督励職業の紹介、家庭不和の仲裁等人事の諸般に亘り懇切丁寧に指導誘掖すること」にあった[47]。つまり、自治振興と社会事業が政策的に結合し、後者が前者の目的遂行のための機能に位置づけられている。その意味で自治振興策としての民力涵養運動と社会事業とは両輪の関係にあり、保導委員制度は民力涵養運動の直接的な申し子であるといえよう。保導委員制度が市町村自治協会の事業として位置づけられた真の意味は、この点にこそ求めることができる。

　上記の特別委員会からの答申を受けて、県内務部長は県内郡市長宛に「答申書の内容は曩に本縣で考慮せし所と合致し極めて時宜に適したる事項を将来市町村の経営に對する有力なる指針であれば之が實行に就ては當局者の熱誠と市町村民の一致とを以て克く困難に堪ゑ萬難を排してして着々地方改善の實を挙げ自治の美果を収めて國運の進展に努力せられんことを望む」という文言の通牒を発している[48]。こうした経緯の後1921年2月19日の滋賀県訓令第九号により、「市町村長ハ市町村自治協會ヲ設ケ左記規定ニヨル保導

委員ノ事務ヲ取扱ハシムヘシ」ことが定められた[49]。この訓令のなかで同時に提示された「保導委員設置規程」の第一条では「一般社会事業ニ関スル事務ノ為市町村自治協會ニ保導委員三名以上ヲ置ク」ことが定められた一方で、第三条では「保導委員ノ員数及担當区域ハ市町村自治協會長ノ定ムル所ニヨル」ことが定められた。つまり、保導委員の最低設置基準が示された一方で、その具体的な人数や運営方法はそれぞれの市町村自治協会の裁量に委ねられることになっていた。第四条では、保導委員が「取扱フヘキ事務ノ概目」が定められ、「一般社会状態及生活状態ヲ調査シ之カ改善向上ノ方法ヲ講スルコト」、「要救護者各個ノ状況ヲ調査シ之ニ對スル救済方法ノ適否ヲ攻究シ其ノ徹底ニ努ムルコト」、「一般児童ニ関スル保健衛生教育及職業ノ状態ヲ調査シ之カ保護指導ヲナスコト」、「現存社会事業ノ適否ヲ調査シ新設若ハ擴張ヲ要スヘキ事業ヲ攻究スルコト」、「其ノ他特ニ調査實行ヲ委嘱セル事項」の5項目の事業が掲げられた。つまり保導委員の職務内容は、担当地区の「調査」及び救済方法の「攻究」の2点に大きく区分することができる。実際の執務内容は「保導委員執務細則」に定められ、その第一条には「保導委員ハ臨時分担区域ヲ巡視シ一般生活状態ノ眞相ヲ悉知シ保護救済ヲ要スル者並被保護者ニ對スル各個ノ状況ヲ調査攻究シ関係官公署團體等ヲ訪問シテ適當ノ處遇ヲ講スル」ことに重点が置かれた[50]。

　上述したような経過を辿って成立した保導委員制度であるが、その後どのようにして全県的な設置に至ったのであろうか。全県的設置にむけた最初の取り組みは、市町村関係者の保導委員制度の趣旨理解を促進することを目的とした講演会の開催である。最初の講演会は1921年3月10日に小河滋次郎を講師に招聘した講演会で、県公会堂にて郡市町村長を召集して開催されている。その講演会で小河が「要するに方面委員に選ばれるものは中産階級の人で而して今迄此隠れたる有志家である、餘り社会に頭を擡げて居らぬ町村内の為めに面倒をしてやって居ったと云ふやうな人を選んで方面委員にして居ります、詰り方面委員は中産階級の人が多数を占めて居るのであります」と自身の思想を執拗に主張していることは[51]、滋賀県保導委員制度に無関係ではない。つまり、小山仁宗が「旧中間層に組織的結合を与えて貧富両階級の調節機関の任に当らせようとしたところに、方面委員制度に含まれてい

るすぐれて思想的な特質をみなければならない」と述べているように[52]、方面委員（保導委員）を中産階級が担うことを推進した背景には階級調和さらには国民の統合化を直接的に担う階級＝中産階級を支配層が直接取り込む意図があった。さらに民力涵養運動の文脈にひきつければ、「地方や地域の指導者の参加のもとで協議せざるをえなくなり、またそういう手続きをへなければ机上の計画に終始してしまう恐れ」があったため[53]、新たに中産階級のなかから地域の指導者を創出する必要があった。方面委員（保導委員）の成立は、このような文脈のなかで捉えなければその歴史的意義を主張することはできない。

　小河滋次郎の講演を終えた後に、県では1921年4月14日から18日まで内務省より生江孝之を招聘して県内五ヶ所で制度実施にむけた宣伝講演会を開催している。その講演会で生江は「社会は協心協力の観念を以て進まなければならぬと云ふ今日にあっては一面に於て徒らに逸楽に耽り一面に於て貧苦に泣て居ると云ふやうな状態を其儘に見て単に逸楽に耽て――逸楽を為して他を顧みぬのは今日の社会精神が之を破ったのであります、他の言葉で申すと社会連帯責任と云ふ観念であります、連帯責任である、社会は我々連帯責任を持て居るのであります」と自身の社会連帯観を披露する[54]。しかし、その一方で「我邦の歴史の上から考へて、我が民族は所謂大和民族であります、大和民族なるものは若し之を洗ひましたなれば多少他の血液も存して居りませうけれども、所謂大和民族と云ふ一つの血液を以て日本の同胞を為して居るんであります、我が皇室を天と仰ぎ親と仰ぎ奉て我が民族を為して居ると云ふことが出来る、民族観念から申せば皇室と我等は親子の関係ありと言ひ得る（中略）我々は其同胞である、其同胞である事を我等は忘れてはならぬ、協心協力の情念を以て國民が互に其弱者を保護すると云ふ観念にならないことはない、此観念を以て保導委員の任に當」らなければならないと主張するように[55]、国民の天皇制国家への忠誠の発揚と統合化への機能を保導委員は担うことになったのである。それは、先行研究が社会連帯思想の「日本化」と称した現象の具現であった[56]。

　社会事業関係者による講演会の開催を経て、各町村では委員の選任に着手している。選任は漸次各町村でおこなわれ、1922年2月に全町村で委員の

選任が終了したと報告されている[57]。その選任された委員数及び委員の内訳が、次の表1である。この表に見られるように、保導委員設置規程第二条に規定されていた選任該当者（教育関係者、市町村吏員、医師及産婆、警察官吏、神職僧侶及諸宗教師、前各号の外適当と認むる者）のなかで、実際に最も多く選任されたのは「其の他」の者で、半数以上を占めていた。このことは、各地域を統括する指導者の中心が従来の名望家から新興階級としての中産階級に移行したことを意味する。

表1　選任委員郡市別数（大正十一年五月末）

郡市名	総人	内訳					
		教育関係者	市町村吏員	医師及産婆	警察官	神職及諸宗教師	其他
滋賀	88	1	2	1	—	21	63
栗太	193	18	13	5	10	46	101
野洲	117	12	4	9	1	26	65
甲賀	196	18	8	5	3	44	118
蒲生	279	18	7	7	5	32	210
神崎	115	13	7	6	5	35	49
愛知	79	13	5	13	1	27	20
犬上	235	16	7	11	2	48	151
阪田	216	16	16	12	—	68	104
東浅井	168	13	—	12	—	11	132
伊香	74	9	1	2	1	9	52
高島	124	3	3	4	—	15	99
大津	44	7	1	3	1	8	24
計	1928	157	74	90	29	390	1188

滋賀県社会課『滋賀県社会事業要覧』（大正十一年）、9～10頁より引用。

Ⅳ．民力涵養運動と保導委員

　保導委員の選任が一段落した後、即座に保導委員による活動が展開されたわけではなかった。それは、1921年12月19日に県社会課主催で開催された「社会事業打合会」で、「設置ヲ見サル町村ハ僅ニ三十五町村ニ過ギザルニ至レリ然レ共日猶ホ浅キヲ以テ其ノ成績ノ見ルヘキモノ少シト」と報告されていることからも明らかである[58]。この打合会に先立って、同年11月18日には市町村保導委員協議会が結成されるなど着実に組織体制は整備されたが（詳細は後述）、「各町村ノ一般ハ勿論當局ニ於テモ其ノ趣旨及組織ノ未タ十分ニ周知サレサルノ憾アリ」と報告されているように[59]、保導委員制度の趣旨を県民に普及させることが当面の課題であった。こうした状況に対応するた

めに、制度施行満一周年を契機として委員執務心得及び要救護者の状況を記載するための保導手帳を各委員に配布したほか、宣伝ビラやポスター等の散布によって制度の趣旨を啓蒙する試みがなされている[60]。また、先の打合せ会では保導委員の具体的な執務内容の統一化を目的として「保導委員の事業」の検討が為され、「貧民ノ調査及救済」、「施薬救療」、「児童保護」、「民力ノ涵養」、「生活ノ改善」、「産業組合利用方ノ宣傳」、「事業報告」の7項目が提示された[61]。

保導委員の選任終了後の動向について、一例として愛知郡を取り上げてみたい。1921年7月25日に愛知郡自治協会常務委員会が開催され、木村郡長より次の項目が指示されている。「今回本郡全町村ニ亙リ保導委員ノ選任ヲ完了セシヲ以テ本日茲に常務委員諸氏ノ會合ヲ得テ将来ノ施設事業並ニ諸般ノ協議ヲ遂ゲ以テ徹底的ニ社會ノ改善ヲ企圖シ不遇ナル人々ノ為メニハ救済ノ實ヲ挙ゲ思想ノ善導ニ盡シ社會公共ノ為メニハ自治ノ進暢ニ努メ献身的社會奉仕ノ實ヲ挙ケシメヲレンコトヲ望ム」[62]。具体的な指示事項としては、分担区域と要保護救済者の救護範囲及び扶助救護者の取扱いに関する指針が示されている。それによると救済範囲を第一種（独身者にして自活の途を得さるもの独身にあらざるも其扶助なく自活の途を得さるもの及疾病其他の事項に依り自活困難なる貧困者）と第二種（一ヶ月の収入二十円位にして家族の人員職業の安否生活の状態を斟酌し家計の余裕なきもの）に定めた。この二種に区分された救済対象者について「徹底的ニ細密ニ調査シ前紙統計表ヲ製シ報告」することが保導委員の責務として指示されている[63]。また、扶助救護者の取扱いに関しては、済生会治療券の配給や窮民救助行旅病人取扱感化法などの社会資源の活用及びその関係部署との連携などが示されている。その他、協議事項として「保導委員事務所設置ノ件」に関する提案がなされた。その内実は、一分担区域に一ヶ所の事務所を設置（当面の間は保導委員自宅を当てる）する一方で、統括上町村役場に町村事務所を設置することが定められた[64]。実際に、愛知郡西小椋村では同年11月15日に保導委員会を開催し各委員事務所（各保導委員自宅）と委員会事務所（役場内）に設置したとの報告も確認できる[65]。

このように各郡市町村自治協会で保導委員の事業運営が検討される一方

で、1921年11月18日に結成された保導委員協議会では各郡市で決定された保導委員の運用指針を統一化する方向性で協議が為されている。例えば、保導委員の調査及び救済の対象者の定義を、「貧民といふ言語には語弊があるので要保護者」とすることが決定された（ただし、その後も貧民という言葉は多用されている）[66]。また、この「保護を要する者」についても甲乙の二種に区分し、甲を「保護救済しなければ今日の生活を維持することの出来ないもの、人々の助け、世のなさけを請けなければ生活の出来ぬ極貧者」、乙を「此の儘に放棄しておけば人の助けを請けねばならぬ生活に堕ちるであらうと思はれる貧者」と定義している[67]。さらに当面の保導委員の事業として、「受持区内の貧民の調査をすること」、「貧民は極貧者を甲とし放棄すれば極貧者となるべきものを乙として甲乙に区別すること」、「調査はなるべく精細にすること殊に保護を要するに至った原因の記載に努めること」、「期日は十二月十五日迄にされ度きこと」、「調査票が出来た上は各町は其の数、種類を郡常務委員会に報告し郡市は縣に報告すること」が指示された[68]。つまり、県内で統一された保導委員の最初の事業として県内における甲乙要保護層の一斉調査が企図されたのである。しかし、実際に調査が為された形跡はなく、計画そのものが頓挫した可能性が高い。

　この保導委員協議会の席では、別途保導委員の事業運営に関連して次の事項の協議が為されている。つまり、保導委員の事業経費の工面を意図して創設が協議された「社会事業後援会に関する事項」、保導委員の対象地区に発生した要保護者の「済生会無料診療に関する事項」と「児童保護に関する事項」、「生活改善に関する事項」、「民力涵養に関する要目の実行」の5事項である[69]。このなかで「生活改善に関する事項」と「民力涵養に関する要目の実行」こそが、保導委員による民力涵養運動の遂行事業に他ならない。生活改善については、「今や國民の生活改造を高調せられ積極的には活動の能率を高め或は物資の利用を擴め消極的には萬般の消費を節約し相俟って國力の充實を圖り眞劔に協力一致し躬ら實行せられんことを望む」との認識から[70]、保導委員の担当地区を「小区域」と設定し住民への直接的な指導や生活改善実行規約の履行等を保導委員が促進することになった。具体的には担当地区でおこなわれる冠婚葬祭行事の冗費節約、公衆作法の作興などの教化指

導を保導委員が直接担うことになったのである。同時に民力涵養実行要目の遂行についても、「今や各郡市町村が大なる決心により實行せらるゝの趨勢を認むるのであります。此時に當り特に保導委員各位の御奮励に依りよく住民を指導して以て既設の實行要目を必行せしめられんことを望みます」と述べられているように[71)]、保導委員が担当地区における民力涵養実行要目の遂行を監視・指導する役割を担うことになった。前々節で述べたように民力涵養運動の第一義的な方法として講演会が採用されて県内各地でも開催されたが、「一場の講演会に止ると示ふ弊がある」ため保導委員がその弊害を除去・補充することが求められた[72)]。具体的には「彼の生活改善の仕事と切り放さす相併して各位の受持區域内の人々に其要目を實行せしむるか又は生活改善の規約と相俟って指導督勵せられたいので有って要する處は保導委員各位が各方面の聯絡接觸を永久に持続し大なる聲を以て宣傳する」ことが求められたのである。つまり、ここに民力涵養運動＝生活改善の図式が出来上がると同時に、保導委員は担当地区の要保護者の調査及び救済方法の攻究と並んで担当地内の生活改善の遂行状況を絶えず監視し、仮にその遂行が遅滞する場合には直接的に教化指導を担うことになったのである[73)]。この点に、民力涵養運動の直接的な申し子としての保導委員制度の真骨頂を見出すことができる。

　民力涵養五大要綱の一つに「勤倹力行ノ美風ヲ作興シ生産ノ資金ヲ増殖シテ生活ノ安定ヲ期セシムルコト」が掲げられたことは、前々節で確認したとおりである。1922年7月に内務省で開催された民力涵養事務打合会では、次の答申案が提出されている。「民力涵養ニ関スル訓令中ノ第五要綱ニ基キ勤勉力行ノ風ヲ興シ、生産資金ノ増殖ヲ圖リ、以テ國民生活ノ安定ヲ期スルニ努メ（中略）乃チ這個ノ弊風ヲ矯正シ、國民生活ヲシテ合理的ナラシムルハ是レ洵ニ我邦現在及将来ニ處スル一大國策ニシテ、即今ノ要務又之ヨリ急ナルハナシ就中其ノ最モ急務タルハ　一、上流、富者ヲ初メ一般國民ハ相戒メテ無用ノ饗宴ヲ廃シ慶弔ノ儀禮ハ素ヨリ、其ノ已ムヲ得ザルノ饗宴ニ際シテモ簡素ヲ旨トシテ、冗費ヲ節約シ且ツ節酒禁酒ノ實ヲ挙ゲシムルコト、二、日用必需品ノ購入ハ勿論時間ノ尊重其他生活ヲ簡易ナラシム為特ニ婦人ノ此等ニ関スル智識ノ普及ヲ圖リ其ノ自覚ト相待チ奢侈無用ノモノハ之ヲ使用

セザル美風ヲ一般ニ振作セシムルコト」[74]。この答申の実現にむけて、内務省では調査、宣伝、実行の三段階の実行方法を提示し、全国的に生活改善運動を展開しようとした。

上記の答申案を受けて滋賀県では、県内郡市長宛てに1922年9月9日付で「消費節約ニ関シ生活改善規約励行方ノ件」を通牒し、速やかに生活改善規約を設定して報告することを指示した。同時に県では「節約標準」及び「学用品節約標準」を定めてその趣旨の普及を徹底するために、9月10日から9月19日の期間に県内8ヶ所で講師を派遣しての「消費節約物価調節講演会」を開催している。この講演会（宣伝）の席では、市町村吏員、学校職員、保導委員等による一般消費者の指導者階級の会合がもたれ、県の定めた消費節約標準を参酌した規約を設定し生活改善にむけた取り組みを各町村で展開することが決議された[75]。その後も消費節約に関する協議会が県内各地で開催されるとともに、社会局作成の消費節約宣伝ポスター3920枚が県内警察署、停車場、理髪店等に配布され掲示している[76]。以下、民力涵養運動及び生活改善事業と保導委員との関係性について分析してみたい。

1922（大正11）年4月4日付で、内務省社会局は全国の知事宛に「民力涵養ニ関スル件照会」を発し、10年度の事業実績及び11年度の事業計画の報告を求めている[77]。この照会に対し滋賀県では「民力涵養ニ関スル件」でもって回答し、保導委員制度について次のように報告している。つまり、保導委員を「自治團體内ニ於ケル住民ノ伴侶トナリテ救済ノ実ヲ挙ケムルト共ニ民力涵養ノ実行並ニ生活改善ノ奨励児童保護等ニ関シ市町村内ノ受持区域ヲ定メ日夜其区内ノ人々ニ接觸スル間ニ各種生活上ニ関スル諸問題ノ解決ヲ自任セシムルモノ」と定義し、「今ヤ各市町村自治協會ニ於テハ全部ノ設置ヲ見ルニ至リ各協會ニ所属スル委員ニハ常務委員ノ執務スルト共ニ生活改善ノ率先者トナリ窮民侶伴ノ好誼ヲ認タル地方モアルニ至レリ」と報告している[78]。同時に「生活改善施設」についても「保導委員ノ受持区域ヲ以テ実行ノ単位トシ郡ニ於テ制定セル生活改善規約ノ標準ニ依リ各町村又ハ小区劃地ノ実状ヲ参酌シテ適当ナル規約ヲ設ケ相互ニ自覚自制保導委員ヲ中心トシテ共励セシメ実行ノ要点」とすることが決められていた[79]。さらに同年6月14日付で内務省社会局長より全国の知事宛に「民力涵養ニ関スル実績

調査ノ照会」が発せられ、「民力涵養訓令ニ関スル実績中他ノ参考ニ資スヘキモノ」の報告を求めた[80]。この照会に対して提出された「民力涵養ニ関スル實積調査書」では保導委員の活動を次のように報告している。最初に、「協調諧和ノ運動ニ関スル事項」については「前年末縣下ニ於ケル小作争議ハ頗ル多数ニ上リレガ郡町村及保導委員等ノ調停ニヨリ多クハ円満ニ解決ヲ告ゲタリ」と報告している[81]。また、「地方ノ因襲的悪風陋俗矯正ヲ圖リタルモノ」については次のように報告している。つまり、「近時部落改善ヲ高唱スルニ際シテ一般民トノ間ニ感情阻隔ノ處アルヲ以テ是ガ因襲的悪風ヲ矯正スル為メニ協調諧和ノ運動トシテ彼等ノ何等嫌悪スルヘキノモニ非ル事及何等一般人ト先天的差異アルニ非ルヲ機会アル毎ニ宣傳シ且其実行上ニ関シテモ保導委員ヲシテ」実行していることが報告され、主に「経済上の改善」（職業紹介等）と「教育上の改善」（就学及び出席の奨励）が保導委員により実施されていた[82]。こうした報告からも判断されるように、保導委員は民力涵養運動の遂行における中心人物としての位置づけが与えられた[83]。同時に保導委員に期待された役割は階級調和と教化指導の二つに大別することができる。実際に先に引用した「民力涵養ニ関スル件」では、民力涵養五大要綱中の「相互諧和」の実例として大津市における保導委員（山川丈助）の地方改善事業が列記されている。以下、その事例を引用してみる。

「同区内ハ縣下ニ於テ有名ナル貧民窟ニシテ従来同地ニ於ケル山川丈助氏等有力者ニ依テ是ガ救済方法ヲ講セラレシガ昨年ヨリ保導委員制度ノ実施ト共ニ山川氏ノ活躍スル処トナリ是等貧民ノ侶伴トシテ諸般ノ相談ニ應シ大ニ面目ヲ一新セシガ就中此受持区域内ニハ乞食路次又ハお民路次（お民ト云フ乞食ノ住セシ処ヨリ称呼ス）ト通称スル貧民窟アリ是等ノ名称ハ雖テ世人ヨリ侮辱ノ待遇ヲ受クルノ處アルヲ以テ一同協議ノ結果〇〇ト改称シ更ニ家庭経済ノ内容ニモ浸触シテ相当斡旋ノ途ヲ講シ勤倹節約ヲ厳行セシメ日掛貯金等ヲ実行セシムル」（〇は伏字）[84]。

つまり、民力涵養運動の実行要目が「国民生活ノ殆ト全部ヲ包容スルモノ」である以上、国民間の融和はその最も重要な課題の一つであった。中産階級者としての保導委員が下層社会に介入することでその生活の改善を志向し、国民（一般消費者）と窮民との間に存在する生活上の格差や差別感を払拭に

努めたことは、保導委員が階級間の「架け橋」(隣保事業)としての機能を担ったことを意味している[85]。

同時に、生活改善事業についても保導委員が担当地区の住民の生活に介入する事例が確認される。例えば、神崎郡五峰村自治協会の「会員実行要目」における生活改善規約には「土蔵及座敷ハ落成ノ際本表ノ料金ヲ保導委員委員ヘ提出スルモノトス」、「住宅新築分家及借家分家ハ家移リノ前日本表ノ料金ヲ受持保導委員ニ提出スルモントス」、「婚姻、養子貰ハ披露ノ前日本表ノ料金ヲ受持保導委員ニ提出スルモノトス」と規定するなど[86]、生活行事にかかる費用にあらかじめ規約（上限）を設けて保導委員に報告の義務を課すなど統制の色彩が顕著となっていた。

このような保導委員による住民の生活への干渉や監視体制が構築されるなかで、より組織的な監視体制の整備が確認できるのが高島郡川島村である。同村では1923年4月より、「保導組合」という名称の組織を設置している。組合は村民10人を一組として大字の区域単位で「連合組合」とした。その目的は村長の前川源之が「組員相互のなる発達を遂げしむるにあるので在ります即ち組合の幸福を増進し社会の一員として恥ぢない所の修養と人格を造りたい」と述べているように[87]、有能なる「国民性を鋳成」することにあった。各地区に設置された保導組合には保導委員を世話係として配置し、保導委員は各区内の巡回及び相談役としての役割を担った。同時に自治会長を兼任している村長が、保導委員の執務状況を監視指導する役割を担っていた。その効果について前川は「納税の成績の良くなった事や産業組合を利用する事や勤倹貯蓄を實行する事等が一際目立つ様になって参りました」と評価している[88]。

保導委員及び自治協会による住民の組織的統制が進められる一方で、関東大震災直後の1923年11月10日付で「国民精神作興ニ関スル詔書」が国民に提示された。詔書は「國家ノ興隆ト民族ノ安永社会ノ福祉トヲ圖ルヘシ朕ハ臣民ノ協翼ニ頼リテ彌國本ヲ固クシ以て大業ヲ恢弘セムコトヲ冀フ爾臣民其レ之ヲ勉メヨ」という言葉で締めくくられている[89]。この詔書について、山本権兵衛は「顧ふに聖旨を奉戴して之が實行を期し文物を災後に恢復し更に國運の振張を圖るには其努力従来に幾倍するものなかるべからず、之れ國

民精神の振作更張特に急切を告ぐる所以なり」と告諭する[90]。この詔書の目的が、関東大震災によって高まる国民の生活不安の解消と国民間の隣保相扶イデオロギーの発揚にあったことは言うまでない。

国民精神作興に関する詔書の奉戴を受けて、滋賀県では詔書の実行にむけた協議会を開催している。その協議会では詔書の実行策の検討及び実行要目の制定並びに宣伝、貯蓄奨励が保導委員をはじめとする関係者に指示され[91]、民風作興の更なる強化が求められた。それは、滋賀県知事末松偕一郎が「規約に違反した者から罰金を取って、其金を共同事業に使ふと云ふやうな方法を採るのも宜かもしれませぬ」との告示を発しているように[92]、天皇制の威光を背景に更なる国民の生活統制と監視体制を推進することを意味していた。

この詔書を直接的な契機として民力涵養運動は、1924年9月に内務省に設置された勤倹奨励中央委員会主導で展開された勤倹奨励運動に集約されることになった[93]。それは自治振興策として各地域の裁量に委ねられていた民力涵養運動の終焉を意味すると共に、国民の天皇制国家における臣民への統合さらにはその後のファシズム体制への国民動員の布石でもあった。

Ｖ．まとめ

以上、滋賀県における民力涵養運動と方面委員制度の前身である保導委員制度創設の経緯を中心に論じてきた。保導委員制度の設置運営主体である県自治協会が創設されたのは1919（大正9）年9月で、その目的は民力涵養五大要綱の一つである「自治観念の陶冶」にあった。自治振興策としての民力涵養運動は、国民の倹約意識を助長し生産資金の増殖を図ることで地方自治体の財政力の強化及び国民の生活基盤の安定を図ることを目的としていた。そのなかで、国民の思想善導の機能を担うと共にその相互扶助や生活改善、勤倹力行の状況を推進する地域の「中心人物」を中産階級のなかから養成することが直近の課題として浮かび上がった。保導委員制度は、このような課題に対応するべく成立した。

保導委員を中産階級が担うことを推進した背景には、国民の「諧和」さらには統合化を直接的に担う階級＝中産階級を直接取り込む支配層の意図が

あった。つまり、保導委員は担当地区の要保護者の調査及び救済方法の攻究と並んで担当地内の生活改善の遂行状況を絶えず監視し、仮にその遂行が遅滞する場合には直接的に教化指導を担うことになった。こうした監視体制の整備及び促進こそが、保導委員制度の第一義的な機能であった。無論それは保導委員が体現した機能の一面の「強調」に過ぎず、保導委員が担った調査活動や救済方法の「攻究」等の意義を何ら否定するものではない（初期の保導委員の救済活動については、別稿を期したいと考えている）。しかし、保導委員制度を民力涵養運動の直接的な「申し子」として捉えた場合、上述した監視体制の整備という側面が鮮明に浮かび上がってくることは疑いの余地がない。そして、このような制度成立期に形成された体制は農村経済更生運動期の生活改善事業及び、戦時体制下の隣保事業及び軍事援護事業にもそのまま継承されていく。その意味で、保導委員制度の成立はその後のファシズム体制への国民動員の「前兆」を体言していたといえる。

【注】
1）吉田久一「社会事業の近代化──組織化を中心として──」篭山京編『社会保障の近代化』到草書房、1967年、47〜54頁。
2）池本美和子『日本における社会事業の形成──内務行政と連帯思想をめぐって──』法律文化社、1999年、96頁。
3）橋本文三『昭和維新試論』朝日新聞社、115〜116頁。
4）石田雄は、「イデオロギー的には一貫して天皇制体制の構造を補強するという性格を維持しながら、しかも歴史的発展段階に応じてその政策の内容は勿論、その機能面においては、それぞれに異なった特徴を示している」と二つの運動の共通点と相違点の両面を指摘し、当時の状況を「共同体的秩序における家的原理の後退は顕著なもの」があったと結論づけている（石田雄『近代日本政治構造の研究』未来社、1956年、55〜59頁）。そうした地域の地域共同体及び家族制度の弛緩の再生こそが、社会事業及び方面委員制度に課せられた課題であったというのが社会事業史研究の側からの主張である。
5）『内務省史』（第三巻）、1971年、370〜371頁。
6）吉田久一「大正デモクラシー期と日本社会事業の成立」全国社会福祉協議会『社会事業』（第43巻、第2号）、1960年、11〜13頁。
7）民力涵養運動の通史研究及び個別研究については、主に以下の先行研究を参照。『内

務省史』(第三巻)、1971年。吉本富男「民力涵養運動の一考察」『国史学』(第89号)、1972年。金原左門『大正期の政党と国民──原敬内閣下の政治過程──』塙書房、1973年。木戸田四郎「民力涵養事業の展開──茨城県の場合──」『茨城大学政経学会雑誌』(第48号)、1984年。山本悠三「民力涵養運動と社会局」『東北福祉大学紀要』(第15巻)、1990年。背戸博史「大正期農村部における学校の社会的位相──地方改良運動から民力涵養運動への転換に着目して──」『琉球大学法文学部紀要人間科学』(第3号)、1999年。八箇亮仁「融和政策の形成とその問題点──部落改善と民力涵養運動をめぐって──」『世界人権問題研究センター紀要』(第8号)、2003年。

8) 各地域における方面委員制度史に関する先行研究は枚挙に暇がない。その中で民力涵養運動(地方自治振興策)と方面委員成立の関係性を捉えた先行研究には、遠藤興一「方面委員活動の史論的展開について(上)」『明治学院論叢』(第231号)、1975年、及び同氏が編纂に携わった『民生委員制度七十年史』全国社会福祉協議会、1988年がある。その中で遠藤は、大正中期の「名望家支配」体制の崩壊に注目し、新たに方面委員が「地方自治の末端機能を補助する機関」に変化した点を指摘している(遠藤、前掲「方面委員活動の史論的展開について(上)」94頁)。

9) このような視点から方面委員制度を捉えたのが、芹沢一也である。芹沢は方面委員制度を「社会秩序を脅かす未来の危険を、貧困者の日常的な監視によって防ぐための『測候所』」という言葉で表現し、「経済と統治上の合理性を兼ね備えた、高度に洗練された政治的な技術」と定義付けている(芹沢一也『〈法〉から解放される権力──犯罪、狂気、貧困、そして大正デモクラシー──』新曜社、2001年、180～181頁)。

10) 滋賀県社会課『方面委員制度二十年』1941年。

11) 滋賀県民生委員児童委員協議会連合会『滋賀県民生委員制度七十年史』1988年。

12) 宮坂広作『近代日本社会教育政策史』国土社、1966年、181頁。

13) 「内務省、大蔵省、逓信省、農商務省訓令」『社会福祉事業──民力涵養勤倹貯蓄書──』。

14) 「滋賀県公報號外」大正八年一月七日、『社会福祉事業──民力涵養勤倹貯蓄書──』。

15) 同前、「滋賀県公報號外」大正八年一月七日。

16) 「奉公貯金ニ関スル指示事項」『社会福祉事業──民力涵養勤倹貯蓄書──』。

17) 元愛知郡長で内務省嘱託の今井兼寛は、この制度の意義を次のように説く。「毎月之を確實に郵便局に預入せば、涓滴集りて海洋をなすが如く、零細の資金積りて巨額の財となり、一朝有事の秋に際しては、立所に奉公の至誠を表することを得べく、平時に於てはこの資金は轉化して幾多の貴き社会事業に活用せられ、一面に於ては勤倹治産の徳を養ひ、質實剛健の風俗を一層堅固ならしめ、一面には公共心の養成と、犠牲的精神の涵養に資することを得、最も意義ある社会教化の事業を達成することを得べし」。つまり、奉公貯金制度は単に生産資金の増殖だけが目的ではなく、募金事業及びその推進のための教化事業としての性格を兼ね備えていた(今井兼寛「滋賀縣の奉

公貯金」『斯民』【第十四編、第五号】、1919年、46頁）。
18）京都府内務部庶務課『民力涵養第一年』1920年、2頁。
19）京都府内務部庶務課、同前『民力涵養第一年』2～3頁。
20）京都府内務部庶務課、同前『民力涵養第一年』3頁。
21）滋賀県『戦後に於ける民力涵養』1919年、7～8頁。
22）地域における中心人物の需要の高まりを示す一般的な状況について、当時の沖縄県中頭郡読谷山村長の知花英康は次のように指摘する。「町村民の思想を指導するには、矢張り其地方の人情風俗に通じて居る人が、専らそれに努めるのでなくては、長く継続し、且有効ならしめることは出来ないと思ふ。それには教育家、宗教家、或は町村の吏員達が其任に当らなければならぬ。詰り中心人物を得ることが必要である。但し中心に於ける大人物といふのではなく、其地方に於て口で説き身に行って見せる位な、中心人物が各村各部落に必要である（中略）要するに國民の思想を善導して行くには、不消化物を取除き、消化して行けるものを択り分けてやる。詰り取捨選択して行ける人物を養成して行きたい」。つまり、「危険思想」を排除するための防波堤の役割を中心人物に求めていた（知花英康「中心人物の養成」『斯民』（第十五編、第一号）、1920年、39～40頁）。
23）滋賀県、前掲『戦後に於ける民力涵養』51～52頁。
24）『社会と救済』（第三巻、第三号）、1919年、65頁。
25）「戦後民力涵養ニ関スル件」（大正九年三月二十七日）、『社会福祉事業――民力涵養勤倹貯蓄書――』。
26）同前、「戦後民力涵養ニ関スル件」（大正九年三月二十七日）。
27）滋賀県社会課『滋賀県社会事業要覧』1922年、222～228頁。
28）内務省地方局『民力涵養宣傳経過』1920年、2～10頁。
29）添田敬一郎「民力涵養第一年」、前掲『斯民』（第十五編、第一号）、9頁。
30）「戦後民力涵養施設ニ関スル成績報告ノ件通牒」（地発三一号）、『社会福祉事業――民力涵養勤倹貯蓄書――』。
31）例えば、滋賀郡では上記の報告提出が翌大正九年4月19日まで遅延し、その理由として「町村ヨリノ回答抽象的ニシテ眞相ヲ得ルニ困難ナリシ為往復ニ時日ヲ要シタル」と報告している（滋賀郡長熊田淳「民力涵養実行成績ニ関スル件」【庶第五三号】、大正九年四月十九日、『社会福祉事業――民力涵養勤倹貯蓄書――』）。
32）栗太郡長「戦後民力涵養施設ニ関スル成績報告ノ件」（地第一四〇五号）、大正九年六月三日、『社会福祉事業――民力涵養勤倹貯蓄書――』。
33）同前、栗太郡長「戦後民力涵養施設ニ関スル成績報告ノ件」。
34）滋賀県野洲郡長「民力涵養施設ニ関スル成績報告ノ件」（郡第二〇七九号）、大正八年十二月二十三日、『社会福祉事業――民力涵養勤倹貯蓄書――』。

35）滋賀県高島郡長「戦後民力涵養施設成績ノ件」（庶第七〇二号）、大正九年二月廿八日、『社会福祉事業──民力涵養勤倹貯蓄書──』。
36）山中栄之佑『日本近代国家と地方統治──政策と法──』敬文堂、1994年、395頁。
37）『斯民』（第十五編、第十一号）、1920年、52頁。
38）同前、『斯民』（第十五編、第十一号）、53頁。
39）背戸博史、前掲「大正期農村部における学校の社会的位相──地方改良運動から民力涵養運動への転換に着目して──」190頁。
40）石川金蔵「自治協会の成立並に経過と保導委員の設置に就て」『滋賀県救済協会時報』（第二号）、1921年、59頁。
41）前掲、『斯民』（第十五編、第十一号）、53頁。
42）同前、『斯民』（第十五編、第十一号）、53頁。
43）石川金蔵、前掲「自治協会の成立並に経過と保導委員の設置に就て」60頁。
44）石川金蔵、同前「自治協会の成立並に経過と保導委員の設置に就て」60〜61頁。
45）石川金蔵、同前「自治協会の成立並に経過と保導委員の設置に就て」62頁。
46）石川金蔵、同前「自治協会の成立並に経過と保導委員の設置に就て」62〜65頁。
47）石川金蔵、同前「自治協会の成立並に経過と保導委員の設置に就て」65頁。
48）石川金蔵、同前「自治協会の成立並に経過と保導委員の設置に就て」65頁。
49）滋賀県社会課、前掲『滋賀県社会事業要覧』1頁。
50）なお、この設置規程及び執務細則策定の経緯について、石川（回顧当時は近江神宮奉戴会主事）は次のように回顧している。「井上課長は自分を九月より十二月迄四ヶ月間開催せらる、協調会の社会政策講習会に派遣入所せしめられた。此講習が終って帰県すると、今度は又地方課から社会課を分立する事に知事の意見が決定したので、社会事業実施の中核となるべき方面委員制度を発布したいので、早急に立案して貰いたいと云ふ注文であった。私は森（＝賢隆、引用者）嘱託に相談をして色々と研究を重ね又意見も闘せた。岡山の済生顧問、大阪の方面委員制度、神奈川の制度を御手本にして立案し保導委員と命名した。結局条文としては私が書いたのであるが、中身は全く森君との合作である。其上此制度を運営する為め委員の実際の指導や訓練は森君が其衝に當ったのであって、今日の発達の基礎を作ったのは全部森君の功績であると云ってよい」。この回顧談が事実であるなら、滋賀県保導委員制度の創設者は石川金蔵と並んで当事の滋賀県嘱託で農村社会学者でもあった森賢隆であったと考えるのが妥当であろう（石川金蔵「二十年を回顧して故人井上政信森賢隆両氏に感謝を捧ぐ」、前掲『滋賀県方面委員制度二十年』34〜35頁）。
51）小河滋次郎「方面委員制度に就て」、前掲『滋賀県救済協会時報』（第二号）、7頁。
52）小山仁宗「協調会と方面委員」。なお、今回引用した論稿の原典を確認することができなかった。引用は『民生委員制度七十年史』11頁からである。

53) 金原左門、前掲『大正期の政党と国民──原敬内閣下の政治過程──』184頁。
54) 生江孝之「保導委員の設置と其必要」『滋賀県救済協会時報』(第三号)、1921年、13〜14頁。
55) 生江孝之、同前「保導委員の設置と其必要」39〜41頁。
56) 池本美和子、前掲『日本における社会事業の形成──内務行政と連帯思想をめぐって──』152頁。
57) 滋賀県社会課、前掲『滋賀県社会事業要覧』8頁。
58) 『滋賀県救済協会時報』(第四号)、1922年、51頁。
59) 同前、『滋賀県救済協会時報』(第四号)、51頁。
60) 滋賀県社会課、前掲『滋賀県社会事業要覧』8〜9頁。
61) 同前、『滋賀県救済協会時報』(第四号)、52頁。
62) 同前、『滋賀県救済協会時報』(第四号)、68〜69頁。
63) 同前、『滋賀県救済協会時報』(第四号)、69頁。
64) 同前、『滋賀県救済協会時報』(第四号)、70頁。
65) 愛知郡西小椋村「自治協会時報」(第二号)、大正十一年二月十日、『民力涵養』。
66) 前掲、『滋賀県救済協会時報』(第四号)、72頁。
67) 同前、『滋賀県救済協会時報』(第四号)、72頁。
68) 同前、『滋賀県救済協会時報』(第四号)、72頁。
69) 同前、『滋賀県救済協会時報』(第四号)、73〜80頁。
70) 同前、『滋賀県救済協会時報』(第四号)、77頁。
71) 同前、『滋賀県救済協会時報』(第四号)、79頁。
72) 同前、『滋賀県救済協会時報』(第四号)、80頁。
73) 同前、『滋賀県救済協会時報』(第四号)、80頁。
74) 『滋賀県救済協会時報』(第五号)、1923年、98〜99頁。
75) 同前、『滋賀県救済協会時報』(第五号)、100〜103頁。
76) 同前、『滋賀県救済協会時報』(第五号)、103〜104頁。
77) 田子内務省社会局長「民力涵養ニ関スル件照会」(発乙第壱一一九号)、大正十一年四月四日、『民力涵養』。
78) 「民力涵養ニ関スル件」(社第八一三号)、『民力涵養』。
79) 同前、「民力涵養ニ関スル件」(社第八一三号)。
80) 田子内務省社会局長「民力涵養ニ関スル実績調査ノ件照会」(社発第二三八号)、大正拾年六月拾四日、『民力涵養』。
81) 「民力涵養ニ関スル實績調査書」『民力涵養』。
82) 同前、「民力涵養ニ関スル實積調査書」。
83) 実際に、「滋賀県社会事業要覧」では、「保導委員制度ノ設置以来本事業ノ實行委員ハ

可及的保導委員ヲ以テ共勵ノ責務ヲ盡サシメンコトヲ期セシカ郡市町村共鳴シテ漸次ソノ傾向ヲ呈スルニ至レリ」と記されている（滋賀県社会課、前掲『社会事業要覧』232頁）。

84) 前掲、「民力涵養ニ関スル件」（社第八一三号）。
85) 三好豊太郎『セツツルメント事業』東方書院、1934年、29〜30頁。
86) 「五峰村自治協会」『民力涵養』。
87) 前川源之「保導組合に就て」『滋賀県救済協会時報』（第六号）、1923年、66頁。
88) 前川源之、同前「保導組合に就て」、67頁。
89) 社会局「国民精神作興ニ関スル詔書ノ讀ミ方」『民力涵養』。
90) 山本権兵衛「告諭」『滋賀県救済協会時報』（第七号）、1924年、4頁。
91) 同前、『滋賀県救済協会時報』（第七号）、91〜93頁。
92) 末松偕一郎「知事告辞」『滋賀県救済協会時報』（第八号）、1925年、16頁。
93) 富田愛次郎『日本社会事業の発達』（復刻版）、日本図書センター、1997年、350〜351頁。

第二編

災害と罹災救助

第一章　関東大震災と滋賀県（1）——震災救護関西府県聯合と滋賀県——

Ⅰ．はじめに

　関東大震災の復興支援を研究対象とする場合、国家政府のみならず各地方行政の震災への対応を解明することは必要不可欠な作業である[1]。本章では、滋賀県内で展開された避難民への援護活動と大阪府を中心として結成された「震災救護関西府県聯合」による援護活動に焦点をあててみたい。震災発生直後から各地方行政庁が復興支援に向けて協議をおこない即座に支援に動き出したことは、近代国家（中央集権国家）における一つの特徴を表している。それと同時に被災地から遠く離れた関西地域が連合組織を形成して組織的かつ計画的な対応をおこなったことは、交通網や通信網が発達した近代社会に特有の現象である。さらに、各地方で結成された民間団体が地方に避難してくる罹災者に対して行政機関と連携しながら救済活動を展開したことは、大正デモクラシー下の「市民活動」の「芽生え」として認識されるのではないか。本章ではそのような地方（による）からの援護活動に焦点をあてて、救済事業（社会事業）の近代化の内実に迫ってみたい。

　なお、本研究が依拠している資料は、滋賀県所蔵文書『賑恤救済――関東震災救護録――』、『賑恤救済――関東震災救援関係書類――（1）（2）』、『賑恤救済――関東震災救護書類――』、『賑恤救済――関東震災救護録――』の他、二次資料の『京都日出新聞』、大阪府編集『関東地方震災救援誌』等である（カナは平仮名で引用している）。

Ⅱ．滋賀県における被害状況の把握と応急対策

　最初に、震災発生直後に滋賀県関係者が被害状況をどのような経緯で認識したのかを確認してみたい。県庁内に設置された臨時関東震災救援部総務部がまとめた「日誌」における「総務部関係事務」には、震災発生の9月1日

の午後5時頃に「新聞号外に依り東京、横浜地方に震災あり其災害甚大なるを知る」と記されている[2]。ただし、当日の『京都日出新聞』の夕刊では「関西地方」の地震の記事が掲載されているに過ぎず、関東地方の震災被害の情報を確認することはできない。翌日の9月2日には「号外等頻繁に至り関東地方の惨状」を知り、救援方法を計画する上で官吏を東京に派遣している[3]。なお、9月2日の『京都日出新聞』の朝刊では、震災による交通網や通信網の遮断に関する記事が中心で、被害状況については静岡県沼津地方の家屋倒壊に関する記事が掲載されているに過ぎない。「東京横浜市の大部焼土と化す」と一面で被害規模状況が掲載されたのは、9月2日の夕刊であった。

　新聞以外にも滋賀県を含めた関西府県の行政関係者が被害状況を把握した詳細な情報に、岐阜県に配置されていた各務原飛行第二大隊がまとめた「東京震害状況」と称する偵察記録がある。それによると飛行第二大隊は震災翌日の9月2日に出発し（9月4日帰還）、飛行機からの偵察記録を京都第十六師団司令部に提出している。その一部を引用してみる。「東京市外は本所、深川、浅草、日本橋、神田、下谷、本郷、小石川の各南部、麹町、赤坂、四谷の各一部は概ね火災に罹り其の他は本郷帝国大学、新宿三丁目、穏田、大崎、高輪は火災に罹れり他は焼失を免れり横浜は全部焼失せるものの如く四日朝尚火煙を見る横須賀も殆んと全滅状態なり小田原も同様なり」。同じく、罹災市民の状況について「東京は三日午前七時半には鎮火し避難民中崩壊又は焼失家屋跡に復帰する者あり」と記されている[4]。その後も第十六師団司令部（各務原飛行第二大隊）は、偵察隊の派遣や、被災地の情報を「震災情報」として発行するなど関西地方への情報提供の役割を担った[5]。

　関西地方における行政関係者の被災地に関する情報源となったのが、陸軍による情報提供と並んで官吏の被災地への派遣とその視察報告である。関西地方ではそれぞれの府県が官吏を被災地に派遣し、他府県に対しても詳細な被災地の情報提供をおこなっている。その一例として兵庫県の例を取り上げてみたい。兵庫県では9月3日に日本郵船山城丸にて松岡理事官を東京へ派遣（大阪港発）し、その視察記録を他府県へ送付している。その一部を引用してみる。「第一報告　午前七時大阪商船の汽船（大阪府発）を追越す（中略）無線電信を以て横浜港内の汽船を呼べども応ぜす従って先方と打合せ出

来ず、船長と共困惑す（中略）大島付近より漂流物を瀬りに認む、内には屋根の如きものあり、第二報告（九月三日午後十一時）東京湾口にて遥に炎々と天を焦すを見る船長と方位を定むれば横須賀・・・・後に横須賀全滅の報を聞く暗の内に「サーチライト」の光輝凄惨を極む」。さらに、上陸後の報告では、「想像以上の惨害にして路上死屍累々（人馬）海上にも漂流しつつあるを見受く（中略）山城丸に積込の荷物は陸上すること不可能なり（中略）食糧品、飲料水不足の為め舟中避難民非常に困却し（中略）大規模の援助を要す」[6]。

　同様の行政官の派遣は、滋賀県でも実施された。先に記したように滋賀県では９月２日に理事官を派遣（随行員１名同伴）し、帰県後（８日）にその視察状況を各郡市に「震災救援に関する件」として発している。それによると中央政府から各地方府県に対して要望された物資供給及び救護人員の派遣は次の通りである。つまり、「成し得れば藁製品の供給を希望す」、「医師よりも看護婦の派遣を望む、若し各地方より相当の救護班の派遣を受くるを得ば適当の場所に救護支所を置く見込」[7]。このように、震災被害に関する情報収集においても他府県との連携がなされ、情報の共有認識がなされている。こうした情報共有にも、次節で確認する震災救護関西府県聯合結成の効果が反映していることはいうまでもない。

　関東地方の震災状況を徐々に把握するなかで、各地方府県では被災地の救済にむけた対応を講じることになる。各府県が展開した救済の代表的な方策が、生活物資の供給と援護団の派遣である。滋賀県でも県内郡市に物資の寄贈を依頼し、９月末の段階で8648梱、推定価格182,100円分の物資を被災地に供給している[8]。その内訳は、白米、慰問袋、衣類、梅干、漬物、乾物、缶詰、学用品、教科書などである。このような市民から寄贈された救援物資は、最終的には大阪府を中心として結成された関西府県聯合の事務として処理された。その発送までの状況が記録として残されているので引用してみる。「県民は一夕に此凶報に接するや満腔の同情を以て金品の寄贈に奔走し同時に県に於ては各郡市主任書記を召集して之が統一を図らんが為寄贈物件の標準並に期日輸送方法等に関し指示する処あり尓末県郡市町村係員は寝食を忘れて此県民同情の結果を採択し其全部を濱大津駅へ集め更に包装し改造荷札の付

替其他現金の受給等其複雑繁忙殆と筆紙に記し難く今回県民犠牲心の発露に短時日に蒐集し得たるの一事は実に快心の極みと言ふへきなり」[9]。

このような県民からの寄贈品の供給の他に、県費による義捐品の購入及び供給がおこなわれた。「県に於ては一般の義得金品の募集を為すと共に一面県費を以て日用必需品の買上をなし之を震災地に寄贈することとし早速県下に於ける現在物資量の調査を為し此の調査に依り買上を為すへき物資を選定し其の買上けへきものに対しては或は即日或は数日間の納入余裕日を○し缶詰類は○○会社の工場に対し其他は各郡職工を経由し注文を為し買上たり而して之れか○○を為したる商人に短時日に納入を要するか為め臨時に作業員を増加し殆んと徹夜作業に従事し奉仕的努力を有し」（○は判読不能）[10]。

県民及び県費による寄贈品および義捐品の供給の他にも、滋賀県救済協会の事業として「関東地方震災救援義捐金」という名称の義捐金の募集がおこなわれた。10月18日の時点で280,943円325銭の義捐金を集め、その内20万円が臨時震災救護事務局へ納入され、65,243円が滋賀県も加盟していた震災救護関西府県聯合によって建設された横浜仮病院及び罹災者収容所建設費用の滋賀県負担分として大阪府に納入された[11]。

このようにして県民から収集した膨大な義捐品を被災地に輸送するため、滋賀県では臨時に救護部運輸係を設置して輸送に関する業務にあたった。運輸係では梱包部、積込部の二部を設置している。梱包部では「当初の数日間その本部を県庁内に置き別に濱大津駅構内に別働隊を派遣し専ら救援の事務に当りしも九月十日より本部を濱大津駅構内に移す、詰込部は最初より濱大津駅構内に本部を置き本管事務の事務の進捗に努力す、九月七日運輸事務を開始してより九月十五日迄に取扱ひし恤救品は（中略）総計八千百四点に達し之等輸送部の引取并に積込并に際しては便宜濱大津駅前森田通運をして之に当らしむ」[12]。なお、滋賀県で収集された義捐品の被災地への輸送割合は当初東京府7割、神奈川県3割の予定であった。しかし、9月9日以降は臨時震災救護事務局の指示によるものか定かではないが、東京7割、横浜2割、小田原1割に変更されている[13]。

救援物資の供給及び発送以外に、地方の主要な援護活動となったのが被災者に対する救護活動である。滋賀県では、日本赤十字社滋賀支部から救護班

を派遣している。救護班の派遣は3回に分けて実施され、第一班が派遣されたのは9月3日であった(5日東京着、27日まで従事)。第一班の構成メンバーは、医師1人、事務員1人、看護婦5人であった。その後の第二班、第三班共に、医師2名、看護婦31名、30名を派遣している(ただし、第三班のみ震災救護関西聯合府県の救護班として派遣された)。派遣先は日本赤十字社病院で、派遣にあたっては衛生材料や薬品が携行された[14]。

以上、震災直後に滋賀県が展開した応急援護の内容について確認してきた。震災発生直後から大阪府や京都府、兵庫県などから情報が滋賀県に提供され、応急的措置が展開されていることが確認できる。このような他府県との連携のなかから後にみる震災救護関西府県聯合の結成が企図されたことは先に述べたとおりである。それと同時に、滋賀県では9月6日付で庁内に「臨時関東震災救援部」を創設し、寄付、物件、物資、運輸、救護、警備、経理、総務の各係を設置して組織的な救援体制を整備していった[15]。

Ⅲ. 震災救護関西府県聯合と滋賀県

前節で確認したように、震災発生直後から県庁内で復興への支援が模索されたのと同時に、近隣府県から被災地の情報提供がなされるなど行政管轄の垣根を超えた連携体制の整備が進められた。そうした動向のなかで結成されたのが、大阪府を中心とした「震災救護関西府県聯合」である。聯合結成にむけて会合がもたれたのは9月5日で、京都、兵庫、滋賀、奈良、和歌山、高知、徳島、愛媛、香川の各府県知事による検討が為された(最終的には大阪府、京都府、兵庫県、奈良県、和歌山県、滋賀県、徳島県、愛媛県、高知県、岡山県、石川県、島根県、鳥取県の2府11県の連合体となった)[16]。翌6日には、大阪府庁内に聯合事務所が設置され、大阪府知事が局長に就任し、通信、記録、庶務、会計、救護、物資、輸送、建築の各係が設置されている。それぞれの係には聯合に参加した各府県からの出張員が設置された[17]。それと同時に、被災地である東京および横浜に聯合事務所の出張所が設置された(10月17日に廃止)。

聯合結成にあたって、震災被害の救済に関する次の項目が協定事項として決議された。つまり、「各府県供給物資の選択収集は聯合事務所に於て協議

決定すること」、「避難者の収容救護は各府県協議の上最善の努力を為すこと」、「各府県にて組織せる救護班の輸送は聯合事務所にて取扱ふこと」、「入居者の制限を励行すること」等である[18]。つまり、震災直後から各府県がそれぞれ救援物資の供給や救護員の派遣をおこなっていたが、聯合結成により各自治体の垣根を超越した組織的支援の体制が整備された。

　滋賀県は聯合の結成に対して、次のような態度を示している。「救援事業は交通通信機関等の大破に依り迅速の活動を妨くること甚だしく緊急処置を果し得さる處あり一府県単独の行動よりは數府県連合して有無相通し大規模の救援を行ふの緊切なるを認め（中略）物資輸送の関係よりして大阪府を中心に各府県聯合の必要を協議せし處之れと殆と同時に大阪府知事より同様の提議ありしを以て堀田知事は此議に賛同し（中略）聯合府県と協力して救護上遺憾なきを期することを協定せり」[19]。このことが事実であるならば、大阪府から聯合結成への提議が為される前から滋賀県は「大規模な救援」を為すためには各自治体による連携協力が必要であることを認識しており、その具体策を模索していたことになる。前節で確認したように、震災直後から滋賀県は県内各郡市に対して義捐金品の募集を働きかけたが、交通網の遮断に伴い被災地への輸送に苦慮した。大量の義捐品を効率的に被災地に輸送するためには、各自治体の枠組みを超越した組織体制の整備が必要とされた。同様の思惑が他府県の行政関係者にも共通して存在し、そのことが極めて短期間に聯合結成の合意形成に至った要因ではないだろうか。それはともかくとして、滋賀県は即日聯合に加盟することを決め、官史を大阪府及び聯合事務所東京支所にそれぞれ派遣している[20]。

　震災救護関西府県聯合の当初の事業目的は、先に述べたように各府県が収集した義捐物資を効率的に被災地に供給することにあった。物資の供給が一区切りした後、聯合が担った復興支援の主要な事業が被災地横浜市への病院建設（診療活動）とバラック提供の２つの事業である。以下、この二つの事業に焦点をあててその経過を追ってみたい。

１．病院建設と診療活動

　震災発生直後より負傷した市民の治療を目的として、各地方から多くの救護人員が供給されたことはすでに述べた。こうした診療活動についても個別

的な救済から組織的救済の必要性が認識され、最終的には病院を建設して半恒久的な診療体制を構築する道が模索された。その経過を確認してみたい。

関西府県聯合では９月７日に打ち合わせを開き、次の救護事務に関する事項を決定している。「小規模救護班の派遣は効果少き（中略）今後救護班の派遣は聯合事務所に於て震災地の情況に鑑み適当なる計画の上実施致し」、同時に「各府県に於ては単独救護班派遣は此際可成見合」すことを依頼している[21]。つまり、各地方より個別に派遣していた救護班による救護活動は効果的ではないという認識から、義捐品の供給と同様に救護活動においても聯合による組織的な活動の必要性が確認されている。このような救護活動における「適当なる計画」がどのような推移で病院建設計画に結びついたのか。

９月９日に開催された打合せでは、「大規模救護班派遣に関する件」として次のことが決定されている。「将来震災地に派遣する救護班は医療材料等凡ての点に於て自給自足し得る程度のものに非ざれば到底所期の効果を揚ぐる能はさるに鑑み（中略）野戦病院式のものを聯合事業として横浜に設置せんとす」[22]。つまり、医療救護活動にかかる費用等をすべて自前で賄うためには、個々に救護班を派遣するよりも病院を建設することが合理的であるという判断のもとで計画が遂行された。以下、建設までの過程を確認してみたい。

10月31日付で各聯合府県知事宛に提示された「震災救護関西府県聯合事務所其の後（九月二十日）の事務概況」では次のように記されている。「横浜市中村町衛生試験所跡に建設すへき聯合仮病院バラック材料は九月十二日工成りたるを以て直ちにあるたい丸に積込み工区監督技師外数名同乗十三日大阪築港を出港し廿一日に至り其の中六棟竣工し廿三日全部の上棟を竣へして以て翌廿四日事務準備の為院長澤村博士外三名を先発せしめ越へて廿五日事務員薬剤員、看護婦、其他傭人等約七十名之に医療器具機械、病院用食糧等約五百頓を汽船平明丸に積載し横浜市に向け大阪港を出航す之に続き京都、滋賀、和歌山、石川等の府県より続々後発職員の派遣せらる在り十月一日診療開始せり」[23]。この「事務概況」から判断すれば、９月12日から病院建設に着工し23日に竣工、10月１日より診療を開始している[24]。つまり、９月７日以降３週間という短い期間で救護活動における診療計画の立案から事業開始までを完了している。以下、病院開院までのプロセスを確認してみ

たい。

　聯合事務所では9月13日付で「震災救護仮病院規程」及び「職員の手當及旅費支給規則」を定め、各府県に提示している。そのなかで病院の正式名称を「大阪府外一府六県聯合震災救護仮病院」と定め、大阪、京都、奈良、滋賀、兵庫、和歌山、石川、愛媛の各府県による連合による運営によって横浜市に設置することが決定された。設置目的は「震災に因る傷病者の救療」で、内科と外科の二科を設置することが決められた[25]。

　病院建設の進捗状況について、9月19日付の報告書では次の経過が確認される。「横浜に於ける震災救護仮病院は急速開設方焦慮候得共偶々天候の險悪に際会したる為め建築材料の輸送意外に遅延し且又着港後の陸揚陸上運搬等の時日も予期難致従て建物の一部落成は或は本月末となるやも」[26]。つまり、天候の悪条件と建築物資の輸送条件が未整備のため、開院が遅延するとの報告である。この結果として、先ずは大阪在住の職員を派遣することを決め、建物の落成後に他府県からの職員を派遣することを決定している。いずれにしろ被災者の救護活動を開始するにあたって、その地盤となる病院建設が急ピッチで進められた様子をうかがい知ることができる。最終的に建物は9月23日に落成し、24日に大阪府から先発隊の職員が配置されている[27]。職員の派遣にあたっては、「病院内居室（寝室共用）は職員雑居（男女の別あるのみ）にして又極めて狭隘に付携帯品は可成軽減すること」、「居住の内外共に警戒の及はさることあるやも難計に付貴重品は可成携帯せさること」等が注意事項として喚起されている[28]。滋賀県からは前節で確認した救護班（第三班）として医師2人、事務員1人、看護婦20人が10月2日付で派遣された（9月30日出発）。開院にあたっては、10月1日に仮開院式が開催され即日一般診療を開始し、10月11日に改めて公式の開院式を開催している。以下、開院後の診療活動の経過を確認してみたい。

　10月1日の開院後即座に診療活動に着手するものの、順調に進捗したわけではなかった。診療活動の経過は、10月7日付で聯合各府県に通知された「病院事務概況報告」に詳細に記されている。それによると病舎の設備は順調に進捗したことが報告されている一方で、診療に必要な物資の運搬情況については次のように報告されている。「一日仮開院を為したるも物資並に機械器

具の運搬進捗せず大部分は本船を離れたるまま船舶の中に在り患者来るも機械、薬なしてう状態にて飯あるも茶碗なく全員握飯に梅干を食しつつ」[29]。つまり、仮開院までこぎつけたものの、診療に必要な物資や薬剤が交通網の遮断により搬送されていない様子がわかる。その後物資の輸送は数十人の人夫及び17両の荷馬車、一台の荷積自動車の活用によって「三日に至り漸く山成す物資も大体格納」に至っている。

輸送物資の到着と各府県からの職員の派遣によって本格的に診療活動が開始されたが、すぐに顕在化したのが飲料水の確保の問題であった。「五百余円を投じて掘鑿せる井水も水質不良にして加ふるに水量甚少く全員の用を便ずるに足らず炊事用水、飲料水其の他の用水等の大部分は近隣の井水を汲みて使用しつつありたるも傭人等少数なる為充分なる能はすされは六日県衛生課に対し七日より浄水二百人分の配給を請求せり」。同時に「生乳は四日五日の両日患者用として各五合宛縣衛生課より無料配給を受けたりしか七日よりは二升の配給を請求せり（中略）凍氷は四日十貫、五日十五貫匁等しり県衛生課より配給」を受けている[30]。受け入れ患者数が増加していくなかで飲料水や生乳、凍氷については神奈川県衛生課より配給の増加の承諾を得て対処していた。

しかし、その後も飲料水確保の問題が即座に解決したわけではなかった。10月24日付で各府県に送付された「仮病院事業概況報告」では次のように報告されている。「六、七、八、九日の四日間は県より浄水の配給を受け引続き給水を受くる予定なりしも来らず已むを得す大林組の掘鑿せる井戸及近隣の湧水により辛して用を便じつつあるも患者増加するに従ひ益不足するの状明かなるを以て県當局並に前の井戸請負業者に交渉しその請負業者より水深に十尺以上の大井戸一個を新に掘鑿無償提供せしむること」[31]。神奈川県からの飲料水の供給が滞った理由は触れられていないが、恐らくは県当局（衛生課）の復興支援にかかる業務の負担増の影響によるものと思われる。飲料水と同じく凍氷についても、患者数の増加により不足が伝えられている。

診療活動が展開される一方で、病舎の整備も同時に進められていった。11月15日に各府県に送付された「病院事業第四回概況報告」では、次のように記されている。「各病舎は総ての設備完備し十二日に至り第四号病舎十四

日第六病舎を最後として病舎八棟全部患者を収容することとなれり死体室（二坪半）は十三日自動車に南接して起工即日竣工し警官詰所（一坪）は診察と第一号病舎との間に廊下と薬局に沿ひて同日起工し即日竣工せり、伝染病患者使用食器消毒室（一坪）は第二号病舎の入口北側に廊下に沿ひ氷室（一坪）は第二号病舎の入口南側に十七日起工同日竣工せり」[32]。受け入れ患者数の増加に伴い病舎も拡張していき、10月半ばに病舎の整備は完了している。また、懸案事項であった飲料水の確保については、次のように報告されている。「飲料水は九日より十八日迄市より浄水の配給を絶たれ湧水及近隣の井水により辛して用を便しつつありたるも水質悪しく調剤洗滌等に不利甚たしく加之患者は逓加し不良なる水も動もすれは給水断絶し不便言語に絶すされば新たに市に交渉し十九日より約六百人分の浄水配給を受くることとなれり」[33]。つまり、病舎が完成しても飲料水の不足は続いており、横浜市に更なる配給を求める状況であった。同じく凍氷についても、患者数が増加する一方で配給は追いつかず、病院費でもって別途購入が必要な状態であった。

　患者数が増加するなかで新に発生した問題が、伝染病患者数の増加である。「病院事業第四回概況報告」では、「伝染病患者は十二日腸窒扶斯男一女四、十三日男一女二、十五日疑似赤痢男一、腸窒扶斯男二、女一、十六日疑似赤痢男一、女七、十七日腸窒扶斯女一、パラチブス男一、十八日腸窒扶斯女一、十九日腸窒扶斯男二、疑似赤痢男一、女一、二十日腸窒扶斯男三、パラチブス男一、女一名等何れも當院に於て治療中なり」と報告されている[34]。また、開設当初からの内科・外科に関する報告の他にも出産例の報告が為されるなど被災地診療ならではの多様な事情が確認できる。実際に、全8棟ある病舎のなかで、第一病舎と第二病舎は伝染病患者の治療専門病舎として活用し、他の病舎についても普通病、結核病、内科、外科等の科目で分類されている。

　しかし、病舎の建設等のハード面が整備される一方で、患者数の増加に治療が追い付かない状況が確認される。11月17日付で各府県に送付された「第五回病院事業概況報告」では次のように報告されている。「患者の医療手當遅延せると栄養不良等の関係により入院患者は衰弱甚たしく死亡率は比較的高きを示し既設の屍室動もすれは狭隘を告ぐ」。同時に「伝染病患者続発に伴ひ病毒汚染の衣類寝具等有毒の必要起り」ため[35]、消毒所として新たに

消毒室を整備するなど、設備拡張はその後も続いた。しかし、伝染病患者の増加や入院患者の増加に物資の供給及び治療活動が追い付かない状況のなかで、先の報告でも記されているように死亡者も増加している。懸案事項であった飲料水の確保の問題は、「第八回病院事業概要報告」で「水道工事の改善成り、噴水多量にして給水上安心の域に達し、病院経営上洵に喜ぶべき事項なり」と報告されているように[36]、11月末の段階で一応解決したかに思われた。しかし、断水等の影響で「遂に最後に至るまで安堵する事なくして終ることとなれり」と報告されているように[37]、その後も飲料水の確保の問題は懸案事項として残った様子である。

　最後に、震災救護仮病院が受付けた患者数及び疾病の特徴について確認しておきたい。大阪府が編集した『関東地方震災救援誌』の付録として発行された『大阪府一府六県聯合震災救護仮病院診療状況』では、3ヶ月間の診療期間の外来患者は新患9,192人、再来が21,703人、合計30,895人と報告されている（外来治療日数総数は67,258人）。同じく入院患者数は1,254人で退院数は926人と報告されている（差し引き328名は神奈川県へ引継がれた）[38]。また、診療患者の状況（内科部門）については、次のように報告されている。「普通平時の大病院に於けるが如く、殆ど凡ての疾患を網羅し、極めて多数多様なるも、今之を通覧し精査するときは、特種の疾患に於て其の数著しく多く、平時に於て見るものと明に其趣を異にし、関東地方殊に横浜に於ける震火災の如何に激甚なりしか、従って又震災後に於ける生活状態の激変、衣食住の欠陥が如何に著しく人体健康の上に影響せるやを窺ひ得べし」[39]。

　具体的は「特種の疾患」については、次のように報告されている。「急性胃腸『カタル』、不消化症、或は黄疸症の如き消化器系病、喉頭『カタル』、急性気管支炎、肺炎、肋膜炎、肺結核症の如き呼吸器疾患、及ひ神経衰弱、神経症、精神病或は脚気の如き神経系病、並に心臓辨膜病、腎臓病の如き循環器に属する疾病は、平時に於ても亦恒に多き疾患なるも、本院開設初期は勿論凡ての期間を通じて著しく多数なりしは、明に震災後に於ける食物の粗悪、欠乏、飲料水の不給と家屋の破壊せられて不衛生極まる『バラック』生活に因する直接の結果なること否らず。又之等生活の不安と、當時の惨劇恐怖は、異常に罹災者の神経を刺激し、精神過労の原因となり、神経衰弱或は

精神病を誘発せりと認む可き者も少からず」[40]。その他にも、「患者一般を通じて著しかりしは栄養状態の不良なりし」結果として、母乳の分泌不足を招き、小児の疾病を増加させている事案が報告されている。また、震災後の公衆衛生上大きな課題となった伝染病についても、「一時は當院の内科入院患者の約半数に達せしことあり（中略）伝染病中食物殊に飲料水と密接の関係ある赤痢、腸『チブス』症の発生流行は、當初より既に予期せられたる所なるも、當地にありては特に水道の破壊著しく、飲料水の欠乏不給は他の消化器病と同様其発生流行を助けたる主因と認めざる可らず」と報告されているように[41]、前述した飲料水の不足の問題は院内における伝染病患者の増加の主因となっていた。

　このような震災による栄養状態の不良及抵抗力の低下は当然に、「死亡時の状態」にも表れてくる。「何れの疾患たるを問はず、病気の経過良好ならず終に重態危篤に陥り、或は例へ既に死期を宣せむとせる者にありても、平時にありては応急機宜の処置に依りては尚よく一二日、或は数日其の生命を維持し得可き場合、罹災者にありては、屡々脈搏の少しく不整微弱なる外何等特別の変調、或は苦悶の状を呈せず、而も数時間後忽然として不帰の客となり、周囲の者をして唖然たらしめたることもありき」[42]。また、患者の栄養不良の状態は、「一般に意気消沈し、栄養不良にして、生活状態の非衛生的なる為か創部肉芽の性状不良、仮骨形成も亦不良にして、骨癒合の遅延せるものを見受けたり、而して一般抵抗力の減弱せる為か、手術比較的軽きに拘らず、余等の予期に反して不良の転帰をとりたるものにも遭遇せり」といった外科部門でも確認・報告されている[43]。

　以上のように、仮病院内は「野戦病院」という表現にふさわしい状況のなかで、「普通」や「平時」とは異なる「特種の疾患」への対応に特色が見られた。その要因は栄養不良と公衆衛生の不備である。つまり、食糧不足による栄養不良状態が慢性化していた事実が確認できる。このことから、地方から送付された大量の義捐品が罹災者に対して迅速に供給されていない事実が浮かび上がってくる。

　震災救護関西府県聯合は12月20日まで仮病院を直接運営して診療活動をおこない、その後仮病院は神奈川県に引き継がれた。

２．バラック提供

　震災救護関西府県聯合が担った主要な復興支援が病院建設と並んで、被災者の住居確保を目的としたバラック建設であった。先に引用した「大正十二年九月九日打合事項」では次のことが報告されている。「震災救済事業として今日迄當府に於て主力を注ぎつつありたるは食糧品就中米の輸送にあり最近に於ける震災地の状況は最早米及其他食糧品は相当豊富に準備され心配なき状態にあるも最も緊急に需用に迫りつつあるは衣及住なり此点に関し農商務省よりも技師阪来阪当地方に於て材木五万石亜鉛板三十万枚を買収輸送しつつあり之れにて約十二万人を収容する急造バラック建設の予定なるも之れにては僅に需用の一部分を充すに過ぎざる状況なり」[44]。つまり、被災地における食糧品の供給については他府県からの供給等もあり十分な量が確保できているものの、住居の供給については今後の課題であるという認識のもとで、「聯合府県の事業」として急造バラックの建設を決定している。バラックは「トタン張バラック建」の建築様式で、間口四間・奥行十五間の木造平屋を横浜市に200棟、東京市内に300棟の建設を決定した（一坪に二人半収容）。この計画に従えば、総計180万円（人坪60円）を経費で、約7万人が収容できることになる。建設材料については、震災地で直ぐに組み立てられるように大阪ですべてを加工し11日迄に輸送船に積み込む予定となっていた。建設費用は180万円で、内72万円を大阪府が負担し、残金108万円を他府県が負担することになった。滋賀県では上記の計画に対して賛成の意向を示し、建設費用49,033円を負担する旨返信している。

　バラック建設計画が決定したものの、計画に賛同したのは大阪府、京都府、愛媛県、滋賀県、奈良県、石川県、和歌山県で、仮病院建設に同意した兵庫県は参加しなかった。その理由として、兵庫県は独自に横浜市内にバラック建設を計画実行したことが考えられる。いずれにしろ、「時既に事業は一部は進捗しつつあり且事業半にして縮小するときは到底初期の効果を挙くる能はさるを以て當初の計画を変更することなく事業を進行」することになった（賛同を得られなかった県の分担金はすべて大阪府が負担した）[45]。実際、バラック建設計画が提案された翌日の９月10日には、「設計の大体完成したるを以て大阪に於ける一流の請負人株式会社大林組を招致し見積せしめたる

に其額予算以内に付緊急事業として工事着手を命し翌十一日請負契約を締結」している[46]。

締結されたバラック建設にかかる工事契約の内容は、東京市及び横浜市でそれぞれ内容が異なっていた。「震災の程度は横浜は比較的大なるものあり當府神奈川県に於て到底組立作業の余裕なき状態にありたるを以て同県に提供のバラックは全部請負人に於て完成することとし東京は組立作業指導の為職工頭百名を派遣するに止め震災地に於ける一切の労力は臨時震災救護事務局より供給せしむる条件の下に契約したり」[47]。つまり、横浜市内におけるバラック建設は請負先である大林組が担い、東京市内におけるバラック建設は臨時震災救護事務局が担うことが契約として定められた。換言するならば、東京市内におけるバラック建設にかかる組立指導を担う職工の派遣を除いて、聯合が担ったバラック建設の機能は建築材料の供給にとどまったといえる。

バラック建築材料の請負人及び臨時震災救護事務局への引渡しが聯合の担った主な復興支援で、建築材料の加工は京都及び和歌山県などでおこなわれ9月25日までに完成するに至った。完成した建築材料の運搬は、大阪港より海上輸送でおこなわれた。当初は東京、横浜の順で物資を輸送する計画であったが、「船繰」の都合上予定を変更して横浜行きが先行して9月18日から積み込みが開始された。第一便には横浜市内建設分200棟が積載され9月24日に出航し、9月26日に到着している。その後も、東京市内建設分の300棟が積み込みされた輸送船が25日から10月3日までに分かれて順次出航している。

被災地に輸送されたバラック建設材料は、「震災地に於て急を要したる為陸揚作業も他の物資に比し迅速に進捗」した様子である[48]。実際、「極めて急を要しありたるを以て同材料積込船は全部芝浦内港に入港するを許されたり」と記されているとおり、他の物資に優先してバラック材料が陸揚げされた。当初の計画では、東京バラックの建設に関しては、関西府県聯合から派遣された職工が建設指導にあたる予定であったが、「東京出張員より事務局と打合せの結果必要なき旨来電ありたるを以て之を中止し結局材料引渡により東京に建設するバラック業務は完了」することになった[49]。つまり、先

に述べたように連合が担ったバラック建設にかかる業務は建設材料の供給で完了し、建設そのものは請負先である大林組と臨時震災救護事務局に委ねられた。

　バラック建設材料は、10月12日に臨時震災救護事務局に引き渡された。その後、東京バラック300棟のうち、臨時震災救護事務局が78棟、東京市役所が155棟、警視庁が42棟、東京府庁が25棟の建設を分担することになった。同様に横浜バラック200棟の建設については、横浜市役所が50棟、残りの150棟を神奈川県庁が分担することになった。建設地については、横浜市の場合次のように報告されている。「『避難民にして元居住地附近にバラック建設は希望する向は各自敷地を選定し其土地の地主又は地上権者若は借地権者の承諾書を提出する場合は百坪内外のものと雖も成るへく其の希望に副ふこととすへし』と宣伝掲示したる結果数日ならすして予定に対し数倍の出願者ありたる為之か査定に苦心し従て建設箇所容易に纏らす漸く十月六日に至り最後の確定を遂けたる状態なり」[50]。横浜バラックの建設が選定されたのは、神奈川県が公布を受けて建設された山手公園内5棟、岡野公園内2棟、中村町52棟を除いてすべて個人私有地であった。その用途は「罹災者収容所」で一括されている。一方で東京バラックの建設の公布を受けたのは、区役所や、基督教青年会、救世軍、築地本願寺、東京養育院等の自治体や団体で、その用途も託児所や患者収容所、労働者合宿所といった呼称で目的別に収容者を区分していた。また、当初は聯合府県出身者に対してバラック供給の優先権を付与する意見もあったが[51]、前述のとおり材料の供給以降の建設にかかる業務は臨時震災救護事務局に一任されたため聯合が供給事務に関与することはなかった。

　最後に復興支援政策全体のなかで、震災救護関西府県聯合が担ったバラック建設の意味を確認してみたい。臨時震災救護事務局の「収容設備部事務」部門の展開過程は、大きく分けて「応急施設」、「バラック収容」、「細民住宅の建設」の三段階に区分されている。そのなかで関西府県聯合が建築材料を提供したバラックは、第三期の「細民住宅」に含まれる性質のものであった。臨時震災救護事務局が11月30日付で発行した『震災被害状況並救護施設概要』では、次のように述べられている。「第二次の『バラック』の建設は當

分永続的の施設と称すへきも其の収容に際しては罹災者の貧富若くは其の職業状態等に依りて之を類別するの余裕を有せす随って其の生活状態に於て懸隔の甚たしきものあるを免かれ難く風紀上衛生上考慮を要すへきのみならす敷地は公園広場にして到底永く『バラック』を建設し置くこと能はさるか故に之か対策として小住宅建設の計画をなせり而して本計画は其の資を義捐金に仰き成るへく従来の細民住居に接近せる方面に之を建設し現に『バラック』に収容せる労働者及細民を整理収容し之をして適当なる住所を得せしめんとするものにして（中略）居住者の経済的余力をも考慮して安価且つ堅牢なる住屋を提供するの方針」[52]。つまり、第三期の「細民住宅」供給は、震災発生後9月4日から始まった国費による避難民集中地へのバラック建設があくまで一時的措置であるという認識のもとで、バラック撤収後の居住地確保を視野に入れた恒久的な住宅政策の意味をもっていた。そしてその対象となったのが、労働者や細民等の都市下層社会層である。その意味で聯合が担ったバラック供給は応急的かつ一時的な住宅供給ではなく、帝都復興の都市計画の文脈に位置づけられる性質のものであった。実際、聯合が提供したバラックは「罹災民収容の外公私団体の社会的施設に対し提供」され、「主として社会事業に供用」することを目的として整備された[53]。

Ⅳ．避難者への援護活動

　ここで、再び滋賀県内の援護活動に焦点をあててみたい。震災直後から地方に避難する被災者が続発したことは、先行研究が明らかにするところである[54]。本節では、県内に来訪した避難者を対象におこなわれた援護活動を追ってみたい。

　最初に滋賀県に来訪した避難者の実数を確認してみたい。臨時震災救護事務局が11月15日付で実施した「震災罹災者人口調査」では、滋賀県内への避難者数が578世帯、総数4,156人（男2,222人、女1934人）と報告されている。その郡市別の避難者数が表1である。

（表1）滋賀県下の避難世帯と人員

郡市別	大津	滋賀	栗田	野洲	甲賀	蒲生	神崎	愛知	犬上	坂田	東浅井	伊香	高島	計
世帯数	94	32	18	18	42	64	60	51	98	67	14	8	12	578
男	231	65	49	62	166	391	206	251	337	212	61	64	73	2222
女	201	45	40	61	109	319	246	242	326	205	52	22	56	1934
計	432	110	89	123	175	710	506	493	665	417	115	96	129	4156

『京都日出新聞』（大正十二年十二月三日）より引用（数字はママ）。

『関東震災救援録』では、「避難民の接待及救護」の状況として次のように報告されている。「停車場に於ける接待及救護」では、「避難民の県下通過に際し之か慰問と傷病者に対する手當食料品衣類等の給與を行ふの必要なるを認め愛国婦人会竝医師会を督励して大津及米原の両駅に救護所を設備せしめたる」[55]。つまり、滋賀県の鉄道の要点となる米原と大津の両駅に救護所を設置し、医師及び看護婦等が治療行為をおこなった。「大津米原停車場に於ける避難者救済調」では、「入院せしめたる患者」が14名、「手術を與へたる者」2967名、「一事薬を與へたる者」1612名の合計4,602が両駅で治療救済を受けている。しかし、そのなかでも米原駅で治療救済を受けたのが4,410名で圧倒的多数を占めていた。一方で、従事者の延人員は大津駅が医師52名、看護婦44名、婦人会員等604名、米原駅が医師30人、看護婦47人、婦人会員等91名となっており、明らかに救済対象者に比して従事者の数にアンバランスが確認される[56]。米原駅は東海道線の滋賀県における玄関口であり、同時に北陸本線の起点ともなっているため、救済対象が増加するのは必然である。一方で、大津駅は県庁所在地の駅であるものの、京都と隣接しており中間駅という性質は希薄である。その意味で滋賀県の避難民に対する援護の基点となったのは、米原駅救護所であった[57]。

また、「県下避難民の救済」として、「遭難により避難帰県せる者は千百八十三人にして是等は総て親戚縁故等を尋ね帰来せるものなるも中には生計困難にして糊口に窮する者あるを以て郡市長警察署長に再三通牒を発して救護の方法を講せしめ又補導委員を活躍せしめて人事相談職業斡旋医療及金品給與等実際の救助に衝らしめ又一面大津市職業紹介所を督励し又工場主に雇傭を慫慂し其他育児院保育所等に於ても臨時に事業を拡張せしめ専ら避難民の救済に努めつつあり」[58]。つまり、被災により帰県した滋賀県人は

1183人でその多くが親族を頼っての帰郷であるものの、親族からの扶助を見込めない避難者に対しては別途に援護活動が展開された。以下、上記の二つの活動を中心に「避難民の接待及救護」を追ってみたい。

最初に「停車場に於ける接待及救護」の状況について確認してみたい。9月4日付で大阪府知事より滋賀県知事に臨時救護事務局より送信された電報が転送され、「罹災民にして罹災地を去る者」等の鉄道輸送は無賃とすることが伝えられた。そのことを踏まえて県庁内に設置された震災救援部衛生及救護係では、9月8日、9日の両日に衛生技師を大津駅に派遣し、臨時に「罹災傷病者」の救護を実施している。さらに9日には、滋賀県医師会と折衝し2000円の寄付を得て、次の措置を取ることを決定している。つまり、寄付金2000円のうち、1000円を衛生材料等の購入費用とし、残り1000円で米原駅及び大津駅に救護所を設置することにした。その上で、「帰郷罹災者にして救療を要するものは最寄の医師に於て無料施療をなすこと」を決定した[59]。その無料施療した避難民の数値が、先に引用した「停車場に於ける接待及救護」の状況報告である。

大津駅及び米原駅における救護所の設置の他に、駅を通過する避難民に対して茶や弁当の支給もおこなわれた。その拠点となったのが米原駅、長浜駅、野洲駅で、愛国婦人会、青年団、佛教連合会等が実施主体となり9月5日より実施された。一例として、米原駅における9月5日から7日までの救護状況を引用してみる。「輸送としては午前は少数にして午後及夜尤も多く罹災者の談に依れば東海道線は名古屋以東は殊に熱心なるに比し○○以西は岐阜、大垣、米原等に於て救護をなせるのみにして一般罹災者は非常に○び居れり北陸線は金沢以北は極めて熱心なるも以東は比較的薄しと云ふ尚大阪方面よりも若干の避難民通過して時々増加の傾向あり」(○は判読不能)[60]。同様の救護活動は、野洲駅及び長浜駅でも9月7日より開始された[61]。米原・長浜両駅における避難者の通過人数及び救護人員等の推移が、表2である(米原駅の救護所は22日付で廃止。長浜駅の「救護所」は18日付で廃止)。

(表2）罹災者救護状況

日 \ 駅名	米原駅 避難者の通過	米原駅 物資給与人員	米原駅 救護人員	長浜駅 避難者の通過	長浜駅 物資給与人員
5日〜7日	7500	2675	350		
8日	8460	560	219	800	400
9日	8215	670	220	620	400
10日	9073	600	580	480	250
11日	7535	560		400	300
12日	6992	513	252	350	220
13日	5305	426	251	550250	
14日	5460	436	161	450	200
15日	4263	635	82	300	160
16日	2850	555	52	300	130
17日	4715	635	63	300	130
18日	4953	935	106	280	200
19日	3843	530	116		
20日	4721	570	84		
21日	4112	523	86		
22日	3652	570	86		

坂田郡長「米原駅長浜駅罹災者救護状況報告」『賑恤救済——関東震災救護書類——』より作成。

　被災地より滋賀県へ来訪した避難民に対する救護は物資や医療の供給にとどまらず、その後の生活再建まで視野に入れて展開された。その代表的な措置が、罹災失業者への職業斡旋である。9月11日付で各都道府県知事宛に中央職業紹介事務局長（田子一民）名で、「大震災後に於ける労務需給調節に関する件」が送付され、協定事項として「各地方職業紹介事務局は此際管内に於ける職業紹介所に指導督励を〇〇求人の開拓に致し失業者の紹介に努力すること」を提示している（〇は判読不能）[62]。さらに内務省社会局でも9月21日付で各都道府県知事宛に「失業者救済に関する依命通牒」を発し、「府県其他公共団体に於て施行すへき事業には此際成るへく罹災者の失業者を採用すること」及び「此際民間求人を開拓すると同時に震災に因り拡張又は新に起るへき産業による労務の需要に対しては成るへく罹災地の失業者を採用すること」を指示している[63]。つまり、罹災による失業者救済を目的として、就職先の確保・斡旋を各地方自治体に課している。滋賀県社会課では10月4日付で近江帆布株式会社をはじめ11社に対して震災失業者の採用を依頼しているが、震災失業者を対象とした求人を回答した企業は3社のみであった[64]。その他、「震災に由る失業者救済に関する宣伝ポスター」を社会局主導で作成し各自治体に対して雇用による失業者救済の宣伝を指示して

いるが、その宣伝効果については不明である[65]。

　最後に、「罹災窮民救護」に関する一つの事例を取り上げてみたい。罹災により生活基盤を喪失した避難民は家族や親族に救いを求めて地方へ移動したが、無論そのような避難民全員の希望がかなったわけではなかった。家族や親族に支援を求めて帰郷しても、頼りにしていた身寄りがいなかったり音信不通であったりした場合、行政主導で広範な支援に乗り出した事例が確認される。所謂「震災美談」に属する事例である。本章では愛知郡秦川村内で救護されたＴという母子家族への救護状況を取り上げてみたい。

　「Ｔ（人名、筆者）は其生活状態最も悲惨の極みあり事情急迫の者と認め（中略）協議の上差当り秦川村自治協会より金貳拾円を支出し一日白米五合を三ヶ月間支給のこととし其他有志の同情と本人の余裕とに依り生活せしむることとせり然しも一家族三名に対し僅少の物資に依り生活の安定を得せしむるも不充分なるを認め更に各保導委員の活動を促したるも意の如くならす従て充分なる救護の實を挙ることを得す（中略）本人は長女七歳長男三歳の幼児を抱へ加ふるに妊娠正に臨月にして悲惨刻々迫まるの状況なるも差当り積極的救済の良法なしとのことに付寧ろ広く社会の同情に訴へんとし其方法として（中略）関西各新聞社に依頼し之を登載せり」[66]。

　上記の報告からわかるように、Ｔという避難民に対して唯一の救貧制度である「恤救規則」を適用することよりも、村自治体が主体となって米代を支給することで救済しようとした。しかし、妊婦であるという特殊事情等を考慮しても更なる救護が必要との判断から新聞を通じて一般市民に惨状を訴え、同情心を仰いで寄付を募ろうとした。

呪はしき宿命よ
飢に泣く薄倖の女
臨月の身重に二兒を抱へ
糸より細き生を辿る

『京都日出新聞』（大正十二年十二月六日）

なお、「萬一其義気薄く（中略）飢饉に遭ひたる場合」には警察の協力によって郡内の資産家に対して寄付を募る計画であったが、結果的に多くの「同情」を得ることができた。その内訳であるが、現金で合計393円48銭、古着雑品460点、白米一斗四升という一個人への寄付としてはかなりの分量であった。府県別による寄贈者数は京都府が97人で圧倒的に多く、次いで滋賀県23人で、大阪府、岐阜県、福井県、福岡県、岡山県が各1人であった。この状況について「京都府に比し滋賀県人の如何に人類相愛の観念に乏しきかを覗くことを得へし」と報告されている[67]。寄贈された金品は秦川村社会係で管理され、Tに対しては月割で交付された。その他にも、電燈の取り扱いについては豊郷変電所に交渉して無料の取り付けならびに三ヶ月間の無料点燈の実施や、助産婦に対して胎児分娩を無料で依頼するなどの配慮によって出産に至っている。このような震災窮民に対する広範な救護活動の背後には、次のような意図を確認することができる。つまり、「隣保相扶」から「人類相愛」へと救済理念の変化を遂げ、「震災美談」にふさわしい事例を形成するなかで、大正デモクラシー下で醸成された社会連帯思想を国民へすり込む意図があった。震災救護は皇室による下賜金と国民間の相互扶助を通して達成することが基本であり、罹災者の権利意識は明確に否定される必要があった。実際、本救護事例に係る資料についてはすべて保存し、「人類相愛博愛共存の美徳涵養の好資料たらん」とすることが意図されていた[68]。「震災美談」はそのイデオロギー装置の役割を果たしていた。

V．まとめ

　以上、震災発生直後の滋賀県の対応及び震災救護関西府県聯合の救済事業、さらには滋賀県内で展開された避難民への援護活動について確認してきた。震災発生翌日から滋賀県庁内では救済活動にむけた協議がなされ、義捐金品の募集や援護団の派遣が画策された。それと同時に被災地の情報が他府県からもたらされるなかで、救済や復興支援についても連携の道が模索されるようになった。このような動向が大阪府を中心とした聯合の結成に結びついたことは、本章で確認したとおりである。また、義捐金品の輸送に関する事務の煩雑を解消するため、効率的な輸送ルートを確保することが聯合結成の当

初の目的であった。その後、病院建設とバラック建設等の大規模な復興支援に乗り出すが、無論それは潤沢な財源を有する大阪府の後ろ盾によってはじめて可能となったもので滋賀県をはじめ他県独自の成果とみなすことはできない。実際、滋賀県が聯合のなかで担ったことは、横浜仮病院及びバラック建設費用の負担と仮病院への人員の派遣に過ぎず、それは他県も同様である。極論すれば聯合結成に至らなくても、大阪府単独で病院建設及びバラック提供は可能であったと判断できる。ただ、輸送ルートの確保及び物資の被災地への効率的な供給を考慮した場合、それを可能とする連携体制が必要であり聯合結成は必然の方策であったといえよう。復興支援としての病院建設及びバラック建設は、その延長線上の課題であった。

聯合における救済活動と共に、滋賀県内の主要駅で避難民に対する治療や物資供給等の救援活動を展開した。その拠点となったのが米原駅で、援護活動を担ったのは医師会や愛国婦人会等の私人団体であるものの、それを主導したのは政府から指示を受けた地方行政庁であった。つまり、最後に触れた「人類相愛博愛共存」のイデオロギーを浸透させるには、国民自身の主体性に基づく救援活動を演出し、原則とすることが何より必要であった。そしてこの救済原則は、次章で確認するように被災地における滋賀県人共済会の同胞援護活動にも引き継がれていくことになる。「震災美談」等の教化策は、そのイデオロギーを補完する機能を担っていた。

【注】
1）被災地への地方からの復興支援に関する先行研究には、北原糸子『関東大震災の社会史』朝日新聞出版、2011年がある。北原は同著の中で次のように述べている。「これまでの関東大震災の研究は中央政府の震災復興を目指す政治家、周辺の革新官僚を中心とする人々の動きを中心に進められてきたが、今後は公開されつつある行政資料群を利用して、避難民の動向、それに対応する地方官僚の動きを含め、視野を一層拡大させて把握する必要があるだろう」（288頁）。
2）総務部「日誌」『賑恤救済――関東震災救護書類――』。
3）同前、総務部「日誌」。
4）京都憲兵隊長松原幸七「震害情報送付ノ件通牒」（京憲警第一二三号）、大正十二年九月五日、『賑恤救済――関東震災救援関係書類――（2）』。
5）9月2日以降に東京――各務原間に定期連絡飛行を開始し、東京、各務原両地から飛

行機を運行している。その結果として、「各務ヶ原は情報蒐集の蝟集する所」となった（畑英太郎「飛行機と伝書鳩の活動」改造社編『大正大震火災誌』1924年、107～108頁）。
6) 同報告書は、9月7日付で震災救護関西府県聯合加盟の知事宛に送付されている。
7) 滋賀県知事「震災救援ニ関スル件」（号外）大正十二年九月八日、『賑恤救済——関東震災救援関係書類——（2）』。
8) 「関東地方震災寄贈救恤品調査書」、『賑恤救済——関東震災救援関係書類——（2）』。
9) 同資料は、震災救護関西府県聯合事務所長より聯合加盟府県知事に対して依頼された調査依頼への滋賀県からの回答書である（震災救護関西府県聯合事務所長「震災救護関西府県聯合事務記録作製ニ関スル件」【関聯第五九八号】、大正十二年九月二十四日）。
10) 同前、「回答書」。
11) 同前、「回答書」。
12) 救援部運輸係長「運輸事務状況報告ノ件」（大正十二年十月十八日）、『賑恤救済——関東震災救援関係書類——（2）』。
13) 同前、救援部運輸係長「運輸事務状況報告ノ件」。
14) 同資料は、9月29日付で臨時震災救護事務局衛生医療部より照会された「関東地方震災に際し傷病者救療の為罹災地に設置若くは派遣したる救護団体」の回答書である（臨時震災救護事務局衛生医療部「震災救護ニ関スル件照会」【大正十二年九月二十八日】、『賑恤救済——関東震災救援関係書類——（2）』。
15) 「臨時関東震災救援部事務章程」『賑恤救済——関東震災救護書類——』。
16) 大阪府『関東地方震災救援記録（第一回）』大正十二年九月二十三日、19頁。
17) 滋賀県『関東震災救援録』大正十二年十月、2～3頁。
18) 大阪府、前掲『関東地方震災救援記録（第一回)』19～20頁。
19) 滋賀県、前掲『関東震災救援録』2頁。
20) 滋賀県、前掲『関東震災救援録』2頁。
21) 関西府県聯合震災救護事務所発電署号「カンレン」（第十一号）、大正十二年九月七日、『賑恤救済——関東震災救護書類——』。
22) 震災救護関西府県聯合事務所長「救済事務ニ関スル件」（関聯第九二号）、大正十二年九月九日、『賑恤救済——関東震災救護書類——』。
23) 震災救護関西府県聯合事務所長「震災救護関西府県聯合事務所其後（九月二十日）ノ事務概況」（関聯第七四一号）、大正十二年十月三十一日、『賑恤救済——関東震災救護録——』。
24) ただし、大阪府が編集した『関東震災救援史』では、「二十六日工事全部完成せり」と記されている（大阪府編『関東地方震災救援史』1924年、464頁）。
25) 震災救護関西府県聯合事務所長「規定設定ノ件通知」（関聯第四五三）、大正十二年九

月十六日、『賑恤救済──関東震災救援関係書類──（2）』。
26) 震災救護関西聯合事務所長（関聯第五三一号）、大正十二年九月十九日、『賑恤救済──関東震災救援関係書類──（2）』。
27) 注24に同じ
28) 震災救護関西聯合事務所長（関聯第六〇九号）、大正十二年九月二十七日、『賑恤救済──関東震災救援関係書類──（2）』。
29) 大阪府外一府六県聯合震災救護仮病院事務長「病院事務概況報告」（大正十二年十月七日）、『賑恤救済──関東震災救援関係書類──（2）』。
30) 同前、「病院事務概況報告」。
31) 大阪府外一府六県聯合震災救護仮病院事務長「仮病院事業概況報告」（関聯第七二六号）、大正十二年十月二十四日、『賑恤救済──関東震災救援関係書類──（2）』。
32) 震災救護関西府県聯合事務所「病院事業第四回概況報告」（関聯第七五二号）、大正十二年十一月十五日、『賑恤救済──関東震災救援関係書類──（2）』。
33) 同前、「病院事業第四回概況報告」。
34) 同前、「病院事業第四回概況報告」。
35) 震災救護関西府県聯合事務所「第五回病院事業概況報告」（関聯第七五七号）、大正十二年十一月廿七日、『賑恤救済──関東震災救援関係書類──（2）』。
36) 大阪府編、前掲『関東地方震災救援史』508頁。
37) 大阪府編、同前『関東地方震災救援史』526頁。
38) 大阪府編『大阪市府一府六県聯合震災救護仮病院診療状況』1925年、2頁。
39) 大阪府編、前掲『大阪市府一府六県聯合震災救護仮病院診療状況』48～49頁。
40) 大阪府編、前掲『大阪市府一府六県聯合震災救護仮病院診療状況』49頁。
41) 大阪府編、前掲『大阪市府一府六県聯合震災救護仮病院診療状況』50頁。
42) 大阪府編、前掲『大阪市府一府六県聯合震災救護仮病院診療状況』52頁。
43) 大阪府編、前掲『大阪市府一府六県聯合震災救護仮病院診療状況』52頁。
44) 震災救護関西府県聯合事務所長、前掲「救済事務ニ関スル件」。
45) 震災救護関西府県聯合事務所長、前掲「震災救護関西府県聯合事務所其後（九月二十日）ノ事務概況」に添付された「急造バラック建設概況」。
46) 同前、「急造バラック建設概況」。
47) 同前、「急造バラック建設概況」。
48) 同前、「急造バラック建設概況」。
49) 同前、「急造バラック建設概況」。
50) 同前、「急造バラック建設概況」。
51) 震災救護関西府県聯合事務所長（関聯六八九号）、大正十二年十月十二日、『賑恤救済──関東震災救援関係書類──（2）』。

52) 臨時震災救護事務局『震災被害状況並救護施設概要』79頁。
53) 臨時震災救護事務局、同前『震災被害状況並救護施設概要』81頁。
54) 北原糸子、前掲『関東大震災の社会史』238～290頁。
55) 滋賀県、前掲『関東震災救援録』14頁。
56) 滋賀県、同前『関東震災救援録』14頁。
57) 米原駅が震災発生後の西日本の主要な交通拠点であったことは、次の事実からも明らかである。「通信機関の復旧未だ全からざると、本省の執務状態より見て、各鉄道局間の貨車附属品運用事務を東京に於て総括処理することは、寔に困難であったので、名古屋神戸門司各鉄道局相互間の関係を処理するために米原に駐在員を置くこととなり」(鉄道省『国有鉄道震災誌』【復刻版】、日本経済評論社、1990年、167頁)。
58) 滋賀県、同前『関東震災救援録』15～16頁。
59) 震災救援部衛生及救護係「業務報告」大正十二年九月十一日、『賑恤救済――関東震災救護書類――』。
60) 坂田郡長「罹災者救護状況報告自九月五日至九月七日三日間」大正十二年九月八日、『賑恤救済――関東震災救護書類――』。
61) 野洲郡長「報告」(救発第一号)、大正十二年九月八日、大正十二年九月八日、『賑恤救済――関東震災救護書類――』。
62) 「中央及地方職業紹介事務局協定事項」『賑恤救済――関東震災救援関係書類――（1）』。
63) 内務次官・社会局長「失業者救済ニ関スル件」(社発二部第一九八号)、大正十二年九月廿一日、『賑恤救済――関東震災救援関係書類――（1）』。
64) いずれも女工・女中のみで、男子労働者を対象とした求人は確認できない。内務部長「避難民救護に関する件」(救第三四五号)、大正十二年十月十二日、『賑恤救済――関東震災救援関係書類――（1）』。
65) 一例として当時の新聞記事を引用してみたい。「折角阪神の職業紹介所が就職させても其仕事に慣れぬとかアンナ仕事は出来ないとか種々の事情を申立てとび出す怠もの計りで其年齢も近頃のものは二十歳以上四十歳未満の働き盛りが多くて子供老人は一人もなく（中略）救護所に来たものは殆ど屈強な人ばかり（中略）近来の罹災當時の事を忘れて贅沢三昧を並べ宿屋にでも居る気で（中略）係員も困ってゐる（注略）此処に収容した三千五百余名の中で就業を紹介したのが京都市内で約四百五十余名女が五十余名であるが此等が果して永続するか否やは分らぬが兎に角三千余名の内で半分は各地の親類や自分の出身地に帰った後の一千五百余名は何れも再び東京横浜方面へ帰った形跡がある」。京都の東本願寺における救護所の記事であるが、求人と就職希望者には多くのミスマッチがあったことが確認される（『京都日出新聞』大正十二年十月七日）。
66) 愛知郡長「罹災窮民救護ノ件報告」大正十二年十二月二十日、『賑恤救済――関東震災

救援関係書類──（1）』。
67）同前、「罹災窮民救護ノ件報告」。
68）同前、「罹災窮民救護ノ件報告」。

第二章　関東大震災と滋賀県（２）──滋賀県人共済会の同胞援護事業──

Ⅰ．はじめに

　学術論文として茶番狂言であることは百も承知で、最初に筆者の本研究に対する個人的な思いを述べてみたい。筆者の生まれは岩手県盛岡市である。3.11が発生するまで筆者の内面には、望郷の念というものが全く存在していなかった。しかし、子ども時代に訪問して見慣れていたはずの風景が一瞬にして壊滅し、多くの人命が奪われていく状況を遠くからリアルタイムで送られてくる映像を通して注視するなかで、故郷への思いがこみ上げてきたことを今でもはっきりと思い出す。その後、友人や親戚、沿岸出身の学生の家族が罹災し命を奪われたとの情報が入るたびに、強い憤りと自分の無力さを感じざるを得なかった。故郷から遠く離れた土地で故郷の家族や友人の安否を思う憂いは、歴史的に多くの災害を経験してきた日本人に共通する感情だったのではないだろうか。

　筆者の駄弁はここまでにして、本章でも地域社会福祉史研究の視座から関東大震災と地方の関係を取り上げたみたい。関東大震災は、一瞬にして首都圏を壊滅状態にし、10万人以上の人命を奪った近代災害史上最大の惨事であった。その災害規模や復興に関する先行研究は膨大な数にのぼるが[1]、社会事業史研究が特に関東大震災に関心を持つトピックは、震災と近代社会事業成立との関連性についての問題であろう。一般に近代社会事業が成立するのは大正デモクラシー期であるといわれている。この点についてはすでに多くの先行研究が論及しているので、あえてここでは触れない[2]。むしろ筆者の関心は、地方の府県が首都圏で発生した前代未聞の大災害に対してどのような援護を展開したのかという問題である。言うまでもなく大正デモクラシーは「広汎な民衆の政治的、市民的自由の獲得と擁護のための諸運動」であり[3]、一部の都市に見られた現象ではなく各地方に見られたムーブメント

である。実際に、米騒動や水平社運動に見られるように、地方から権利主体としての市民の自覚に基づく広範な社会運動を生み出した。こうした状況を前提として、本章でも関東大震災に対する地方の救済活動に焦点をあててみたい。

関東大震災に対する地方からの援護に関する先行研究には、北原糸子による詳細な実証的研究が存在している。北原は中央政府関連の資料のみならず、全国各地の公文書館を精力的に巡り、各地方自治体の関東大震災援護に関する資料を発掘し上記の研究をまとめている[4]。筆者は北原の先行研究に学びつつ、なお滋賀県による関東大震災援護の内実に迫ってみたい。前章で確認したように滋賀県は大阪府を中心とした「関西府県聯合」の一翼を担い、義捐金の募集やバラック建設等の援護事業に尽力した。こうした滋賀県による援護活動記録が『賑恤救済』と題された一連の簿冊にまとめられて、県政史料室に所蔵されている。そのなかから本章では関東地方在住の滋賀県人によって組織され、主に県人を対象として援護活動をおこなった「滋賀県人共済会」と称する県人会組織の援護活動に焦点をあててみたい。先に記した北原の先行研究でも明らかにされているように、多くの地方自治体が被災地である東京や横浜に震災地出張所を設けて、徴発物資や義捐物資の受付及び人事相談などを展開した[5]。多くの震災出張所は無論自治体が中心となって設立され、出身者の罹災状況調査や義捐金配当などを主な役割としていた。上記の「滋賀県人共済会」は名目上在京滋賀県人が中心となって組織された私的団体であるものの実際には県の意向を受けて設置され、実質的に震災出張所の機能を担った組織である。その設置は1923年10月半ばで、すでに緊急援護活動等が一段落した後の出来事であった。その援護活動の中身を検討してみたい。なお、本章が主に依拠している資料は、滋賀県所蔵『罹災救助──大正十二年県人共済会書類──』である（カナは平仮名に直して引用している）。

Ⅱ．滋賀県人共済会の発足と組織体制

1923年10月18日付で、東京市在住の今井兼寛（元愛知郡長）より[6]、滋賀県知事宛に会発足の申請伺及び寄付の依頼が為された。その申合書には、「我親愛なる同県人の遭難各位の動静を尋ね一層温かき隣保互助の精神にて

慰問慰藉に努め進みては夫々の事業復興に関して多少なりとも其の後援に力を致し度趣旨を以て茲に同志相謀り別記の申合により滋賀県共済会なるものを設け業務の進展を期し」と述べられている[7]。この申請に対して、滋賀県では即座に次のように回答している。「今日に及びては国家的見地よりするする救援事務は大體結了せしものと認められ候然るに我滋賀県出身にして遭難せし人々の内には其生活の前途に就き頗る安定を缺く者尠からずと相認め此際同郷の好みにより県人に限り一層徹底的に救済する方法に関し九月下旬頃在京県人の先輩に適当の企画を為すべく勧奨致置候處別紙趣意書の通り滋賀県人共済会を設立し別記の如き事業に着手致す事に相成」。この回答からも明らかなとおり、9月中に当時在京していた滋賀県関係者である今井兼寛に対して県側から共済会を組織整備するように促進していたことがわかる。つまり、最初に述べたように私人による民間団体とはいえ、共済会は県主導で設立された半官半民組織であった。実際、形式上とはいえ上記の申請が為された二日後には「今回の関東大震害滋賀県出身者中罹災者救済事業は適当」と回答し、事業費に対して5,000円を補助することも決定している[8]。

このように県人共済会が県主導で設立された背景には、社会事業をめぐる次の状況があった。つまり、社会事業対象者が明治末期から大正期にかけて激増しさまざまな制度が生み出されたことは先に述べたが、そうした一連の救済措置は国民に対して権利として付与されたものではなく、言わば恩恵としての救済措置という側面が濃厚であった。さらに言えば、そこには周到に救済の公的責任を回避する行政側の意図が盛り込まれていた。すなわち、救済事業組織の整備は民間や私人の自発性に基づいたものであることの様相を纏わせる必要があったのである。滋賀県人共済会の設立の意義においても、先に引用した申請書の内容からも明らかなとおり県人間の「相互互助」を原則とした救済ということが前面に主張されている。滋賀県人共済会は県主導で設立され補助の支給を受けて援護事業を展開した半官半民組織であるが、私人による活動の自発性は最後まで強調された[9]。

滋賀県人共済会の母体となった組織が、在京県人で組織された滋賀県人会である。県人共済会の事業内容については次節で触れるが、援護事業を展開した事務所は東京市内に18ヶ所、横浜市内に1ヶ所設置された（表1）。

(表１) 滋賀県人共済会組織

事務所名	所在地	担当組織者	事務所名	所在地	担当組織者
中央事務所	小石川区	今井兼寛	第十事務所	四谷区	松本良吉
第一事務所	麹町	仁寿生命保険会社	第十一事務所	牛込区	滋賀県人学生会
第二事務所	麹町	川井法律事務所	第十二事務所	牛込区	早稲田病院
第三事務所	麹町	井伊伯邸	第十三事務所	牛込区	南義剛
第四事務所	神田区	近政洋酒店	第十四事務所	本郷区	近江銀行支店
第五事務所	日本橋区	柳屋商店	第十五事務所	浅草区	加納屋材木店
第六事務所	日本橋区	栗田糸店	第十六事務所	本所区	藤野政次郎
第七事務所	京橋区	布屋酒店	第十七事務所	深川区	關本支店
第八事務所	芝区	滋賀県人会	第十八事務所	府下淀橋町	称好塾
第九事務所	麻生区	近江新報支局	横浜事務所	横浜市	上原蝋燭工場

出典：滋賀県所蔵『罹災救助──大正十二年県人共済会書類──』より引用・作成

　事業組織内には、総務部、経理部、情報部、職業部、救護部、慰安部、法律部、学生部を設けて実施事業が計画された[10]。そのなかでも活動の中心となった部署が「学生部」である。学生部は在京県人学生によって組織された部署で、その役割は「罹災の情況精査」にかかるカード調査であった。

　滋賀県人共済会が計画した援護事業は、次の７事業である。つまり、１．罹災の状況精査、２．傷病者の救護、３．人事相談、４．法律上の相談、５．就業上の後援、６．追吊法要、７．必要止むを得さる向に対する物品及学用品の配贈である[11]。また、県人共済会発足当時の事業予定は大きく次の３つの時期に沿って進行することが想定されていた。つまり、第一期を「調査時期」とし、10月末日までに「主として県人罹災者の情況を精査し『カード』を完成すること」が目標として掲げられている。さらに、第二期を「慰問時期」とし、12月末日までに「主として義捐金品の募集並配贈追悼法会を行ふ」ことが目標として掲げられている。そして第三期を「互助時期」とし、大正13年３月末日までに「主として人事上法律上の相談に応じ就業上の後援等をなす」ことが目標として掲げられている[12]。この事業計画からも明らかな通り、滋賀県人共済会が担った主な事業は、県人罹災者の調査を柱として同胞に対する就労斡旋や義捐金の交付等、生活再建に向けての後援活動であったといえよう。その意味で、滋賀県人共済会の活動は震災直後の「緊急援護」を支柱とするものではなく、「帝都復興」の文脈に位置づけられるものであった。

Ⅲ．滋賀県人共済会の援護事業（１）──県人罹災者調査──

　前章で確認した事業計画を、滋賀県人共済会はどのように展開していったのか。最初に、1923年12月にまとめられた「滋賀県人共済会設立並其経過の概要」で事業の進捗情況を確認してみたい。

　第一期の事業目標であった「主として県人罹災者の情況を精査し『カード』を完成すること」については、次のように報告されている。つまり「学生の活動によりて罹災県出身者の必要事項を申告せしめてカードを記入し同時に本人の実情を調査せしめ之か其申告数は別表の如く九百十五戸に達し右の内差当り救助を必要と認める者を分別せしめ其数二百戸に上れり」と報告されている[13]。調査結果の詳細については後で触れるが、罹災情況調査については学生部の貢献が顕著であった。

　さらに第二期の事業目標であった「主として義捐金品の募集竝配贈追悼法会を行ふ」ことについては、次のように報告されている。「第二期の追吊会は十二月一日芝増上寺にて寄行せり而して遺族三百十三人に対し慰藉料五円宛て〇〇せんとし目下手続中とす」と報告されている（〇は判読不能）[14]。また、第三期の「主として人事上法律上の相談に応じ就業上の後援等をなす」ことについては、次のように報告されている。「第三期の慰問は十二月中に就労すへく準備中にして救助を要する者二百戸に対し五千円以下の金品を実情に応じて給與せんとするものとす而して年末に差迫り至急救済の必要あるも義捐金の交付遅き為非常に困難を抱へつつあり」と報告されている[15]。つまり、第一期及び第二期の罹災者調査及び増上寺における犠牲者の追吊会の開催については完了の報告が為されている一方で、第三期の慰問活動については依然継続中であることが報告されている。1923年12月10日時点で事業支出にかかった費用は、事務所費255円70銭、会議費8円、調査費1761円88銭、旅費969円70銭、印刷費其他宣伝費792円70銭、救護費94円、追吊会費640円61円であった[16]。以下、主として第一期と第二期における事業計画のプロセスを確認してみたい。

　第一期の事業計画であった県人罹災者調査は、在京学生によって構成された学生部が主体となって実施された。その実施方法は、新聞紙上における広

告の活用及び学生による聞き取り調査及び作成されたカード集計が中心であった。このカード調査は、東京市政調査会が主体となって実施された学生有志による「尋ね人調査」を踏襲したものと判断される[17]。

滋賀県人共済会学生部が中心となって集計された「滋賀県人罹災戸数調」を以下に引用してみる。

（表２）滋賀県人罹災戸数調

郡市別	滋賀郡	栗太郡	野洲郡	甲賀郡	蒲生郡	神崎郡	愛知郡	犬上郡	坂田郡	東浅井郡	伊香郡	高島郡	大津市	不明	合計
罹災戸数	124	12	62	67	167	94	114	134	114	47	44	28	20	59	985

（表３）滋賀県人罹災区別戸数

区市別	麹町区	神田区	日本橋区	京橋区	芝区	麻生区	赤坂区	四谷区	牛込区	小石川区	本郷区	下谷区	浅草区	本所区	深川区	府下	神奈川	其の他	不明
罹災戸数	37	92	118	39	34	4	5	8	10	14	22	78	159	88	69	72	76	7	55

合計 985 戸

（表４）滋賀県人罹災者職業別

食料品類商之部	飲料品商	菓子商	青物商	食糧品商	肉類商	料理店	魚類商	米商	
罹災戸数	32	16	12	19	7	22	3	7	
衣類品商之部	足袋シャツ商	糸及綿商	呉服及附属商	洗濯屋	洋服商	洋反物商	帽子商	綿布輸出	蒲団
罹災戸数	19	10	67	6	3	2	2	1	3
勤人及雇人之部	勤人	労働者	官庁勤人	学生	軍人	給仕及下女	教員		
罹災戸数	105	57	27	59	1	4	6		
機械及其他製造之部	電機機械製造	日用品製造	理髪器具製造	ゴム製造	鉄製造	冷蔵庫製造	粉挽	木型	製造工業
罹災戸数	3	13	5	6	1	1	2	1	2
其他の部	雑業	母職	不明						
罹災戸数	292	24	145						

総合計 985 戸

（表５）在京滋賀県人災死者郡市別男女別統計表

郡市別	滋賀郡	栗太郡	野洲郡	甲賀郡	蒲生郡	神崎郡	愛知郡	犬上郡	坂田郡	東浅井郡	伊香郡	高島郡	大津市	其の他	合計
死者数	32	8	11	24	55	42	52	47	10	8	3	10	未回答	11	313
男死者数	17	6	9	12	30	17	32	25	8	7	2	4	—	4	173
女死者数	15	2	2	12	25	25	20	22	2	1	1	6	—	7	140

上記の表から、大まかな滋賀県人の罹災状況を確認することができる。まず、罹災戸数であるが、人口の密集地区である浅草、日本橋区、神田区等の火災による被害が大きい地区での罹災者が目立つ。滋賀県人の罹災も多分

にもれず、火災を原因とするものが多かったと判断できる。同じく罹災者の職業からも、雑業と不明者が全体の5割弱を占めていることが理解できる。詳細は判断できないが、こうした職業のなかには都市下層細民や出稼ぎ労働者が多く含まれていたと推察される。その他、県人罹災者のおよそ3割が人命を喪失する事態に至っている。

Ⅳ. 滋賀県人共済会の援護事業（2）──義捐金の配当──

　こうした滋賀県人罹災状況調査の目的は単に県人の罹災状況を把握するにとどまらず、県及び県民から滋賀県人共済会に寄せられた義捐金を配当するための基礎資料として活用することにあった。以下、滋賀県人会の事業計画の「第二期」にあたる「義捐金品の募集竝配贈追悼法会」の内容を確認してみたい。罹災者調査の集計結果がまとめられた直後に作成された「具体的事業計画書」では、「カード調書及び本人の希望を参酌して要給者を中央事務所に来所を乞ひ酌量する見込」と記されている[18]。さらに、「救資の供給方法」では、「急要救助者四百名（二百名）に対し金八千円を分配する考（一戸平均四十円）＝（一人平均二十円）」であることが記されている[19]。なお、先に触れたように県からはすでに5千円が補助として県人共済会に支給されていたが、12月1日付で共済会から県に対して各郡市への義捐金募集の依頼が為された[20]。この申し出を受けて県では12月4日付で「滋賀県出身者罹災者義捐金に関する件」を各郡市長宛に提示し[21]、再度義捐金の募集を促した。無論、これ以前にも一般罹災者に対する義捐金の募集が県主導で為されていたため再度県人罹災者を対象とした義捐金募集には各郡市とも苦慮した様子であるが[22]、滋賀県が取り纏めた各郡市からの義捐金は12月14日の段階で4,480円に達している（当初の目標額は4500円）[23]。

　12月20日に義捐金品の一部（恐らくは先の4,500円）が、中央事務所である今井宅に届けられた。その後、滋賀県人共済会から約1,000戸の罹災者宅に対して通知状を発送している。その通知状は新聞紙上の広告欄にも掲載された。

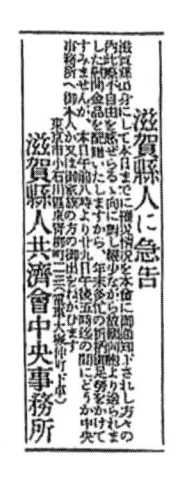

『東京日日新聞』大正 12 年 12 月 25 日

> 滋賀県人に急告
>
> 滋賀県の分配に付ては問題回付されし方への慰籍を未会に慰籍を致し然るに期日迄お申出なき向に対し本会にて御自由に御処分相成度候間金品を御贈りたるも故郷の折損等に不足を告げつつありますから年末多忙の折柄是非御贈り下さる様折角御願ひ申します尚ほ御心易き方又は前以御承知の方は二三（葉書大塚仲町下る）中央事務所へ御申込下さい
>
> 滋賀県人共濟會中央事務所

　上記の記事からも明らかな通り、25日の早朝8時から29日の午後5時までの期間に義捐金の配贈が中央事務所の今井宅で実施された。その状況が、『関東大震災罹災県人共済事業経過報告』に記載されている。長文であるが一部引用してみる。「二十五日は早朝より中央事務所は全部之を開放して配給所として設備万端を整へ、庭園を待合所と定め、縁先は第一部、第二部に分ち第一部は総受付と慰問金配附所とに区分し、ここにはイロハ四十八順の罹災カード、それに横浜其他の副式カードを秩序正しく陳べておきて、来訪者一々の案内状と照合して其家族の員数及年齢、性別を明記して会計に引移せば、ここではその家族の員数と生活の程度に応じて義捐金を手交して受取證に署名を請ひ、更に之を配給品部に廻すと、ここには高橋前代議士夫人、今井理事夫人、令嬢が分担し、社会事業協会に整理せられたる其日に配給の予定の品目を搬入せしめて衣類、附属品、子供物、文具類、日用品雑貨、薬品、慰問袋を一目瞭然と区割し置きて伝票、カードに記載の條項に適合すべき諸品を選定して第二部の委員に廻す。するとここで受取本人の点検を済ませてから荷造を為してお渡することにしたが、何れも以外の寄贈品に感動し慟哭するものすらあった。それから地方からの寄贈品には荷造などの折に対物などの離れたり、大小不同となりたるもの、汚れて使用に堪えざるものな

どのあったのは、やむなく「自由箱」なるもののなかに収め、且つこれらの箱は帰途の目のつき易いところであるが、傍から観られざるやうの仕組で随意選択して持帰るべきやうの注意書をしておいたのであるが、焼いた人達にとってはこれらも亦獲難き必須品なりとて、一物をも潰さず意外の掘出物にホクホク気に貰ひ帰るもいじらしかった。それのみならずこの報、一度世に知れ渡るや、未明より遠くは神奈川、千葉、埼玉あたりからも老小男女の差別なく殺到して来られたことである」[24]。多少なりとも誇張されていることは言うまでもないが、5日間で「延人員にして約5千人分に完全に配贈することが出来た」と報告されており、また「三十日、大晦日になっても種々の口実と哀情を提げて哀訴して来れる」とのことからも、罹災者援護に一定の貢献を為したものと評価できる。その後、そのような一回目の配給から漏れた罹災者を対象として、二回目の配給を翌年1月10日に実施し打ち切りに至った。以下、2期間にわたって実施された配給統計を引用してみる[25]。

第一回配給統計（A＝15円、B＝10円、C＝5円）

	配給人員					
	第一日	第二日	第三日	第四日	第五日	計
A	15人	17人	8人	26人	38人	104人
B	97人	120人	89人	71人	33人	410人
C	49人	32人	30人	12人	6人	129人
計	161人	169人	127人	109人	77人	643人

	配給金員					
	第一日	第二日	第三日	第四日	第五日	計
A	75円	85円	40円	130円	190円	520円
B	970円	1200円	890円	710円	330円	4100円
C	735円	480円	450円	180円	90円	1935円
計	1780円	1765円	1380円	1020円	610円	6555円

第二回配給統計

A	61人	305円
B	45人	450円
C	5人	75円
計	111人	830円

滋賀県人共済会による「第二期」の援護事業の柱が、義捐金物資の配給とあわせて震災死者に対する追悼法会の開催であった。先に触れた罹災者調査からも明らかな通り、313人の滋賀県人が震災の犠牲となった。こうした震災犠牲者を追悼するため1923（大正12）年12月1日に芝増上寺にて法会が開催された。当時、同寺では各団体が同じ趣旨で追悼会を開催しており手配に苦慮した様子であるが、会場の提供には渡邊海旭の斡旋があったと報告されている[26]。その模様は出席した県関係者の報告書に記載されているので引用してみる。「遺族へは弔慰金を一般参拝者へはタオル、パンなどを配った此の日程県人の中流以下のあらゆる階級の人を網羅したことは前例のないことで遠くは神奈川埼玉県よりも県人の罹災者が続々と詰めかけたので参聴者は非常の感動を与へた」[27]。なお、同日の模様は技師による活動写真に収録され、後に追悼会に出席できなかった遺族関係者に向けて「巡回映写行脚」が実施され、別途弔慰金が届けられた[28]。

　義捐金の配当及び追悼法会の開催以外にも、滋賀県人共済会の「第二期」の活動として「会報」の発行が挙げられる。その目的は、「日々頻々と発生する諸種の緊密なる事項解決に刺激せられ、且つ求人、求職其他の法律、人事、紹介に関連する問題を迅速に有効に利用せんための機関として、日報の発行に着手し、第一号を十月十九日に謄写印刷して各事務所及び主要なる方面に配達をなし、同時に無手数料にて広告掲載の依頼の需めに応ずる」ことにあった。「人事相談部報」と題されたこの会報は、10月19日に発行された第一号を筆頭に、確認できただけで第五号まで発行されている[29]。主な掲載内容は、罹災によって発生した県人失業者や学生を対象にした求人広告である。

　滋賀県人共済会による上記の第一期及び第二期の活動内容は、滋賀県内でも広く知られることになる。1924（大正13）年1月4日に県人共済会理事の布施禎章と廣瀬了義の両名が帰県し、各郡内で活動報告会が実施された。3日の大津市公会堂における報告会を皮切りに、その開催回数は13回に及んだ[30]。ただ、報告会の内容が単なる被災状況や事業報告にとどまらず、「教育勅語勤解」や「震災美談」等精神論的な色彩も帯びていた。こうした状況の思想的背景には大正デモクラシー下における国民の権利思想の高揚及び階級闘争が激化する過程で、政府側（権力側）の対抗策として展開された国民

間の「協同調和」を目指す国家政策としての「民力涵養運動」の影響があったものと思われる[31]。その意味で、滋賀県人共済会の活動は大正デモクラシー下のリベラルかつ主体的な市民活動という側面よりも、階級調和を目的とした隣保相扶を具現化するイデオロギー的な装置を伴っていた。

　最後に、「第二期」後の滋賀県人共済会の足取りを確認してみたい。滋賀県人共済会は、第一期及び第二期の援護事業を総括し「予定以上の好成績で完了」したと自己評価している。残る「第三期」（互助時期）の事業展開について、次のように述べている。「これがために県にては既にそが基金約二万円余を保管せられてゐるのであるが、この事業は多少永久性を帯たる性質のもので、軽率に処分せられるべきものではなく、可惜、県人諸君が拠出せられたる貴重なる資金なれば慎重審議、その費途を有効且つ確実ならしめねばならぬ」[32]。つまり、同胞から寄せられた義捐金の残余を基にして恒久的な共済事業を展開することが「互助」にあたるという認識のもとで、県人共済会の新たな組織運営を模索している。理事会のなかでも議論が為され「信用組合」としての再発足を目指すという意見もあったが、「一身を挺して意これが面倒を見て切廻して行くべき適任者も見当たらないで、目下本会でも専門家の意見を聴取して種々研究中である」と述べられているように、県人共済会の信用組合としての再発足は見送られた。最終的には、信用組合に代わって「財団法人」としての登記を目指すという結論に至った様子である[33]。その「寄付行為」第二条では、「本財団法人は東京府及其附近に居住する一般滋賀県人を救援救護し且全県人の教育を補助振興するを以て目的とす」と記されている[34]。計画事業としては、滋賀県人の救護、県人就業上の斡旋救援、県人就学上の指導後援などが掲げられている。こうして互助会＝滋賀県人共済会としての素地が固められていったが、その実態については資料を確認できていないため詳細を述べることはできない。ただ、事業団体の組織化を近代社会事業成立の一つのメルクマールとして考慮した場合、同胞援護団体としての滋賀県人共済会の成立は隣保相扶といった前近代的なイデオロギーを引き継ぎつつも大正デモクラシー下の社会連帯思想を軸とした社会事業団体の形成として捉えることができる。

V．まとめ

　滋賀県人共済会は滋賀県の意向を受けつつ、在京県人会が主体となり結成された半官半民の援護事業団体であった。同会の発足は1923年10月10日以降で、実質的に事業を開始したのは14日以降のことである。つまり、政府や他団体による緊急援護が一段落した後の言わば補足的役割を担うことが当初から県関係者間の共通認識であった。無論、滋賀県人共済会発足以前からも、坂田郡北郷村在郷軍人分会や滋賀県佛教聯合会等の団体が個別に上京して緊急援護活動をおこなったとの記録があるが、県が直接的に関与した援護団体は滋賀県人共済会が最初である。多くの府県が9月中に罹災地に震災地出張所を設けて同胞に対する救護事業を展開したのと比較しても、滋賀県の対応は後発的なものであるという印象は否定できない。

　滋賀県人共済会の活動時期は主に三期に分けられ、事業内容も罹災者調査、義捐金の募集・配当、恒久的な県人互助組織の形成に三区分できる。第一期の活動であった罹災調査は主に在京県人学生によって実施され、第二期の義捐金配当のための基礎資料として活用された。罹災者援護を対象とした事業は第二期で終了するものの、その後同会に寄せられた義捐金の残余を基にして恒久的な県人互助会としての組織化が模索され、最終的には財団法人として再発足した。

　滋賀県人共済会は、関東大震災を直接的な契機として設立された援護団体である。そして、その基本理念は日本社会事業の基本精神である互助=「隣保相扶」である。しかし、帝都でブルジョア・デモクラシーの感化を受けた近江商人の流れを汲む在京の実業家及び教育人・学生が社会事業団体の整備に関与したことは、大正デモクラシー下の社会連帯思想が同組織の形成過程で注入され、結果としてそのことが恒久的な事業組織を形成したといえるのではないか。その意味で滋賀県人共済会は、近代社会事業組織の一事例とみなすことができる。

【注】
1）代表的なものとしては、内務省社会局『大正震災誌』1926年、東京市編『東京震災録』1926年を参照。また、近年の研究では北原糸子編『日本災害史』吉川弘文堂、2006

年を参照。
2）大正デモクラシーと近代社会事業成立との関係性については、吉田久一「大正デモクラシー期と日本社会事業の成立」全国社会福祉協議会『社会事業』（第43巻、2号）、1960年。田代国次郎『日本社会事業成立史研究』童心社、1964年を参照。
3）松尾尊兌『大正デモクラシー』岩波書店、1974年、1頁。
4）北原糸子『関東大震災の社会史』朝日新聞出版、2011年。
5）北原糸子、同前『関東大震災の社会史』251～255頁。
6）今井兼寛（1868～1941）は、近江師範学校を卒業後に教員として勤務する。その後1908（明治41）年から1917（大正6）年まで第九代愛知郡長を務めた。在任中には愛知郡教育会会長や郡立実業補習学校の初代校長を兼任するなど教育分野での記録が多く確認される。愛知郡長退任後は内務省社会課嘱託として上京し、在任中に罹災する。内務省社会局在任中は中央社会事業協会地方改善部で融和運動に尽力する。長年の教育経験から民力涵養運動＝生活改善事業にも関与したことが確認される（滋賀県社会事業協会『共済』（第一巻、第二号）、1925年）。
7）今井兼寛「申請書」大正十二年十月十八日。
8）なお、「補助金は事業の状況に応じ適宜に分割の上交付」することが記されている。
9）我々はその典型例を「済生会」の成立過程に見出すことができる。済生会は、1911（明治44）年に皇室から150円の下付金を受けて創設された。その創設について池田敬正は「それが財団法人であって国家機関でなかったということは、国家責任を退け国民の自助自立を強調することを意味した」と述べている（池田敬正「恩賜財団済生会の成立」後藤靖『近代日本社会と思想』吉川弘文堂、1992年、151頁）。
10）「滋賀県人共済会事業要項」。
11）「滋賀県人共済会申合」。
12）同前、「滋賀県人共済会申合」。
13）「滋賀県人共済会設立竝其経過の概要」。
14）同前、「滋賀県人共済会設立竝其経過の概要」。
15）同前、「滋賀県人共済会設立竝其経過の概要」。
16）同前、「滋賀県人共済会設立竝其経過の概要」。
17）同調査の概要については、北原糸子、前掲『関東大震災の社会史』114～128頁参照。
18）「具体的事業計画書」。
19）「具体的事業計画書」。
20）今井兼寛「義捐金交付願」大正十二年十二月一日。
21）内務部長「滋賀県出身者震災罹災者義捐金に関する件」（社発第一七二号）、大正十二年十二月六日。
22）例えば、県からの依頼に対して高島郡では次のように回答している。「震災時既に応

分の義捐金品を寄贈したる為予定の通り募集者無之目下極力勧誘に取纏め方各町村へ照会致置」（高島郡長「県出身罹災者救済に関する件」（社第八三二号）、大正十二年十二月十一日）。
23）「県人共済会に関する義捐金取纏状況」（大正十二年十二月十四日現在）。
24）滋賀県人共済会『関東大震災罹災県人共済事業経過報告』42〜43頁。
25）配当の基準としてA、B、Cの三つの基準があったことが確認できるが、その具体的な区分基準は不明である。恐らくは、罹災状況及び所得状況によって区分したものと思われる。
26）滋賀県人共済会、前掲『関東大震災罹災県人共済事業経過報告』24頁。
27）「増上寺の大伽藍に三百余の県人災死者大法会──無慮四百余の罹災者の沈痛なる面持ちに熱涙溢る──」。
28）滋賀県人共済会、前掲『関東大震災罹災県人共済事業経過報告』38〜39頁。
29）この会報の一部が、『関東大震災罹災県人共済事業経過報告』に収録されている。
30）滋賀県人共済会、前掲『関東大震災罹災県人共済事業経過報告』44〜52頁。
31）同会代表の今井兼寛は、内務省嘱託として融和運動に尽力したことは先に述べたが、民力涵養政策にも関わっている。青年教育（社会教育）の視点から、農村改善事業に着手したものと思われる（今井兼寛「国民の自覚」栃木県内務部庶務課編『民力涵養講演集（第二編）』1921年を参照）。
32）滋賀県人共済会、前掲『関東大震災罹災県人共済事業経過報告』56〜57頁。
33）『罹災救助──大正十二年県人共済会書類──』の簿冊内に、財団法人の「寄付行為」が収録されている。
34）同前、「寄付行為」。

第三章　室戸台風と罹災救助

Ⅰ．はじめに

　自然災害は、社会生活の基盤を根底から破壊し広範な貧困層を生み出す決定的な要因となってきた。その一方で、「人事ではない」自然災害による被災は多くの市民の同情を喚起するきっかけを作り、近代社会における社会連帯意識を醸成する端緒となったことも事実である。実際に関東大震災や阪神・淡路大震災、さらには近年の東日本大震災などの大規模災害においては膨大な援助物資や資金が募集され、被災地に集結された。しかし、そのような過去の大規模災害において常に問題となったのが、援助物資が必要とする罹災者の手元に届くまでに多くの時間を要したことである。各地から被災地に送付された膨大な物資や結集した多くの市民ボランティアなど動員された社会的資源は豊富に存在したのにも関わらず、そのような社会的資源を有効に配分・活用するための方策が欠如していた。このような問題を解消するためにも、過去の自然災害における罹災救助において何が問題となり、どのような方策が必要となるのかを事例を通して学ぶことは極めて重要なことであり、今後の災害福祉研究の課題ともなる。本章ではこのような問題意識を念頭において、1934（昭和9）年9月21日に近畿地方を襲った室戸台風とその罹災救助に焦点をあててみたい。

　室戸台風は1934年9月13日に南洋パラオ諸島の南海海上に出現して以降、九州に上陸した後に北東に進み主に四国・近畿地方を中心に甚大な被害をもたらした。当然その被害規模も大きく、国内で3000人以上の死者・行方不明者を生み出した。そうした経緯から、室戸台風は当時の海面気圧の「最低記録」を更新した「昭和の三大台風」の一つに数えられている。本章では、滋賀県を事例として県下の罹災状況及び県社会課を中心とした被災直後の応急措置の展開、さらには罹災救助基金法の適用に至る過程と復興にむけた取

り組みを中心に罹災救助の内実に迫ってみたい。なお、本研究が主に依拠している資料は、滋賀県所蔵文書『罹災救助——附昭和九年風害ニヨル罹災救助関係書類——』、『罹災救助——附昭和九年九月二十一日暴風見舞金ニ関スル書類——』、『罹災救助——附昭和九年九月二十一日縣外及縣内風害ニ依ル死傷者名簿——』である。

Ⅱ．県下の罹災状況

　最初に、滋賀県内における室戸台風の被害状況から確認しておきたい。室戸台風の規模について、当時の彦根測候所所長の筒井百平は次のように述べている。「九月二十一日朝縣下に襲来した颶風は極めて猛烈なるもので、縣下の最大風速は三十一米／秒二に達し、大正元年九月二十三日二十四米／秒〇の記録を突破する事、實に七米／秒二之が為縣下の被害不尠就中栗太郡山田村に於ては小學校々舎倒壊し學童に死傷あり、又瀬田川鐵橋にては急行列車の脱線轉覆にて死傷者を出し、野洲川鐵橋にては貨物列車の脱線轉落等の悲惨時を醸した。更に縣下の暴風被害は営造物、農作物、林産物、水産物、船舶、電信、電話、電燈、道路及び橋梁に千参百七拾餘萬圓の損害を及ぼした」[1]。また、台風の強度についても「本所に於ける最低氣壓は七百二十五粍にして、之を大正元年九月二十三日に於ける最低記録七百二十九粍九に比すれば、四粍四高きも風速に於ては三十一米／秒二を現はし、同年に於ける二十四米／秒に比較し七米／秒二強く、以上の記録より綜合すれば、今回の颶風は其の強度に於て去る大正元年九月二十三日の颶風に比し同等又は夫れ以上と見て大差なく未曾有の颶風強度と称して可なり」[2]。つまり、室戸台風は明治（近代）以降の当時、近畿地方を襲来した台風としては最大規模の台風であった。当然その罹災規模も大きく、滋賀県内においても多くの罹災者を生み出した。

　滋賀県内における室戸台風による被害状況については、発生直後から県社会課を中心に各郡市に対して被害状況の照会調査が実施された。実際には災害発生直後には通信機材の故障や交通網の遮断により情報の収集に苦慮した様子で、災害発生の９月21日の午後に県吏員を調査及び慰問のため各郡市に派遣することを決定し翌22日に実行された[3]。同時に罹災救助基金法に

よる救助を発動するため、さらに詳細な罹災調査が実施された。県では災害発生の翌日の９月22日に学務部長名で県内各市町村長宛に「暴風被害状況調査方照会」によって各市町村内における罹災戸数及び罹災者数の照会をおこない、罹災救助基金法の適用に向けて対象者数の把握を試みている[4]。その査結果が、「暴風雨被害状況」として公にされている。県内における被害概況（一般被害）については、「今回ノ颱風ハ縣下何レノ地方ニモ相當ノ被害ヲ與ヘタリ特ニ颱風ノ通路ガ大体ニ於テ琵琶湖西南端ヨリ湖水ニ沿ヒ東北ニ進行セル結果被害亦大津市内ノ一部、栗太、野洲、滋賀ノ各郡ニ最モ激甚ヲ極メタルヲ見ル」と記されている[5]。つまり、琵琶湖西南地区とりわけ栗太郡、野洲郡に被害が集中し、特に次節でも確認する栗太郡山田村の被害は山田小学校の惨事を含めて甚大であった。以下、「人の被害」及び「建築物の被害」を中心に県内の被害状況を確認してみたい。先ず「人ノ被害」であるが、「縣下ニ於ケル人体ノ被害死者四七名、重傷者一一四名、軽傷者五二七名計六八八名ニ上レリ（内列車被害死一一　重傷四一、軽傷一六五）死傷者中特ニ悲惨ヲ極メタルハ栗太郡山田村尋常高等小学校校舎ノ倒壊ニ因リ死者児童一七名重傷者児童十五名、教員二名、軽傷者一二二名ヲ出スニ至リタル惨事トス」[6]。見られるように、台風によって罹災死亡した県人は47名に上り、そのなかでも瀬田川鉄橋上における列車転覆事故による死者が11名、先に述べた山田小学校の校舎倒壊による死者（児童）が17名で、室戸台風による県内死者の半数以上が二つの事故死を直接の原因としていた。

　一方で、「建築物ノ被害」では次のように記されている。「建築物ノ被害ハ住家ノ全壊六八一、同半壊九二一、非住家ノ全壊二,二三一、同半壊一,七四二ニ上リ此ノ外由緒アル神社寺院ヲ始メ公有建物ノ被害亦尠カラズ學校校舎ハ前記山田小學校ノ倒壊ヲ始メ小學校舎ノ倒壊一〇半壊一五二及ブモ山田小學校ヲ除クノ外何レモ死者又ハ重傷者ヲ出シタルモノナシ建築物ノ被害総額ハ見積額二,六六五,二五七圓ニ上レリ」[7]。見られるように室戸台風による被害は一般県民世帯の住居の倒壊が顕著で、次節で確認するように滋賀県内における罹災救助基金法の適用は家屋倒壊世帯に対する救助（小屋掛）が最も多かった。なお、郡市別における被害状況は次の表の通りである。

郡市別暴風被害（昭和九年九月二十八日現在）

種別 郡市名	死傷者				住家			非住家		
	死亡	重症	軽傷	計	全壊	半壊	計	全壊	半壊	計
滋賀郡	2	3	19	24	105	108	213	193	77	270
栗太郡	21	36	187	244	187	197	384	362	284	646
野洲郡	4	12	13	29	120	105	225	366	63	429
甲賀郡	2	1	1	4	6	6	12	13	14	27
蒲生郡	1		63	64	16	25	41	294	180	474
神崎郡	1		11	12	38	108	146	233	308	541
愛知郡	2	1	6	9	19	24	43	142	81	223
犬上郡	1	11	16	28	20	57	77	268	196	464
阪田郡			4	4	5	2	7	43	8	51
東浅井郡			15	15	11	18	29	36	37	73
伊香郡		2	11	13	12	61	73	55	71	126
高島郡	1	6	16	23	79	105	184	158	128	286
大津市	11	43	165	219	63	105	168	68	295	363
合計	46	115	527	688	681	921	1602	2231	1742	3973

出典：滋賀県所蔵「郡市別暴風被害」『罹災救助――附昭和九年風害ニヨル罹災救助関係書類三ノ八――』。

　上記の表からも判断されるように、山田小学校の倒壊を含めた栗太郡と大津市の被害が甚大であった。実際に警察による各市町村別に死傷者をまとめた「災害ニ因ル死傷者調」では栗太郡山田村では死者17名、特別重症者5名、重傷者31名、軽傷者88名となっており、他の市町村と比較しても著しく被害が大きいことが確認される[8]。以下、一例としてその山田村の被害状況を確認してみたい。山田村では先に触れた県の照会（社第九四一号）に対して、次のように報告している。繰り返しになるが、山田村では小学校の倒壊による死者17名の犠牲者を出し、家屋の倒壊についても住家の全壊21戸（人員76人）、半壊22戸（人員112人）の被害を生み出した。そのなかには、「特別戸数割平均額以下」の村民が38名含まれていた[9]。その救済措置であるが、後に確認するように県から救護班が召集されて治療所が設置されるなどの応急措置が採られた。

　室戸台風は人命や多くの家屋を喪失させるなど県民の生活基盤を破壊したのみならず、県内の地場産業にも大きな被害をもたらした。最も大きな被害をうけたのが、水稲・畑作を中心とする農作物である。後にも触れるように社会局社会部は11月7日付で滋賀県知事に対して「罹災救助基金支出状況等ニ関スル調査ノ件」で、罹災救助基金の支出状況の他に農作物被害反別の状況及び被害農家戸数を照会している[10]。11月10日段階での県内農作物被

害状況及び被害農家戸数が次の表の通りである。

滋賀県農作物被害反別調

種別	作付反別	被害反別					損害見積金額
		収穫皆無	七割以上被害	五割以上被害	三割以上被害	計	
水稲（計）	63635.1	3.2	113.7	409.1	3819.4	4345.4	8376.416
畑作（計）	18209.6	175.1	650.5	2044.7	2703.4	5573.7	9580.80

滋賀県被害農家戸数調

被害戸数					要救済戸数	
収穫皆無	七割以上被害	五割以上被害	三割以上被害	計	土木事業	其の他
—	241	1236	17606	19083	2988	940

滋賀県所蔵「滋賀県農作物被害反別調」「被害農家戸数調」『罹災救助——附昭和九年風害ニヨル罹災救助関係書類三ノ八——』より作成。

　なお、水稲で最も被害面積の大きかったのが蒲生郡で、作付反108773反に対して収穫皆無が2反、七割以上被害が15反、五割以上被害が70反、三割以上被害が1528反、合計1615反の被害で損害見積で1218370円の損害を出している[11]。また畑作では栗太郡の被害が顕著で、作付反8711反に対して収穫皆無が222反、七割以上被害が579反、五割以上被害が363反、三割以上被害が4242反の合計5406反で、損害見積金額は228003円にのぼっている[12]。一方で被害農家戸数が顕著なのは東浅井郡・伊香郡・高島郡の3郡で、それぞれ5064戸・2114戸・4324戸にのぼっている[13]。特に東浅井郡、伊香郡では七割以上の被害がそれぞれ146戸、62戸で、五割以上の被害でも755戸、273戸と突出して被害戸数が多い。その理由として、同地方では同年発生した稲熱病被害に加えて室戸台風による被害が重なったことが挙げられる[14]。また、品種別に見れば特に果樹（柿・梨）の損害が大きかった栗太郡・阪田郡の被害が多く、損害樹数はそれぞれ22487本・15137本となっている[15]。

　この他にも次節で確認するように水産業への被害も著しく、別途対策を講じることになり、零細漁民や貧農や被差別部落に対しては特別な措置が採られている。

Ⅲ．県の応急救援措置の展開

　前節で確認したように、室戸台風による被害で最も多くの犠牲者を出したのが瀬田川鉄橋上の脱線事故と山田小学校の倒壊事故である。脱線事故につ

いては保安課の通報により県吏員らを現地に派遣し、さらに警察、大津市、日赤支部病院、京都府立医大救護班の応援による一時収容所を開設している。一時収容所では負傷者の応急手当の他に、炊出しや被服給与がおこなわれ、重傷者は日赤滋賀支部病院、旭ベンベルグ附属病院、横田病院にそれぞれ収容された[16]。その収容状況が次の表の通りである。

収容場所	横田病院	旭ベンベルグ附属病院	日赤滋賀支部病院	合計
収容人員	9	18	52	79

滋賀県社会事業協会『共済』(第十一巻、十月号)、1934年、13頁。

　当時救援活動を中心的に担った社会課の状況について、社会事業主事補の谷口繁樹は次のように回顧している。やや長文であるが、当時の状況をうかがい知れる貴重な情報のため引用してみる。「八時半、永井學務部長と谷本社會課長が雨の中を登廳されて、『瀬田川で列車が顛覆したからすぐ出かけてくれ給へ』課員は永井部長の聲にさつと緊張した、直ちに腕章をつけ永井部長を班長に谷本課長、山田主事、新畑學校衛生技師、森岡、谷口主事補の救護班は編成され自動車にて現場に向け出発したが、途中屋根瓦は飛ぶ、松並木は倒れてゐる、倒れた松の枝を切り拂ひ乍ら現場に到着したが、何分にも風が非常く、而も列車は鐵橋の中程で顛覆してゐる、線路につかまり乍ら遭難者救出しに向つたがどうにも手の附け樣がない、ひょつとするとこちらの体が飛ばされそうだ集つた救援の人々も群集も、只風のしずまるのを祈るばかりだ急行列車を吹き飛ばそうとした風も漸く弱つて来た。在郷軍人、消防手、青年團によつて遭難者が顛覆列車の中から次々に運ばれて来る、タンガの上に眞赤に染まつてゐる、着物は破れてゐる、寒くてふるへてゐる、とても正視出来ない。永井部長の指揮で森岡主事補は新畑技師と顛覆列車の中へ遭難者の應急手當、を山田主事は赤十字支部病院と協同して遭難者の収容に、谷本課長と谷口主事補は鐵道當局と聯絡をとり被服の調達をするなど汗だくで救援につとめた（中略）救出された遭難者は重軽傷にふり分け重傷者は臨時救護所に當てられた、カフェー南洋軒にて赤十字病院、衛生課員、京都府立醫大救護班の手によつて應救手當を加へ附近の横田病院、旭ベンベルグ附属病院及赤十字支部病院に収容し、軽傷者は石山公會堂、職業紹介所に

収容し應救手當を加える一方社會課と協力し二ヶ所に炊出しを行ひ死体は長徳寺本堂に収容した」[17]。見られるように台風直撃後に県社会課に最初にもたらされた情報は瀬田川における鉄道顚覆事故の情報であった。

　鉄道顚覆事故の情報に次いで社会課にもたらされた災害情報は、大津市藤尾小学校の倒壊に関する情報であった。結果的に山田小学校の倒壊に関する情報が県社会課にもたらされたは、正午から午後にかけての様子である。「社會課で各地の情報を集めてゐた平井属は紅葉館寄贈の被服を送り届け、『山田小学校が倒壊児童死傷者多数の見込』と報告した。新畑技師、森岡主事補、衛生課員を山田校に急派された、午後二時頃瀬田川遭難者の救護も一段落となり谷本課長と谷口主事補はトラックにて山田校應援に向つた」[18]。つまり、情報の混乱により社会課の救援活動の優先順位決定に対する判断の誤りがあったと判断することができる。校舎倒壊により480名の児童が校舎の下敷きとなるが、結果的に情報の混乱が死傷者救済に遅れをもたらし、17名の死者・100余名の重軽傷者を生み出したといえるのではないか[19]。

　山田村小学校の倒壊に伴い多くの死傷者を出した山田村では、被災した9月21日より県衛生課を中心に医療関係者を派遣して治療行為にあたるほか、24日からは極楽寺本堂に県から派遣された救護班による「山田村治療所（救護所）」が開設されている。同治療所は10月14日より八幡宮社務所に移転したが[20]、その間に合計で130名の被災者が同治療所で治療を受けた。その成績一覧が次の通りである。

栗太郡山田村救護所成績

月日	救護者数	種別			処置			現在患者数
		死亡	重症	軽傷	入院	通院	全治	
9月21日	90	17	40	50	8	82		82
22日	142		23	119		142		142
23日	136		20	116		136	7	129
24日	92		14	78	5	87	10	77
25日	91		12	79	2	89	3	86
26日	111		10	101	2	109	15	94
27日	73			60		60	13	60
28日	89		1	88	1	73	16	73
29日	95			95			13	82
30日	52			52			5	47
10月1日	53		1	52		52	1	52
2日	43			43		43		43

3日	47		47		47		47
4日	48		48		48		48
5日	49		49		49		49
6日	43		43		42	1	42
7日	46		46		46		46
8日	50		50		50		50
9日	43		43		35	8	35
10日	39		39		39	4	35
11日	22		22				22
12日	23		23				23
13日	22		22				22
14日	20		20				20
15日	15		15		15		15
16日	15		15		15		15
17日	16		16		16		16
18日	18		18		18	2	16
19日	11		11		11		11
20日	13		13		13		13

「栗太郡山田村救護所成績」『罹災救助――附昭和九年風害ニヨル罹災救助関係書類三ノ八――』より作成。

　次節でも触れるように罹災救助基金法及び罹災救助施行規則に基づく治療は、当初9月21日から10月21日までの30日間に限定することが想定されていた。同様に、県が臨時に設置した治療所も、10月21日での閉鎖が決まっていた。しかし、依然として7名の児童が依然として治療を要する状態であった。そのため、山田村では治療所閉鎖後の措置として、済生会による救療事業と救護法の医療扶助の適用に切り替えている[21]。

IV. 罹災救助基金法の適用

　本節では、罹災救助基金法の運用状況、さらには下賜金や徴収された義捐金の配当を中心に、罹災救助の状況について触れてみたい。前章で確認したように、県では災害発生直後から応急的な急運措置を展開するのと同時に、社会課を中心に県内各市町村に吏員を派遣し、被災状況の把握に努めていた。その調査の目的が、罹災救助基金法を発動するための詳細な情報の把握にあった。社会課ではその調査結果に基づき、罹災救助金の所要金額として金10万円を見積もり26日の県参事会に提案している。参事会では一般会計から15万1733円、特別会計から10万4034円、合計25万5767円の追加予算案が可決した[22]。

　なお、1989（明治32）年に制定された罹災救助基金法は各府県に対して

罹災救助基金を貯蓄することを課し（第一条）、「府県ノ全部又ハ一部ニ亙ル非常災害ニ罹リタル者ヲ救助スル為支出スルモノトス」ることを定めていた。罹災救助基金法の施行に伴い、滋賀県では同年8月に県令第四十号によって「罹災救助基金施行規則」を定め、罹災救助基金法の取扱い及び救助の具体的方法及び基準を定めている[23]。また、1932（昭和7）年12月に滋賀縣訓令第二十四号によって定められた「罹災救助取扱規程」の第一条では、罹災救助基金法の運用条件を次のように定めていた。「一市町村人口又ハ戸数十分ノ一以上非常災害ニ罹リタルトキ」、「一市町村ノ人口五十人以上又ハ戸数十戸以上同一ノ災害ニ罹リタルトキ」、「前各號ニ該当セサルモ一大字又ハ一團地ノ全部災害ニ罹リ救助ハ必要ヲ認ムルトキ」[24]。この一連の規程による「罹災救助金」の支出対象は、10月8日の段階で1市55町村、救助戸数1120戸、救助人員4786人に達し、医療費を除く支出額は90412円にのぼった[25]。なお、罹災救助基金法に基づく罹災救助であるが、同法第八条では罹災救助基金を支出する費目として避難所費、食料費、被服費、治療費、小屋掛費、就業費の6項目を定めていた。この規程に基づき県では食品給與（1日1人四合五勺副食物一人一日九銭以内）、就業資料給與（一戸三十円以内）、学用品給與（一人二円以内）、運搬費、治療費（薬価一日一人十五銭程度、處置料及び入院料は実費）、埋葬費（一人九円以内）をそれぞれ罹災救助金の支出の基準としている[26]。「罹災救助基金支出精算書」によれば、食料費は15899円81銭、被服費が16509円29銭、埋葬費が20500円、小屋掛費32466円89銭、就業費21752円50銭、学用品費1505円21銭、運搬費773円20銭、人夫費1300円60銭、総計90412円50銭が支出された。

　各方面より納入された義捐金については、県社会課でとりまとめ次のように配分されることが決定している。つまり、死者1名につき50円、重傷者1名につき30円、軽傷者1名につき10円、全壊家屋一戸につき20円の見舞金交付が決定され、合計1万9130が罹災者に分配されている[27]。さらに、罹災救助基金法に基づく罹災救助金の適用を受けることの出来ない罹災者で、特別戸数割普通額以下の罹災者についても義捐金を交付することが決定された。1934（昭和9）年10月20日付で滋賀県学務部長名で県内各市町村長宛に「見舞金傳達方ニ関スル件」が発せられ、「今次ノ災害ニ際シテハ罹

災救助規程ノ定ムル處ニ依リ曩ニ夫々救護ノ方法ヲ講ジ候處全規程ノ基準ニ達セザル罹災者ハ達セル者ニ比シ同情スベキ点有之様存候條此等罹災者ニ対シテハ本県受諾ノ一般義捐金中ヨリ特別ノ見舞金ヲ交付致スコト」が決定した旨周知された[28]。その結果として全壊一戸に付き40円が、第一種損潰一戸に付き30円が、第二種損潰一戸に付き10円が支給された。その対象は全壊97戸、第一種損潰97戸、第二種損潰395戸で、見舞金総額は10740円にのぼった[29]。

　義捐金を基に拠出された見舞金は、瀬田川における列車転覆事故の遭難者に対しても別途支給されている。この事故では死者11名、特別重傷者8名、重傷者35名、軽傷者33名、微傷者138名を出したが、県では大阪朝日新聞及び大阪毎日新聞より受けた見舞金から転覆事故による死者1人に付き50円、重傷者に対しては30円の割合をもって弔慰金及び見舞金を遺族等に支給している[30]。さらに、瀬田川の列車転覆事故の死傷者に対しては、別途下賜金等が配布された。配当されたのは皇室からの御下賜金の他に各宮家や王家、公家からの下賜金、さらには満州国皇帝からの救恤金がそれぞれ義捐金による見舞金配分の区分に応じて支給されている。その支給状況が次の表の通りである。

死傷別	員数	御下賜金	各宮家下賜	満州国皇帝救恤金	各宮家及満州合計	総計
死者	11名	220円（20円）	7円70銭(70銭)	29円70銭 (2円70銭)	37円40銭	257円40銭
特別重傷者	8名	96円（12円）	3円20銭(40銭)	12円(1円50銭)	15円20銭	111円20銭
重傷者	35名	350円（10円）	10円50銭(30銭)	35円（1円）	45円50銭	395円50銭
軽傷者	33名	132円（4円）	4円95銭(15銭)	13円20銭 (40銭)	18円15銭	150円15銭
合計		798円	26円35銭	89円90銭	116円25銭	914円25銭

「御下賜金傳達ニ関スル件依頼」及び「列車遭難者」『罹災救助──附昭和九年九月二十一日縣外及縣内風害ニ依ル死傷者名簿──』より作成（括弧内は対象者一人当たりの支給額）。

　一般罹災者に対する見舞金の交付以外にも、特定の職種に対する災害救済の方策がとられた。その一つが、製炭者に対する救済措置である。1934年10月11日付で社会課長より森林課長に対して製炭者の罹災状況の調査が依頼された。その調査結果が「製炭者ノ暴風ニ依ル災害者調」として公表されている。そのなかで「申告者ハ何レモ山村住民ニシテ農業ノ傍ラ製炭ニ従事

シ何レモ主業トモ判別シ難キ程度ノ副業ナル」と報告されており、窯が全壊した被災者は23戸にのぼった[31]。県では窯の全壊者23戸に対して、義捐金中より一戸当たり20円を拠出し生業費として給与している[32]。

また、室戸台風は湖岸各地の漁業者にも多くの被害をもたらした。特に琵琶湖漁業の唯一の生業手段である「ウエ」と「タツベ」の多くが損失したため、県では10月20日付で滋賀県水産組合を通じてウエとタツベ500個の製作及び材料費を義捐金中より支出して配給している[33]。この配給措置では189名の漁業者が救済の申請をおこなっているが、実際に配給を受けたのは104名であった。滋賀県水産組合では、12月3日付で県知事に対して「貧困漁業罹災者第二次救済御願」を提出し、初回の救済措置から漏れた85名と報告の締め切り後に被害報告を提出してきた21名に対して漁具及び調製材料を支給することを求めている[34]。また、貧困漁業者の他にも罹災救助基金法の規定から除外された農民に対しても、別途義捐金より救済金を交付している。要救護者は農務課の調査によると588戸で、すでに罹災救助規程の適用をうけている101戸を除く残りの487戸に対して、一戸につき20円を交付している[35]。その他、社会事業施設との関連では、風害により最も大きな被害を受けた滋賀県育児院（被害総額318円）を筆頭に県内託児所や養老院、善隣館を対象に義捐金中より見舞金を支出している[36]。

このように社会課で一括に管理され各方面に見舞金として配布された義捐金であるが、12月末の段階で18万6025円50銭の義捐金を収納している[37]。その残額10万84449円92銭のなかから滋賀県社会事業協会に5万5千円が譲渡され、災害義捐金中5万5千円中3万円を生業貸付資金として、残りの2万5千円を罹災救助基金の積み立てとして指示された。その他残額については、農家見舞金（六千円）、漁業者見舞金（八百八十円）、生業資金貸付（三万円）、学校建築見舞金（五千円）、私設社会事業修繕見舞金（一千円）、罹災救助基金（社会事業協会二万円）、社会事業施設（三万九千四百七十八円）として分配が検討された[38]。

なお、これまで県による応急措置、罹災救助基金法による罹災救助基金法の適用、さらに下賜金や義捐金の分配を中心に罹災救助の内実を見てきたが、最後に災害復興への取り組みについて確認してみたい。県では10月28

日付で政府に対して「風害應急復旧施設ニ関スル件」を上申している。その なかで「而シテ之等罹災セルモノノ多クハ貧困者或ハ茲数年来窮乏ニ喘キツ ツアル農山漁村住民又ハ其ノ負担ニ堪ヘ兼ネ已ナク不完全ナル設備ノ儘忍ヒ 来リタル財政貧弱ノ市町村其ノ他ナルヲ以テ救済竝應急施設ハ一日モ忽ニス ヘカラサル實状ニ有之事件突発ト同時ニ種々之カ對策ニ腐心シ應急對策トシ テ全力ヲ罹災民ノ救護ト農山漁村住民ノ慰撫激励ニ努メ一面以テ更生後其ノ 精神涵養ニ努メ来リ候得共之カ應急竝復旧對策ノ實施ハ到底地方経済ノ負担 ニ堪ヘ得サル所ニ有之従ツテ此際特ニ国家ノ救援施設ノ恩恵ニ浴スルノ外無 之實状ニ有リ」という認識のもとで、「匡救土木事業起興」を中心とした13 の項目について復旧復興にむけた要望書を提出し、2351936円の国庫補助を 要求した[39]。このなかで特に社会課が中心となって管轄した事業が「地方 改善施設徹底ノ件」である。その理由について次のように主張している。「今 次ノ颱風ニ因ル最モ著シキ災害タル住家ノ倒潰ヲ實地ニ就テ観ルニ全壊又ハ 半壊ニテ起臥ニ堪ヘサル住家ハ殆ト凡テ其ノ規模矮小ニシテ構造極メテ簡粗 ナルモノナリ就中注目ニ値スルハ従来所謂要改善地区トシテ地方改善施設ヲ 實施又ハ要望セラレタル地方ニ於テ其ノ数最モ多ク即チ地区外ノ倒壊戸数ハ 二五三ニシテ地区外全戸数ノ一割強ニ当ルニ反シ地区内ノ倒壊戸数ハ一六一 ニシテ地区内全戸数ノ八割八分ニ当ル蓋シ要改善地区ハ地方農山村ニ在リテ モ其ノ経済力最モ薄弱家屋矮小乱雑ニシテ今次ノ如キ大暴風ニ堪ヘ得サルハ 勿論年々ノ僅少ナル災害ニ對シテスラ能ク堪ヘ得サル實状ナルヲ以テ之カ應 急策トシテ今次ノ風害ニ因ル要改善地区内ノ倒壊家屋復旧費ハ全壊一戸平均 四百円、半壊一戸平均約二百五十円トシテ総額五万千九百円トナルヲ以テ此 ノ総額ニ對シ二分ノ一程度ノ國庫助成金ヲ乞ヒ更ニ恒久策トシテ特ニ住宅ヲ 中心トセル地方改善施設ヲ従来ノ時局匡救事業ニ準ジ全額國庫負担ヲ以テ数 年間継続實施セラレムコトヲ望ム」[40]。つまり、室戸台風による要改善地区 (被差別部落)の被災に伴う復興のため国庫補助金25950円の支給を要望し ている。このことからも明らかなとおり、一時的な復興措置にとどまらず、 恒久的な復興を求めての予算要求であった。なお、国費予算の要求額は増額 8194円、全額国庫補給要求額119247円、半額国庫要求額58960円、合計額 186401円にのぼった(10月15日)。このうち、社会事業施設補助及び地方

改善施設補助は半額国庫補助要求に位置づけられ、前者は滋賀育児院、長濱延壽舎、滋賀救護院、大津救療院への補助として67019円の半額33509円50銭、後者は要改善部落家屋倒壊復旧費として、全壊71戸（一戸あたり400円）に対して28400円、半壊90戸（一戸あたり250円）に対して22500円、合計50900円の半額25450円、合計58960円の補助を申請している[41]。

V．まとめ

　以上、滋賀県における室戸台風の被害状況と罹災救助の内実に迫ってきた。最後に、当時の県社会事業主事の向井和一郎の言葉を引用して結びとしたい。「秒速五〇米突、颶風一時間余の荒仕事、死者五一、家屋倒壊千四百、農産物の被害千二百萬圓、その暴威の逞しき只驚嘆の外ない、省みて之が豫防策（？）として意識的無意識的になし来つた工作の跡を見れば人知の浅薄不備之亦驚くの外ない、吾人此の間に『公共建築物の粗雑化』『住宅建築に對する法的制限の不徹底』『暴風地帯より其の進路に當る府縣への警戒通報策樹立の要』『一般民の気象知識の不足』等の教訓を學び得た（中略）尚市町村に於ける罹災救恤金の準備缺如をも學び得た、市町村は永遠の存在だ、それに其の施設が目前的應急的なもののみに思はれる。蓋し縣管理の罹災救助金は決して個々の罹災者に對し萬全の救済ではあり得ない」[42]。大規模災害の発生後の対応において、しばしば行政による救済の不備や遅延が発生したことは過去の史実が示している。同時に、災害発生直後の救済活動は地域における相互扶助機能が大きく作用したことも事実である。関東大震災や室戸台風の救済活動において収集された「災害美談」を支配層による民衆への相互扶助イデオロギーの涵養策と捉えることも可能であるが、災害発生直後に救済活動にいち早く取り組んだのは地域の青年団や処女会、消防団、警察官らである。近年地域コミュニティの弛緩が叫ばれてすでに久しいが、罹災救助においてはコミュニティ力の発揚がとりわけ初期の救済活動においては重要な役割を担っていることは改めて述べるまでもない。その意味で、今後地域福祉研究や公的扶助史研究と災害福祉史との連携が益々重要なものとなる。

【注】
1）筒井百平「自然現象としての今次の颱風」滋賀県『昭和甲戌風害誌』1935年、2頁。
2）筒井百平「二十一日の颱風」滋賀県社会事業協会『共済』（第十一巻、十月号）、1934年、2頁。
3）滋賀県「暴風雨被害状況」『罹災救助——附昭和九年風害ニヨル罹災救助関係書類三ノ八——』。
4）滋賀県学務部長「暴風被害状況調査方照會」（社第九四一号）、昭和九年九月二十二日、『罹災救助——附昭和九年風害ニヨル罹災救助関係書類三ノ八——』。
5）前掲、滋賀県「暴風雨被害状況」。
6）同前、滋賀県「暴風雨被害状況」。
7）同前、滋賀県「暴風雨被害状況」。
8）「災害ニ依ル死傷者調（昭和九年拾月三日現在）」『罹災救助——附昭和九年風害ニヨル災害救助関係書類三ノ八——』。
9）栗太郡山田村「災害概況報告」『罹災救助——附昭和九年風害ニヨル災害救助関係書類三ノ八——』。
10）社会局社会部長「罹災救助基金支出状況等ニ関スル調査ノ件照會」（社発第一六八號）、昭和九年十一月七日。
11）滋賀縣庁「農作物被害反別調（水稲）」『罹災救助——附昭和九年風害ニヨル罹災救助関係書類三ノ八——』。
12）滋賀縣庁「農作物被害反別調（畑作）」『罹災救助——附昭和九年風害ニヨル罹災救助関係書類三ノ八——』。
13）滋賀縣「被害農家戸数調」『罹災救助——附昭和九年風害ニヨル罹災救助関係書類三ノ八——』。
14）滋賀縣、同前「被害農家戸数調」。
15）滋賀県、前掲『昭和甲戌風害誌』59〜60頁。
16）「風害状況と救護状況」、前掲『共済』（第十一巻、十月号）、13頁。
17）谷口生「うらめし二十一日!!ごった返しの社会課」、前掲『共済』（第十一巻、十月号）、24頁。
18）谷口生、同前「うらめし二十一日!!ごった返しの社会課」24頁。
19）「大風過の社会情勢」、前掲『共済』（第十一巻、十月号）、25頁。
20）栗太郡山田村長岸本貞蔵「治療所変更ノ件報告」（庶発第四三號）、昭和九年十月十五日、『罹災救助——附昭和九年風害ニヨル罹災救助関係書類三ノ八——』。
21）栗太郡山田村長岸本貞蔵「救療所閉鎖後ニ於ケル患者取扱方ノ件」（庶発第四七號）、昭和九年十月二十日、『罹災救助——附昭和九年風害ニヨル罹災救助関係書類三ノ八——』。
22）前掲、『共済』（第十一巻、十月号）、26頁。

23)『滋賀縣法規類纂』帝國地方行政學會出版部、1909年、157〜158。
24)栗太郡山田村、前掲「災害概況報告」。
25)滋賀縣、前掲『昭和甲戌風害誌』145頁。なお、先に触れた11月7日付の社会局からの「罹災救助基金支出状況等ニ関スル調査ノ件照會」に対する報告では、医療給与を含めた罹災救助基金支出額は9万4109円11銭（支出見込み含む）に達している（滋賀縣「罹災救助基金支出調【十一月十日現在】」）。
26)「罹災救助調査要項」『罹災救助——附昭和九年風害ニヨル罹災救助関係書類三ノ八——』。
27)「義捐金支出方ニ関スル件伺」昭和九年九月二十八日、『罹災救助——附昭和九年九月二十一日暴風見舞金ニ関スル書類——』。
28)滋賀縣学務部長「見舞金傳達方ニ関スル件」（社第一〇〇三號）、昭和九年十月二十日、『罹災救助——附昭和九年九月二十一日暴風見舞金ニ関スル書類——』。
29)滋賀県所蔵『罹災救助——附昭和九年九月二十一日暴風見舞金ニ関スル書類——』。
30)「昭和九年十月十三日列車遭難者御下賜金・御救恤金傳達台帳」『罹災救助——附昭和九年九月二十一日縣外及縣内風害ニ依ル死傷者名簿——』。
31)「昭和九年十月十三日列車遭難者御下賜金・御救恤金傳達台帳」『罹災救助——附昭和九年九月二十一日縣外及縣内風害ニ依ル死傷者名簿——』。
32)『共済』（第十一巻、十一月号）、1934年、31頁。
33)同前、『共済』（第十一巻、十一月号）31頁。
34)滋賀縣水産組合「貧困漁業罹災者第二次救済御願」（縣水庶第三九三號）、昭和九年十二月三日、『罹災救助——附昭和九年九月二十一日暴風見舞金ニ関スル書類——』。
35)農務課長「罹災救助ニ関スル件依頼」昭和九年十月二十七日、『罹災救助——附昭和九年九月二十一日暴風見舞金ニ関スル書類——』。
36)「風害ニ依ル縣下私設社会事業施設被害状況調書」『罹災救助——附昭和九年九月二十一日暴風見舞金ニ関スル書類——』。
37)滋賀縣「義捐金収納竝支出状況調」『罹災救助——附昭和九年九月二十一日暴風見舞金ニ関スル書類——』。なお、同資料は、12月24日付で各府県知事に対して発せられた「罹災救助基金支出状況等ニ関スル調査ノ件照會」の報告である。
38)「義捐金残額傹分豫定案」『罹災救助——附昭和九年九月二十一日暴風見舞金ニ関スル書類——』。
39)滋賀縣「風害應急復旧施設ニ関スル件上申」（昭和九年十月二八日庶第四〇九号上申書）、『罹災救助——附昭和九年風害ニヨル罹災救助関係書類三ノ八——』。
40)「風水害應急対策要望事項要約」『罹災救助——附昭和九年風害ニヨル罹災救助関係書類三ノ八——』。
41)「暴風被害對策費豫算要求總括表（昭和九年十月十五日現在）」『罹災救助——附昭和九年風害ニヨル罹災救助関係書類三ノ八——』。

42）蘇山（向井和一郎）「巻頭言」、前掲『共済』（第十一巻、十一月号）。

第三編

農村社会事業の展開

第一章　昭和初期における農村社会事業の展開

Ⅰ．はじめに

　わが国においては、大正期に経済的保護事業を中核とする近代社会事業が都市を中心に成立拡充していく。一方で、昭和初期における社会事業の課題は窮迫する農村にまでその範囲を拡張していくことにあった。それは「明治初期以来、わが国の主導産業たりし繊維工業による『労働力』の全国的喰い潰しによって媒介され」た結果として、現象的には「農家の慢性的窮迫と栄養不足とによって加重された農村結核の蔓延・侵食と農村人口の『体位低下』、それに対応する農村社会事業ないし農村保健＝医療国策体系」が成立する[1]。つまり、日本の資本主義推進の原動力ともなった労働力の貯水池＝供給地である農村社会の保全は、早晩に政策的課題として表面化する運命にあった。しかし、その一方で大正期以降に勃興した小作争議をはじめとする農民運動が農村社会事業等の農村更生策の事業化を推進したこともまた事実である。本章では昭和初期の滋賀県を事例として、農村社会事業の内実を明らかにしてみたい。

　滋賀県において小作争議が世間の注目を集めるようなったのは、1916（大正5）年であるといわれている。当時の滋賀県小作官補であった廣部猪八郎が「地主小作者間に對抗的性質を滞ふる、農業団体漸く発達して、日本農民組合等に加盟するもの、大正十三年度一月より漸次増加し（中略）争議を醸し、経済問題に思想感情の背馳衝突をも加へ、又扇動者等の介在容喙に因り其解決を困難ならしめるものあるは農業生産上、農村社会上、注意すべき事象である」と主張するように[2]、大正末期に地主小作間の融和を意図した懐柔策が検討された。実際に、本論で確認するようにこのような地主小作間の融和を目的として農繁期託児所が開設された例も確認できる。本章では、滋賀県における農村社会事業の中心的事業となった農繁期託児所と農村保健医

療事業の二つの事業に焦点を当ててみたい。

　序論の最後に、農村社会事業史の先行研究（通史のみ）について確認しておきたい。吉田久一は「農村社会事業の主点は防貧と生活の確保に当てられ、社会保障的な制度的対象となった」として農村社会事業が日本社会事業の近代化を促進した側面を主張するが[3]、その一方で「農村医療その他の農村社会事業は、社会事業から社会保障への分岐は必然であったが、それは日本型ファシズムにまきこまれて行ってしまった」と結論付けている[4]。田代国次郎もまた「戦時農村社会事業ないし、非常時農村社会事業へと編成がえとなった」側面を指摘し[5]、農村社会事業を「海外の帝国資本主義、富と領土の収奪をはかるために巧妙に仕込まれた民衆支配の方策」と結論付けている[6]。つまり、両者とも農村社会事業がファシズム体制へ収斂していく過程を強調している点では共通している。無論、農村社会事業が職業軍人の供給地であった農村社会の保全を目的としていた以上、農村社会事業がファシズムに収斂していくことは必然であったといえる。しかし、そのような「限界」の一方で、農村社会事業が日本社会事業の近代化を促進した一面をもっていたことも否定できない[7]。本章では滋賀県を事例として、農村社会事業の「限界」と「近代性」の境界を見極めていきたい。

Ⅱ．滋賀県における農村社会事業論

　序論でも述べたように、滋賀県において農村社会事業が注目された背景には他府県と同様に小作争議等の農民運動の激化と社会不安の高揚に対する県当局者の危機意識があった。すでに大正末期に海野幸徳が「滋賀縣では遊覧社会事業と農村社会事業とは多々益々企畫発達せしめなければならぬ（中略）農村としての風格をもつ本縣に農村社会施設の必要なるは言を俟たない」と説くなど[8]、その事業化に向けての主張は時期を追うごとに盛んになっていく。最初にそのような県社会事業関係者の農村社会事業論、特に滋賀県嘱託の海野幸徳の農村社会事業論を中心に彼らの主張や計画案が滋賀県においてどのように事業化されていくのか（あるいはされなかったのか）を分析してみたい。

　海野幸徳は、1926年に滋賀県社会課の嘱託に就任して以降、その博学に

基づいて滋賀県の社会事業計画について積極的な発言を展開していく。海野の滋賀県における農村社会事業に関する論稿は、遊覧社会事業論や融和事業（善隣館事業）論と比較しても必ずしも多くない。しかし、自身が農村社会事業を滋賀県における「三大社会事業」の一つに数えるなど[9]、その事業化の重要性については嘱託就任当初から一貫した主張であった。その海野の農村社会事業に関する最初の体系的な論稿は1929（昭和4）年に刊行された『農村社会事業指針』である。そのなかで海野は農村社会事業を次のように定義づけている。「農村社会事業とは農村に特有なる困窮及福祉を目標として、農村の困窮を軽減除去し、その福祉を保持増進し、農民をして當時の文化的水準に達せしめ人類生存の完成を企畫せしむるものである」[10]。この定義を基礎として、海野は農村社会事業を、（1）農村一般社会事業、（2）農村保健社会事業、（3）農村児童保護事業、（4）農村教化社会事業、（5）農村経済社会事業の5事業に区分する[11]。

『農村社会事業指針』を公表した後に海野は、『共済』誌上に「農村へ社会事業の延長」と題された論稿を発表する。そのなかで海野は「農村社会事業は取扱機関に於て先ず分化しなければならず現業員は今少しく専門化しなければならぬ」と主張する[12]。つまり、「都市社会事業」との比較において農村社会事業は一層に「無方針なもの多」いが為、農村社会事業の発展のためには同事業の「技術化」＝専門化が尚一層必要であるとされた[13]。その際に問題となるのが、農村社会事業の担い手の選定に関する問題である。海野が滋賀県の農村社会事業の担い手として推薦したのが方面委員であった。1930（昭和5）年に社会叢書の一冊として刊行された『農村社会事業提要』で海野は、「農村社会事業を延長するにあたり、既に全縣に方面委員制度を布きし府縣にあつては方面制度利用、方面委員中心の農村社会事業を行ふを以て最も簡易にして効果多きを思ふ。よつて、農村社会事業の急施にあたり、先ず、方面委員を利用し、一挙に全縣に農村福利事業を普及すべきである。滋賀縣は素より農村地帯に属す。當局に於かせられても、今後、卒先農村に社会事業を延長せられんとする」と主張する[14]。海野の農村社会事業論は先行して発達した「都市社会事業」との比較において常時展開されたが、「農村には農民に對し各種困窮を取扱ふ諸々施設も乏しければ、それに當る人に

も乏しい。多くの場合、農村には方面委員が唯一の社会事業家である」ことが「方面委員中心に農村開拓を進むべき」論拠となっていた[15]。つまり、既存の施設を活用することで事業運営の簡易性及び運営費用の安価性を説いている。そして、この「簡易性」という農村社会事業の利点の主張はその後農繁期託児所をはじめとした滋賀県農村社会事業の推進の論調ともなっていく。

時局が戦時体制下に移行するなかで、海野の農村社会事業論はその導入普及の「障碍」になっている農村特有の現象分析に向うことになる[16]。特に海野は「農民心理上の困難」に注目して、「農民は家族及近隣を外にしては個人主義乃至割拠主義たらざるを得ぬので、連帯を条件としてのみ施設せらるべき社会事業は農村にその姿を現すことが出来ない」と主張する[17]。このような個人主義・割拠主義という農民心理が他の障碍（社会上の困難、行政上乃至地域上の困難、財源上の困難）の基礎となっており、農村社会事業の導入の足枷となっているというのが海野の理解であった。このような理解を基礎として、海野は「農村社会事業は個別的救助とか個人的相互扶助とか云ふやうな個人的救助形態に属するので、農村社会事業中心観念として隣保事業と方面事業を融合しこれを『隣保組合事業』と命名し、これに基き農村社会事業の指導たらしめたく思ふ」と主張する[18]。つまり、海野の「方面委員中心」の農村社会事業論が、この段階においては方面委員と隣保事業との融合が意図され、「一隣保組合につき小会館を建設してそこに隣友としての方面委員が寄り集まる」事業形態を構想していた[19]。この構想は、海野が唱えた「小善隣館主義」を基調とする隣保事業論と農村社会事業論の結合に他ならない[20]。

社会事業の理論家としての側面が濃厚な海野幸徳とは視点を異にして、より滋賀県の実情に特化して農村社会事業を論じたのが県社会課吏員である。当時の滋賀県社会事業主事向井和一郎は1930年に「農村社会事業の最低限度」を著し、滋賀県における農村社会事業の事業化の優先度を論じた。向井によると滋賀県における「最低限度の農村社会事業」は「窮民救助」、「農繁期託児所の設置」、「社交儀礼の改善」の三事業であった。さらに「之等の事業が出来上つた上に更に農村栄養問題児童保護施設、娯楽施設等々及び殊に

経済的救済に當つては副業奨励と各種事業の合同組織等を第二段の事業として各種の事業に進むべきだと思ふ」と述べている[21]。しかし、向井の「希望」とは別にその後顕著に展開された事業は「農繁期託児所の設置」のみであった。実際に、その後向井の農村社会事業の論調は「他の府県に優つて農村隣保扶助の典型とも云ふべき五人組制度の普及発達を縣下各農村に極力奨励し、その實績をあげるやう努めて居ります（中略）農村の更生は単に経済的な方面ばかりではなく、農村の精神文化、保健の點についても色々と更生の工作が必要であらうと存じます」と主張するように、農村経済更生運動の教化事業の強調に収斂していく[22]。

　ところで、次節で確認するように滋賀県の農村社会事業において農繁期託児所が事業の中心となった要因は何処にあったのか。向井の後任として社会事業主事に就任した福岡文芳は、その要因について「一はこの事業が持つ利益の多いこと、即ち農村に於ける経済的利益が直接に感ぜられ且つ幼児保護の上に極めて有効なるが為である。第二に此の施設が比較的容易に實施されること、即ち其の設備に在り合せの資材、建造物を利用すれば餘り多額の経費を要せざるが為である」と分析する[23]。福岡のこのような主張は農村社会事業の事業化の条件として定式化することができる。つまり、「この簡易に着手することが出来、餘りに多額の経費を要しないと云ふことは農村社会事業實施上には缺くべからざる要件である」という主張に見られるように[24]、福岡が事業化の条件としたのは何よりその事業運営の「簡易性」であった。福岡は食料問題と人的資源の涵養の問題こそが「銃後農村」に課せられた課題であると認識し、そのために農繁期託児所の全県的設置を説くが、最終的には「農村に於ては経費も人も得るに困難とすれば（中略）其の方法として隣保相扶の精神と共同の力に俟つ外はないと信ずる」という主張に行き着くことになる[25]。

　以上、三人の社会課関係者の農村社会事業論を見てきたが、すでに明らかなとおり滋賀県の農村社会事業の中心的事業は農繁期託児所であり、それが全県的に設置された要因はその「簡易性」ともいうべき性質にあった。逆を言えば、煩雑さを伴う事業や多額の費用を伴う事業は「農村社会事業」の枠組から排除され、そもそも議論の対象にはならなかったといえる。実際、当

時設置の議論の対象になっていた融和事業及び隣保事業もまた、海野が主張した「小善隣館主義」に基づきその事業規模が矮小化していくことになる。同時に、方面委員等の既存の方策施設の活用が滋賀県における農村社会事業の展開の礎となっていた。そして、このような既存施設の活用による「簡易性」を最も体現していたのが農繁期託児所であったといえる。

Ⅲ．農繁期託児所の設置展開

　序論でも確認したように、農村社会事業は三大社会事業の一つと言われるほど滋賀県においては早くから事業展開の重要性が認識されていた。そして、常にその議論の中心となっていたのが農繁期託児所の全県的な設置である。その重要性について海野幸徳は次のように述べている。「農繁期託児所の是非を論ずることは恐らく失當であらう。農村地帯にあつては常時児童の保護を要しないが、所謂農繁期には児童の始末に困惑する。農閑期には農村にあつては父母なり近親なりが児童を保護する餘裕をもつが、農繁期には一家総員労働に従事するが故に幼児をも顧みる違なきこと、なる。農繁期託児所はこの缺陷に應じて施設するもので、農繁期放任さる、児童を父母に代り保護せんとするものである。滋賀縣の農村小学校の缺席率を見るに、約半数は手傳の類によって缺席するのであつて、これ即ち農繁による缺席である。よって、義務教育を完全に遂行する見地に於ても、農繁期には何等か社会的施設がなくてはならぬことを知るのである。手傳による缺席は父母の労働を直接手傳ふのでもあるが幼児の守をするとか、使ひ歩きするとかいふ間接な手傳ひをも含む。これ等の手傳ひによる缺席は農村地帯としての滋賀県にあつては決して部分的であるのではなく全般であると言つて宜い（中略）滋賀縣下に於ける農繁期託児所も亦農村地帯として止むに止むべからざる施設であらう」[26]。つまり、海野は農繁期における児童の欠席率の増加に注目し、都市における婦人労働の頻繁を対比させて、やがては都市同様に農村においても「諸種の弊害」や「反社会的なるもの」を発生させることに対する危惧を抱いていた。そして、そのことが農繁期託児所の全県的設置への初動となった。実際に、大正末期における農繁期の児童の小学校欠席数はどのような状況であったか。一例として、大正13年度の雄琴小学校における「事故缺席数」

を引用してみる。

雄琴小学校事故缺席数（大正十三年度）

家事の手傳	風邪	子守	腹痛	旅行	腫物	足痛	中耳炎	悪虐	合計
202	133	107	97	20	11	8	7	5	457

滋賀県社会事業協会『共済』（第一巻、第一号）、1925年、16頁より引用。

　この状況について「この中、家事手傳二〇二人、子守一〇七人計三〇九人は全く農繁期に於ける農家の事故缺席数と看做すべきもので、これが他の事故を合算せるものゝ二倍に達するといふことは特筆すべきことであり、これ畢竟これを救済すべき社会施設を要するや炳焉たるものがあるこの社会施設は即ち農繁期託児所である。これが農村に企畫され、施設さるれば事故缺席は約二分の一以下に減少さるべく、義務教育完成の手段として是非共その實現を見たきものである」と報告されているように[27]、農繁期における児童の欠席は当時の社会問題となっていた。

　農繁期における児童の学校欠席率の上昇を打開するための社会的方策として農繁期託児所の開設が奨励され、昭和初期から全県的に設置展開されていくことになる[28]。従来は、佛教聯合会等の民間団体が農繁期託児所の設置を推奨してきたが、昭和3年度より県社会課がその役割を直接担うことになった。昭和3年度の春季には、「時代の進運と共に逐次増加を見つゝあるは洵に喜ばしい事実であるが其の内容設備に関しては尚遺憾の点が尠くない」ため、「託児所講習会」が大津市と彦根町で開催され、育児上の注意点や児童保護の方法などについて滋賀県嘱託の海野幸徳をはじめ、有識者からの連続講義が展開されている。講習会への参加者は大津会場が129名、彦根会場が275名で、農繁期託児所に対する関心の高さをうかがい知ることができる[29]。また、同年秋季（9月）の農繁期託児所の開設状況は滋賀郡4ヶ所、栗太郡4ヶ所、甲賀郡8ヶ所、蒲生郡5ヶ所、神崎郡1ヶ所、犬上郡8ヶ所、阪田郡12ヶ所、伊香郡9ヶ所、高島郡4ヶ所の計56ヶ所が設置され、県社会課内で順次視察をおこなう旨報告されている[30]。

　農繁期託児所の設置が県主導で展開されるなかで、県社会課は農繁期託児所の経営についても統一した方針を打ち出すようになる。当時の県社会事業

主事の向井和一郎は、農繁期託児所の経営主体について次のように主張する。「経営主体は無論市町村を最適とする。併し佛教聯合会の市町村分会が経営したり或は個人が施設せられたりした従来の沿革は尊重して行かねばならぬ。で決して之を避ける譯ではないが市町村が主体となる事は總ての方面に都合が良いと思はれる。夫れには種々理由があるが、此の仕事が特殊の恩恵と考へさせ度くないのが一つの理由である。尤も委託する方で當然だと謂ふ考へは宜くないが何某の御世話になつたと謂ふことになると其處に種々面倒が起るが市町村の施設となれば感謝し乍ら夫れは町とか市とか村とか謂ふ一般を對象としての感謝であつて著しく參酌をせねばならぬと謂ふ點が無いからである。第二の理由は所謂農村社会事業として特に選び出される事業即ち都市若は一般社会事業ではなしに、全く農村特有な社会事業と謂ふ様なものを選び出す時に託児所の施設の如きは重要な仕事の一つである。として見れば都鄙を論せず社会事業の公私施設が喧傳せらる今日町村としても當然手を着けねばならぬ。然も多額に經費を要しない實に手頃な宜い仕事であると思はれるからである」[31]。つまり、社会事業主事が社会事業の「公的責任」を一部承認した発言と判断されるが、その公的機関が社会事業を推進する理由が「経費を要しない」という点に主張の核心がある。このことは、託児所の「経営上の注意」にも端的に表れている。「其の第一は餘りに教育と謂う事に片寄らない事である。託児所と幼稚園は異名同質である。従つて幼稚園のやる様な事を託児所でやるには何の論もない譯であるが其の幼稚園とても餘りに教育教授と謂ふ側が勝つては面白くない。安全な所で、健全に遊せると謂ふ事が主眼であらねばならぬ」[32]。幼稚園と託児所の機能の峻別の主張は、滋賀県嘱託の海野幸徳の次の発言にも表れている。つまり、「託児所は幼稚園の如く組織的な教育をする機関ではない（中略）農村託児所に於ても、子供を預り、その身體及び精神の悪化を防止するやうにすれば宜いのである」と述べているように、託児所経営にかかる費用や智識を伴わないことが農繁期託児所設置の「前提」となっていた[33]。この託児所の「簡易性」ともいうべき性質こそが、県主導で農繁期託児所が短期間に全県的に設置された第一義的な要因であった。

　上述のような「性質」を持つ、滋賀県の農繁期託児所はその後どのような

展開を見せたのか。社会事業主事補の川崎與城は、昭和4年度の県内の託児所の設置状況について次のように述べている。「縣下の託児所事業は漸く進展の萌芽を生じ、其の後年々託児所の数を増加して、昨昭和四年度に於ては之等常設、季節を加へ一躍七十六ヶ所の多きに達した。然し中には春秋の農繁期二季と甲賀郡朝宮村双葉託児所の如き更に夏の養蠶期を加へて年に三季を開設した託児所もあるから、託児所の延数は（中略）総数百八ヶ所となつている」[34]。その状況を表に示すと次のようになる。

昭和4年度滋賀県下託児所設置状況

常設託児所	春期農繁託児所	秋期農繁託児所	夏季養蚕期託児所	総数
6	59	42	1	108

滋賀県社会事業協会『共済』（第六巻、第二号）、1930年、4～5頁より引用。

また、託児所への収容人員についても次のように述べている。「之等託児所に於ける収容延人員の總数は六萬三千人を算して居るがこの成績を前年の昭和三年度に対比すると、託児所数に於て約三十ヶ所を増し、収容延人員に於て約二萬人を増加してゐる」[35]。このように、1年間で大幅に託児所利用児童が増加している事実が確認できる。その増加の理由について川崎は「農村社会が年々疲弊しつゝある現状に鑑み農繁期託児所の開設は、農業生産を助長し一面農繁期に於ける頑是なき幼児を救護する意味に於て、最も適切緊急な事業である事が漸次理解され」たと説明する[36]。しかし、昭和4年度の託児所の経営主体の調査について川崎が「本縣の託児所事業が（中略）其の大半を単独経営の民間事業に属して居るのは、農繁期託児所の期間が春の田植時や秋の刈れ、さては夏の養蠶期など二週間そこそこの短期間に限られて居り、経営費の如き比較的僅少の額で着手し得られ、そして人手を借らず家族の者ばかりでも遣れると謂ふ手軽るな事業である関係だとも思惟される」と述べているように[37]、短期間で農繁期託児所が全県的に設置展開された第一義的な要因は前述したように経営の「簡易性」ともいうべき性質にあったといえる。なお、昭和4年度における県内託児所76ヶ所の経営主体は次の表の通りである。

単独経営	町村経営	共同経営	佛教聯合会経営	自治協会経営	法人経営	主婦会経営	少年団経営
36	9	2	21	4	2	1	1

滋賀県社会事業協会『共済』（第六巻、第二号）、1930年、5頁より引用。

　上記の表から判断されるように、単独経営（民間経営）の託児所が約半数を占めている。次いで佛教聯合会経営の託児所が多くなっているが、それは滋賀県では行政主導で託児所の設置を奨励した昭和3年以前は佛教聯合会がその役割を担っていたことに由来している。一方で町村経営は9ヶ所と依然として僅少であった。「農村唯一の社会施設として特別の使命と重大性を持つ農繁期託児所事業は、町村直接の公営事業として適應しい社会施設であり、殊に経費の捻出や事業計画上圓滑を期し得て萬事に都合が好い」と川崎が主張するものの[38]、託児所の公営化の進展は低調であった。その意味で、川崎與城や向井和一郎、海野幸徳といった県社会課関係者が主張した農繁期託児所の町村経営や「総合社会事業化」が順調に進行したわけではなかった[39]。

　さらに、昭和4年度における農繁期託児所の児童の収容状況を確認してみたい。川崎の調査によれば、多くの託児所が3歳から7歳までの児童を受託することと規定している。しかし、実際の取扱い年齢は5、6歳前後が最も多く、3歳以下の児童は少ない。この状況について川崎は「従事者に取つて乳幼児を預る事に較べ経費が懸らず取扱ひが楽で設備も簡単で済むからであらう」と分析し[40]、さらに「然し託児所事業は教育的効果を期待するより寧ろ家庭内の労作を手助けする為の親本位的事業である以上託児所の使命を徹底せしむるには成る丈け乳幼児の方から取扱ひ少しでも家庭の手足纏ひをはぶいて遣る方針に出でなければならぬと思ふ」と主張する[41]。なお、昭和4年度に1～2歳の乳幼児を受託した農繁期託児所は、栗太郡瀬田町南大萱託児所、栗太郡都志津村馬場託児所、野洲郡中里村託児所、野洲郡祇王村日光託児所、神崎郡八幡村託児所、愛知郡葉枝村教圓寺託児所、犬上郡多賀村土田託児所、東浅井郡竹生村雲外寺託児所など一部に限定されていた。また、8、9歳の学童を対象にした託児所には、犬上郡多賀村土田託児所、愛知郡葉枝見村教圓寺託児所があった[42]。

次に、昭和4年度の受託児童数をデータで確認してみたい。1日の平均収容児童数が50名以上に達した託児所は、蒲生郡桐原村託児所（春季112人、秋季127人）、蒲生郡平田村託児所（春季123人、秋季84人）、蒲生郡市邊村託児所（春季74人、秋季86人）、蒲生郡老蘇村託児所（春季73人、秋季101人）、甲賀郡宮村託児所（春季74人）、東浅井郡小谷託児所（春季51人）、伊香郡伊香具村託児所（春季55人）、伊香郡北富永村託児所（春季125人、秋季107人）、伊香郡永原村託児所（春季64人）の8ヶ所であった。また、昭和4年度において延収容人員が1000人を超えた託児所には、滋賀郡堅田町衣川託児所（春季1192人、秋季1120人）、滋賀郡堅田町福壽帝國幼年部（春季4637人、秋季3300人）、甲賀郡雲井村紫香楽院託児所（春季1157人）、蒲生郡桐原村託児所（春季1123人）、蒲生郡平田村託児所（春季3087人、秋季2073人）、蒲生郡市邊村託児所（春季3434人、秋季2073人）、蒲生郡老蘇村託児所（春季1000人、秋季1711人）、蒲生郡鏡山村託児所（秋季2065人）、高島郡海津村宗正寺託児所（春季1213人、秋季1001人）がある[43]。このような収容力の大きい託児所の特徴の一つが、設置場所が小学校であるという事実である（例：桐原村、平田村、市邊村、老蘇村、鏡山村。次いで寺院が多い）。しかし、川崎が「収容児の多い所必ずしも成績優秀な託児所とは云へない。只従事者の熱意が足りない為折角開設された託児所が預けに来る者が尠なくいつも閑散な状態に在つて機能が十分発揮されてない所がある」と述べているように[44]、地域によっても処遇内容に差異が大きかった。つまり、県社会課主導で設置展開された昭和初期の農繁期託児所は、講習会の開催等にも関わらず統一した処遇を展開するまでには至らなかった。

また、昭和4年度における農繁期託児所の開設日数及び開設時間について確認してみたい。昭和4年度における農繁期託児所の開設平均日数は、春季が18日間で秋季が14日間であった。最も開設期間が長期だったのが栗太郡大實村託児所で、10月20日から12月14日までの62日間開設していた。昭和4年度に30日以上開設した農繁期託児所は、滋賀郡堅田町衣川託児所（春季41日、秋季37日）、栗太郡大實村託児所（秋季62日）、野洲郡河西村託児所（春季30日）、野洲郡野洲町託児所（春季30日）、甲賀郡朝宮村双葉託児所（春季41日）、甲賀郡雲井村紫香楽託児所（春季43日）、蒲生郡平田町

託児所（春季 30 日）、蒲生郡市邉村託児所（春季 46 日）、高島郡西庄村託児所（春季 40 日）、高島郡海津村宗正寺託児所（春季 42 日）の 10 ヶ所であった[45]。一方、一日の開設時間数では多くの託児所が午前 7 時から午後 5 時まで開設していると県に報告しているとされている。しかし、川崎が「實際の経営状態を見ると随分早く切り揚げてゐる所もあり、或る託児所では午後二時頃視察に行つて今日は早く歸へしましたと一人の幼児も居ないで全く失望させらゝた所もあつた（中略）斯く幼稚園が漸次託児所事業の精神を加味して來たのに託児所が却つて主要事項中の保育時間や保育年齢に於て幼稚園化せられつゝある現象は聊か託児事業の生命を忘却するものと思はれる」と主張しているように[46]、川崎ら社会課関係者が抱いていた理念が実際の処遇において充分浸透したとはいえない状況であった。その一方で、昭和 5 年年度の春季には新たに 34 ヶ所が新設され、2 町村に一ヶ所の割合で農繁期託児所が整備された[47]。しかし、川崎が「実際に託児所が設置されて居る町村の数は僅かに六十五ヶ町村に過ぎない、後の百三十六ヶ町村は今尚未設町村として残され近く實現の日を見る可く専ら町村當局の純真なる理解と援助とに期待されて居る」と述べているように[48]、全県的設置には依然として至らなかった。

　昭和 3 年度から県主導で設置奨励されてきた農繁期託児所は、その後も増加していく。昭和 6 年度においてはさらに 127 ヶ所の開設が実現し、「實に二二五ヶ所託児総人員十二万人餘、其の経費総計一万二百餘圓」に及び[49]、「全県的設置」という当初の目標には届かないものの拡張の一途を辿った。さらに、同一町村内に複数の託児所が開設される例も顕著となった[50]。一方で、時局が戦時体制下に移行するなかで農繁期託児所の機能も変遷を遂げていくことになる。このことは、「今や時局は重大にして生産力の増進を圖るの要緊切なるものがある。併るに農村は事變に依り相當の労力不足に陥り動もすれば生産力減退憂なきにしも非ず、茲に於て吾人は農繁期託児所に更により重大なる意義を見出さゝるを得ない。農村の、為農村児童の為、将又應召者遺家族の為、斯施設の為徹底的擴充を企圖すべきを痛感して農村従事者の猛省を促す次第である」という県社会事業関係者の発言にも表れている[51]。このような傾向は例年農繁期前に実施されていた農繁期託児所講習会の性質

にも変化をもたらし、講習会が「農繁期託児所実地指導」として再編成されるなどより統制的な色彩を帯びていくことになる。実際、同指導は「農村に於ける銃後施設として重要なる地位を占むる農繁期託児所は昨今縣下各地に擴充せられつゝあるが縣では佛聯と共同して新設の託児所経営者に正しき保育と良き経営法を指導する」ことを目的とするなど[52]、その統制への過程が顕著に確認できる。

　一方でこのような銃後統制は、農繁期託児所の更なる増設に向けた機運を生み出した。県では「銃後農繁期託児所五百ヶ所開設」を目標として、農繁期前の1938年10月5日より3日間にわたって「農繁期託児所擴充協議会」を開催した。その目的は「應召による労力不足を克服するため農繁期託児所の擴充を圖ることは銃後施設として現下農村にとつて最も緊要な事業である（中略）縣下農繁期託児所は縣の奨勵と経営者の熱心と両々相俟つて相當の實績をあげ殊に事變以来設置数の激増を見、本年春季には二百五十ヶ所の開設をみたが尚その普及状況をみると、数郡に偏在し又同郡内でも数ヶ町村に集中されて未だ全然この施設を開設せられざる町村が七十五ヶ町村もある」当時の現状に鑑み、「農繁期託児所の設置普及を圖り農村児童の保護並に農家生産力の保持増進を期し以て銃後援護の實を擧げ」ることにあった[53]。なお、銃後農繁期託児所の開設にあたっては普通県費補助の外に軍事援護費中からも奨励金が支出されるなど、同施設は軍事援護施設（銃後施設）の傾向を益々強めて行く。また、協議会の発足が功を奏したのか定かではないが、昭和14年度の春季には77ヶ所の新設を達成し、県下327ヵ所の農繁期託児所が開設を見た[54]。

IV. 農村保健医療事業の展開

　農村における結核等の伝染病の蔓延予防や無医村に対する医療対策は、農繁期託児所の常設と並んで常に議論の中心であった。結核予防事業については日本赤十字社滋賀支部による「結核予防撲滅事業」として無料診断及び喀痰検査が実施された例や[55]、滋賀県済生会による結核患者の収容事業（水口病院へ依託）の例がある[56]。しかし、農村社会事業としての保健医療事業の嚆矢となったのは1927（昭和2）年に8月5日より愛国婦人会滋賀支

部によって開設された児童健康相談所による相談事業である。主な相談内容は「(イ)乳のみ児の取扱方法 (ロ)乳児の身體が年齢相當に発育して居られますか否か (ハ)児童の身體が中学校、女学校幼稚園に入るのに適して居られますか否か (ニ)児童の眼、鼻、耳、歯牙の障害の有無 (ホ)腸寄生蟲の有無 (ヘ)児童の身體に相當した運動、遊戯 (ト)其他児童の一般健康に関する御質疑に應答」の7つで、毎週火曜日と金曜日の週2回実施された。料金は無料とし、直接の相談は日本赤十字社滋賀支部病院より派遣された医師が担った[57]。その開設当初の事業成績が残されているので引用してみる。なお、1927年度の来談者数は213名(延人員336)に達している[58]。

児童健康相談所八月分事業成績

受診数			内訳						施行日数	職員数			
男	女	計	健康	非健康	計	新来	再来	計		医員	事務員	看護婦	計
41	25	67	47	20	67	54	13	67	8	8	8	8	24

『共済』(第三巻、第九号)、1927年、34頁より引用。

事業開始当初の相談所は大津市のみの設置であったが、愛国婦人会滋賀県支部は翌1928(昭和3)年8月より新たに蒲生郡八幡、犬上郡彦根、阪田郡長濱の各町に支所を設置し同様の事業を展開した[59]。

児童健康相談所のような無料の保健医療事業は、その後児童以外の一般の県民をも対象に漸次拡大していく。1927年の秋には県下5ヶ所で滋賀県社会課と滋賀県医師会の共同主催による「無料巡回診療」が実施されている。受診の条件は特に設定せず、自費治療の支弁が不可能な場合には無料で施薬がなされた[60]。また、七尾村では青年団や処女会の会員が診療所の設備や患者接待に従事したとの記録がある[61]。その診療成績が次の通りである。

月日		9月27、28日	10月4、5日	10月7、8日	10月13、14日	10月19、20日
場所		東浅井郡七尾村(碧蔵寺)	蒲生郡武佐村(浄宗院)	神崎郡御園村(興福寺)	甲賀郡貴生川村(法泉寺)	伊香郡木之本町(惟馨館)
範囲町村		下草野村、上草野村、伊吹村、東草野村、北郷里村	老蘇村、金田村、平田村、馬淵村	玉緒村、豊椋村	南杣村、柏木村、北杣村、雲井村	伊香具村、北富永村、余呉村、高時村、七郷村
受診者	男	69	65	40	55	97
	女	83	86	42	67	128
合計(732)		152	151	82	122	225

『共済』(第三巻、第十号、第十一号)、1927年より引用・作成。

県社会課と県医師会による共同主催の「無料巡回診療」は、その後も無医村を中心に継続されていく。その効果については「出張せられた各医師の懇切なる診察と療法教示に依つて、各患者の保健衛生思想の観念助長等其の効果の顕著なるものがあった」[62]、「診察医の療法教示に基き保健衛生思想の観念を助長する等効果顕著なるものあった」とされ[63]、実際に実施された地域の継続に対する要望も多かった。つまり、「無料巡回診療」は無医村における診療行為にとどまらず、農村における医療知識の向上を意図した教化事業の機能を持っていたといえる。同事業はその後も対象を拡大し、1929（昭和4）年度においては「新しき試みとして、産婆の居住せざる村に対しては無料巡回産婆を、又眼疾者多しと察せらる地方に対しては盲人、トラホーム等眼疾者の無料診察を施行」するなど[64]、地方の疾病状況（ニーズ）に応じて個別に無料診療が実施されるようになる。例えば、1929（昭和4）年の12月には県医師会が主催し、県社会課及び大阪の中山文化研究所が後援となって「学童歯牙無料診療」を実施し、「十二月二日から引續き六日間滋賀村外五箇町村の学童史歯科の無料診療を行ひ夜間は又一般の人々に対し口腔衛生や其の他興味と教訓に満ちた活動寫眞會を開催した」[65]。また、1930（昭和5）年の1月には県社会課と県衛生課の共同主催で、武佐村・木之本町の両町村でトラホーム診療が施行された。診療はそれぞれの町村で3日間実施され、武佐村で総計753名、木之本町で総計553名の患者が施療を受けた。診療以外にも両町村で県衛生課長によるトラホーム予防に関する講話会が開催されている[66]。同様に、坂田郡伊吹村では1930年9月より村嘱託の助産婦が毎月13日に村内各字を巡視して「妊婦に対し必要な注意を與へ、又は相談に應ずる」ための「妊産婦健康相談所」を開設して、出産に必要な知識を普及推進しようとした[67]。このように疾病の「予防」に重点が置かれ、さらに疾病予防に対する科学的知識を普及させるための「教化事業」の推進が企図されたことは、農村社会事業としての保健医療事業の一つの特徴を表している。

　上述したような一部の無医村を対象に実施されていた医療関係者の無料派遣事業は、その後全県下を対象に実施されることになる。その嚆矢となった

のが、皇室からの下賜金を基に創設された「恩賜医療事業」である。1932（昭和7）年8月20日付で「医療救護の資」を目的とした内帑金300万円の下賜があった。また、同年には政府によって農山漁村の疲弊匡救策の一環として医療救護費60万円が臨時議会に請求された。その結果として1932年度滋賀県には下賜金7100円と同額の医療救護費が配当され、合計14,200円の交付を見た。この経費を基に滋賀県では配当金の一半を済生会（県社会課管轄）に支給して依託診療を施行させ、一半を日本赤十字社滋賀支部（県衛生課管轄）に支給して巡回診療を委嘱することになった[68]。いわゆる「時局匡救医療救護事業」の展開である[69]。滋賀県では「滋賀県依託定期巡回診療所規程」を定めて、10月1日付けで交付した。その第一条には「日本赤十字社滋賀支部ハ滋賀縣ノ依託ニ依リ醫療機關ナキ農山漁村ノ醫療救護ヲ實施スル為支部ニ巡回診療班ヲ置キ滋賀縣ノ指定スル區域ヲ巡回シ一般患者ノ無料診療ヲ行フモノトス」と定められた[70]。また、同時に規定された「滋賀縣依託定期巡回診療班職務規程」では、県指定の診療区域を第一区（朝宮村、多羅尾村、佐山村、鮎河村、劔熊村、三谷村）と第二区（東草野村、杉野村、丹生村、芹谷村、脇ヶ畑村、大瀧村）の2地域に区分し、それぞれの区域に定期的に診療所を開設した。巡回数は1年に16回を標準とし、一回の巡回で各村に付き平均2日間の診療を実施することが定められた[71]。

　時局匡救医療救護事業は、当初1934（昭和9）年度をもって終了する計画であった（結果的には事業継続に至った）。その打ち切りを目前に控えて県社会事業主事の向井は次のように主張している。つまり、「醫師なし村でも近くに醫師が居て用の足りる所はよい。左様に行かぬ所は現今の様に幸に恩賜金や國費の臨時的施設に依り各府縣共巡回診療班等を作つて醫療を實施せられて居る處は昭和九年で打切りといふ様なことになつた時其の後を如何するか。國縣費補助に依り醫療組合の組織これもよい、だがそれほど醫者が有るか、有つても僻陬の地へ来てくれるか、私は此の点から考へて數ヶ村で一組合を組織し中央地に醫師の診療所を設け、組合村には駐在看護婦の如きものが居て各戸を訪問し平素は家庭の衛生的指導を興へ、簡易な醫療的診断、手當等を行ひ手に餘るものは組合醫と聯絡をとる。此の人は同時に助産術にも生じ妊産婦に對する注意を與ふる外取上げをも行ふといふことにし尚学校

看護婦の任務も同時に行ふ様にすれば洵に都合がよいと思ふ」[72]。つまり、下賜金や政府からの補助金が廃止された後の県下における保健医療事業の方策の提案であるが、その提案の中心となっていたのが各村の共同経営による組合の設立と組合運営の診療所の設置であった。また、向井は別の論稿で「滋賀縣を見るに醫師の數三八六、丁度人口平均一、八六三名に一人の割になる、然るに醫師なし村が五四を數へる（中略）倒れぬ前に杖の用意が入用だと思ふ、それには看護婦を置いて各戸の訪問をして貰つて、現實其の場で衛生保健上の指導を受けることである、尚此れの看護婦が同時に産婆の技術にも長けてゐて妊娠中の診断、助産、産後養成の指導、赤ん坊に對する衛生的處置の指導等をして貰へるなら實に理想的で全く鬼に金棒といふ式である」と主張する[73]。つまり、訪問看護婦の無医村への派遣事業の提案である。このような提案はその後、滋賀県でどのように展開されたか。

　先述したように時局匡救医療救護事業としての巡回診療は、当初昭和9年度をもって終了することが決まっていた。その打切りを前にして、滋賀県では農村医療対策の今後の方向性について議論を展開することになる。1934（昭和9）年6月21日に県教育会館において「農村医療問題研究会」が開催された。無論、同研究会では同事業の継続を訴える論調が大勢であった[74]。また、仮に恩賜金の打切りがあったとしても県及び町村が独自に同事業を展開する、若しくは産業組合及び町村連合による公営医療整備の重要性を説く意見が多かった。しかし、その後滋賀県における農村保健医療事業で事業化が確認されるのは、向井が主張した訪問看護婦の設置であった。そのさきがけとなったのが、1933（昭和8）年に大津市松本に開設された健康相談所である。開設当初は「無料結核相談所」の名称が一般的であったが、同健康相談所はその後丸屋町に移転し、水口町、彦根町、長濱町にそれぞれ巡回相談所を開設した。それに伴い結核のみならず疾病全般、健康に関する総合的な相談機能を兼ね備えるようになった。当時健康相談所に勤務していた訪問看護婦早田梅子によれば、同相談所は「毎週月水金曜日の午後一時から四時迄開所しまして、縣の衛生技師に依つては處方箋を、或は他醫院を指示し出来るだけの御相談を致して居りますが、肺結核に肺竝喉頭結核にして傳染の憂あるものに對しては、看護婦が患家に出張しまして、豫防、消毒、療養等に就き指

導致しますと共に或程度の調査も致しまして必要と認められる時は比良園に入園の手續を取」るなどの業務を展開していた[75]。なお、相談は来診者のみならず、方面委員等から申し込みや紹介を得て来診が困難な場合には直接訪問する場合もあった[76]。その梅田がまとめた開設当初（昭和8年12月から昭和9年10月まで）の看護婦家庭訪問月別成績表及び看護婦家庭訪問調査成績表が残されているので引用してみる。

看護婦家庭訪問月別成績表

種別 月別	実数	延数	訪問停止患者転帰						合計
			移転	入院	入園	略治	軽快	死亡	
12月	5	10							
1月	10	23					1		1
2月	10	25	1					1	2
3月	9	20	2	1					3
4月	10	23	1					1	2
5月	12	29						1	1
6月	11	23		1			3		4
7月	11	29							
8月	12	23	1				1	1	3
9月	15	24	1		1		1		3
10月	23	32						2	3
合計	128	255	6	2	1		6	6	22

看護婦家庭訪問調査成績表

良否 種別	良	中	不良	合計
家屋採光換気	9	16	21	46
生活程度		24	22	46
屋内清潔程度	8	22	16	46

傳染源調	家族傳染	社交によるもの	合計
患者数	17	31	48

発病動機推理	他疾患に伴うもの	栄養不良又は過労	濃感染によるもの	不明のもの	合計
	11	22	8	7	48

『共済』（第十一巻、十二月号）、1934年、23～24頁より引用。

　訪問看護婦派遣事業の他にも、産業組合によって農村医療施設の整備が計画された例も確認される。蒲生郡西大路村は1934年度の経済更生指定町村に選定されたが、その更生計画の策定のなかで「経済更生を期するためには

年二萬圓の農村醫療負担を軽減せしめなければならぬといふ見解から組合病院の建設その他具体案」を練り、産業組合の手によって農村医療施設を整備する計画を打ち出した[77]。このように、向井が主張した訪問看護婦の整備及び産業組合による農村医療施設の設置が意図されたことは事実であるが、その事業実態については資料未確認のため詳細を論じることはできない。

V．まとめ

　以上、滋賀県における昭和初期の農村社会事業の様相を明らかにしてきた。滋賀県における農村社会事業の中心は農繁期託児所で、1928（昭和3年）度以降に県社会課主導のもとで県下全域に設置が推進された。農繁期託児所が急速に整備拡充された要因として、その事業運営の「簡易性」を挙げることができる。海野幸徳や向井和一郎といった社会課関係者によって幼稚園と託児所との機能の峻別が明確に説かれ、託児所経営の簡易性が執拗に強調された。実際に、農繁期託児所の開設といっても、寺院や学校等の既存の施設を活用することで事業運営することが可能であった。同事業は農繁期における労働力の確保という生産上の問題と学校欠席児童の解消という社会的問題を同時に解決することを志向して整備されたが、戦時下においてもその需要は益々増大していき新たに軍事援護施設＝銃後施設としての変遷を遂げていくことになる。

　また、昭和初期から無医村を中心に医師の派遣事業や無料相談事業が徐々に整備されていった。事業開始当初は児童等に対象が限定されていたが、徐々にその対象を拡大していき地域のニーズに応じて事業展開が企画されることになる。また、疾病の予防という点に重点が置かれ、非科学的な民間信仰による因習の打破や公衆衛生思想の普及という教化事業的な機能を兼ね備えるようになった。その後、一部の無医村に限定されていた医師の派遣事業は、1932年度より開始された時局匡救医療救護事業によって定着し定期的に実施されることになる。1934年度で打ち切りが決まっていた同事業はその後も継続していくが、滋賀県では事業打ち切り後の対策として看護婦による家庭訪問事業を展開し医師不足による事業運営の困難を打破しようとした。そして、同事業が戦時下の農村における社会保健婦事業として定着していくも

のと推察されるが、資料未確認のため詳細については今後の研究課題としたい。

【注】
1）大河内一男『社会政策の基本問題』著作集第五巻、青林書院新社、1969年、295頁。
2）廣部猪八郎「滋賀県の小作争議（上）」滋賀県社会事業協会『共済』（第一巻、第二号）、1925年、11頁。
3）吉田久一「昭和初期における失業対策と農村社会事業」大正大学社会学・社会事業研究室カウンセリング研究所『社会・人間・福祉』（第1号）、1968年、93頁。
4）吉田久一、同前「昭和初期における失業対策と農村社会事業」93頁。
5）田代国次郎『近現代地域福祉批判』社会福祉研究センター、2011年、12頁。
6）田代国次郎、同前『近現代地域福祉批判』24頁。
7）この点について山口県の農村社会事業に関する緻密な実証的研究を進めてきた杉山博昭は、一般の農村更生策から農村社会事業が分離展開する過程を捉えて、その近代性と限界の両面を指摘している。無論杉山の詳細な実証的研究とは到底比較の対象にならないが、本研究でも同様のプロセスを追跡してみたい。杉山博昭『近代社会事業の形成における地域的特質──山口県社会福祉の史的考察──』時潮社、2006年、100頁。
8）海野幸徳「何をなすべき乎」『共済』（第一巻、第三号）、1925年、1頁。
9）海野幸徳「農繁期託児所」『共済』（第二巻、第五号）、1926年、1頁。
10）海野幸徳『農村社会事業指針』1929年、内外出版印刷株式会社、6頁。
11）海野幸徳、同前『農村社会事業指針』39〜42頁。
12）海野幸徳「農村へ社会事業の延長」『共済』（第五巻、第五号）、1929年、11頁。
13）海野幸徳、同前「農村へ・社会事業の延長」10頁。
14）海野幸徳『農村社会事業提要』滋賀県、1930年、1〜2頁。
15）海野幸徳、同前『農村社会事業提要』9頁。
16）海野幸徳「非常時農村社会事業の編成難（上）（下）」『社会事業』（第二十一巻、第十二号、第二十二巻、第二号）、1938年。
17）海野幸徳「農村社会事業指針」大阪毎日新聞社会事業団『農村社会事業』（第三巻、第三号）、1938年、2頁。
18）海野幸徳、同前「農村社会事業指針」2頁。
19）海野幸徳、同前「農村社会事業指針」2頁。
20）海野の隣保事業論及び小善隣館構想については、『善隣館事業講話』滋賀県、1926年及び『最近の融和提説』滋賀県、1935年などに詳しい。
21）向井和一郎「農村社会事業の最低限度」『共済』（第六巻、五月号）、1930年、4頁。

22) 「近畿農村社会事業懇談会」『農村社会事業』(第三巻、第五号)、1938年、3頁。
23) 福岡文芳「農繁期託児所を中心とする農村社会事業に就て」『共済』(第十六巻、第十一号、1939年、1頁。
24) 福岡文芳、同前「農繁期託児所を中心とする農村社会事業に就て」1頁。
25) 福岡文芳、同前「農繁期託児所を中心とする農村社会事業に就て」2頁。
26) 海野幸徳、前掲「農繁期託児所」1頁。
27) 『共済』(第一巻、第一号)、1925年、16頁。
28) なお、滋賀県において最初に設置された農繁期託児所は、1922(大正11)年に犬上郡多賀村の専行寺住職の馬場了照が開設した「土田託児所」であると言われている。その開設の動機について馬場は次のように回顧している。「大正十一年の春になると小作から地主に田地を返還するものが續出し七百余反の中から凡五十反耕す者がなくなつた。小作争議といつたことからではないが、地主としては五十反の田地が作り手がないからといふので返へされたので何ともしやうがない(中略)そこで地主側の意見も聞たし小作側の意見もよく調べた結果問題の焦点は一に労働力の不足にあるといふことをつきとめました然らば如何にして労働能力の不足を補ふべきか私は豫て平塚部長より農家の能力増進を計るに付て農繁期託児所を開設せば最も効果あがるとの話を聞て居り丁度其時近江新聞の社説にも力説してありましたので愈決心しました」。つまり、地主小作間の融和を目的とした「労働力」の保全確保が託児所開設に至る動機であったことが述べられている。馬場了照「託児所経営所感」『共済』(第九巻、八月号)、1932年、16頁。
29) 『共済』(第四巻、第五号)、1928年、9頁。
30) 『共済』(第四巻、第六号)、1928年、9頁。
31) 向井和一郎「農繁期託児所の経営」『共済』(第五巻、第四号)、1929年、1〜2頁。
32) 向井和一郎、同前「農繁期託児所の経営」4頁。
33) 海野幸徳「託児所の目的及使命」『共済』(第四巻、第五号)、1928年、2頁。
34) 川崎輿城「縣下託児事業管見(上)」『共済』(第六巻、二月号)、1930年、4頁。
35) 川崎輿城、同前「縣下託児事業管見(上)」5頁。
36) 川崎輿城、同前「縣下託児事業管見(上)」5頁。
37) 川崎輿城、同前「縣下託児事業管見(上)」5頁。
38) 川崎輿城、同前「縣下託児事業管見(上)」6頁。
39) 海野幸徳「単独社会事業の弊害」『共済』(第四巻、第七号)、1928年、2〜3頁。
40) 川崎輿城「縣下託児事業管見(中)」『共済』(第六巻、五月号)、1930年、4頁。
41) 川崎輿城、同前「縣下託児事業管見(中)」4〜5頁。
42) 川崎輿城、同前「縣下託児事業管見(中)」5頁。
43) 川崎輿城、同前「縣下託児事業管見(中)」5〜6頁。

44）川崎與城、同前「縣下託児事業管見（中）」6頁。
45）川崎與城、同前「縣下託児事業管見（中）」6〜7頁。
46）川崎與城、同前「縣下託児事業管見（中）」7頁。
47）川崎與城「縣下託児事業管見（下）」『共済』（第六巻、九月号）、1930年、19頁。
48）川崎與城、同前「縣下託児事業管見（下）」19頁。
49）「激増せる農繁託児所の開設」『共済』（第九巻、四月号）、1932年、26〜33頁。
50）その新たに設置された農繁期託児所経営者（北杣村三大寺託児所）の開設に至る「所感」が残されている。やや長文であるが、当時の状況を知りうる貴重な資料と判断されるので引用してみる。「幸ひ理解ある村役場の應援と熱烈なる佛教聯合会の後援とによつて此の託児所はスクスクと成長し今や各字ごとに其の設置を見んとしてゐる。殊に炎熱百度に近い夏の眞中七十の老僧を始め各宗寺院が一致協力して三日間村内を托鉢し託児所の経営費にあてられた等全く感謝そのものである（中略）さて愈々幕をあけて見ると託児は六十人を突破するの好成績だが何分始めての事なので二つ三つの幼児が母ちやん、と泣出すと何と云つても母ちやんでないとおさまらない。それを家内や自分が抱いたり負ぶたりしてゆすぶる一人や二人ならいゝがあすこでもこゝでも泣出す抱いてやつてゐる子が背で小便をする等子供よりこちらが泣出したい位である。少し大きな子供はお菓子さへ貰へばすぐ家へ歸つてしまつてそこらにはゐないと云ふ始末で身体は棒の様になり意気頗る消沈の形でやつと初めの一日を送つた。が而し日のたつに連れてこちらの真心も通じ子供も段々駈れて来て五六日目位にはお早う、左様なら、御ちさう様位の事は皆が云ふやうになり佛前禮拝、洗手等もするやうになり閉所近くには折紙細工や簡単な遊戯位は殆んど全部が出来るやうになつた。考へて見ればたつた二十日程の託児所ではあつたが而し家内中ヘトヘトに疲れた殊に生来病弱な自分はこれが一つの原因になつてトウヽ入院約五十日病床に横臥のやむなきに至つた（中略）幸い身体もほゞ元に復して来たので又秋の農繁期に第二回託児所を開いて見た（中略）第一回に比較して第二回目はビックリする程手がいらなくなつた。丁度小学校へ行く子供の様に『託児所は行くべきものだ』と子供乍らも観念するのであらうこちらがまごつ程朝も早くから「先生お早う」と元気よくやつて来るし中途でぬけて歸る子供や泣く子供は殆どなくなつて實によく遊ぶ様になつた。近頃では小学校の授業のやうに集合、佛前禮拝、自由遊び、お話、唱歌、遊戯、郊外散歩、折紙細工、掃除と順序よくやつて行けるやうになつた殊に帰り等には注意せずとも皆それゝチリ等は拾つて行く習慣がついてこちらは勿論親達も非常に喜ばれてゐるのである」。今村信立「託児所開設所感」『共済』（第九巻、六月号）、1932年、31〜32頁。
51）「現下農村に切實なるもの」『共済』（第十五巻、六月号）、1938年。
52）『共済』（第十五巻、六月号）、1938年、18頁。
53）『共済』（第十五巻、十月号）、1938年、11〜12頁。

54)『共済』(第十六巻、六月号)、1939年、15頁。
55)「赤十字社滋賀支部の事業(下)」『共済』(第一巻、第二号)、1925年、8頁。
56)「滋賀縣済生会の事業」『共済』(第一巻、第二号)、1925年、9頁。
57)『共済』(第三巻、第八号)、1927年、36〜38頁。
58)『共済』(第四巻、第三号)、1928年、9頁。
59)『共済』(第四巻、第九号)、1928年、16頁。
60)『共済』(第三巻、第八号)、1927年、33〜34頁。
61)『共済』(第三巻、第十号)、1927年、16頁。
62)『共済』(第四巻、第九号)、1928年、15頁。
63)『共済』(第四巻、第六号)、1928年、10頁。
64)『共済』(第五巻、第七号)、1929年、22頁。
65)『共済』(第五巻、第十一号)、1929年、13頁。
66)『共済』(第六巻、二月号)、1930年、16頁。
67)『共済』(第六巻、十一月号)、1930年、17頁。
68) 山田幾次「恩賜醫療事業の實施に當りて」『共済』(第九巻、第十一号)、1932年、2〜3頁。
69) 滋賀県における同事業の運用については、青木郁夫「滋賀県江南医療購買利用組合連合会甲賀病院——時局匡救医療救護事業・医療利用組合・国民健康保険——」日本医療経済学会『日本医療経済学会会報』(第71号)、2007年、に詳しい。
70)「恩賜金等に依る巡回診療施設」『共済』(第九巻、第十一号)、1932年、4〜5頁。
71) 同前、「恩賜金等に依る巡回診療施設」5〜6頁。
72) 向井和一郎「昭和九年と縣社会事業」『共済』(第十一巻、二月号)、1934年、20〜21頁。
73) 向井和一郎「農村と醫療問題」『共済』(第十一巻、六月号)、1934年、10〜11頁。
74) ただし、巡回診療の指定を受けた町村でも問題がないわけではなかった。県の診療区域に指定されていた丹生村の関係者は次のように述べている。「私の村は南北七里あります。只今、診療をして頂いております場所は、上丹生で南の方に寄りすぎて、それがために北部の人で診療を受けたいと思ふと、三里四里の途を病人を運ばねばならないのであります(中略)假令四里の途でも病院の疲労するのも考へる餘裕もなく、二三日前から診療を受け様として、山奥から出て来ると云つた様な有様です」。つまり、実際に巡回診療の恩を受けられるのは指定町村でも一部の地域住民に限られていた可能性がある。「農村醫療問題研究会」『共済』(第十一巻、七月号)、1934年、23頁。
75) 早田梅子「訪問看護婦として」『共済』(第十一巻、十二月号)、1934年、22頁。
76) 事業開始当初の回想の中で、梅田は次のように述べている。「私が最も遺憾に思つて居ります事は、開業醫からの紹介が一人もなかった事でございます。訪問を開始した當初に洩れ聞きました所に依れば、某開業醫の奥様が『縣の相談所は看護婦を巡回させたりして随分勉強されるから私達のあごがあがりますわ』とこばされた相でした」。

開業医制度と公的医療保健事業との対立の一部を物語る逸話であろう。早田梅子、同前「訪問看護婦として」22頁。
77)『共済』(第十一巻、十一月号)、1934年、28頁。

第二章　戦時下における農村隣保施設事業

Ⅰ. はじめに

　日本においてセツルメント事業が本格的展開をみたのは、大正デモクラシー期以降のことである。すでに社会事業史の先行研究が指摘するように、日本のセツルメント事業は欧米のそれはとは趣を異にし、日本固有の「隣保事業」として再編成され独自の発展を遂げていった。日本における隣保事業において顕著に見られる特徴を端的に表現すれば、民間ボランタリズムの活動としての性質よりも、いわば「上からの」政策的かつ統制的な性質を帯びていたといえよう。つまり、被差別部落における融和事業や、本章の主題である戦時下の生産力増大の役割を担った農村隣保施設事業は、個々の事業体の自由な活動としての側面が極めて希薄であり、国家の統制的かつ介入的な性質を供えていた。したがって、隣保事業をセツルメントの基本精神であるデモクラシーの推進や階級調和という視点で捉えることは出来ない[1]。本章では、日本固有の「隣保事業」の性質の一旦を、戦時下において全国的に展開された農村隣保施設事業の実態解明の作業を通して明らかにしてみたい。

　戦時下における農村社会事業の課題が戦争遂行に必要な食糧増産と生産力増大にあったことは、社会事業史の先行研究のなかで繰りかえし説明されてきた。戦時下において社会事業が厚生事業として再編成され、その主たる機能が「戦力の増強と人的資源の保護育成」に置かれたことは[2]、その供給地となる農村社会の組織体制の強化を至上命題とした。当時、繭価格の大暴落により窮地に陥っていた農民生活の刷新改善は大きな政治的課題であった。昭和恐慌以降における救農政策の支柱は農民の自力更生を基調とした農村経済更生運動（正式名称は農山漁村経済更生運動）であるが、その内実は精神運動的な色彩を強く帯びていた。農村経済更生運動は1936年より助成制度を導入するが、指定町村のなかで助成対象とされた町村はごく僅かに留まっ

た。農村経済更生運動は1943年まで継続されるが、社会事業がその機能を担った事業分野は教化事業などごく一部に限られていた[3]。つまり、農村経済更生運動は農民の自力更生を主眼としつつ、農民個々の生活救済においては隣保共助の精神を高揚することで対応しようとしていた。しかし、戦時体制下における食糧増産のために必須となる労力養成は、隣保共助のイデオロギーを強調するだけでは何ら効果を期待することはできない。戦争遂行に必要な人的資源確保のためには、国家が主導権を握り農村の隣保共助体制の再編成を図ることが求められた。ここに、戦時下における農村社会事業（厚生事業）の政策的意図が確認できる。1940年度から導入開始される農村隣保施設事業は、上記のような社会的状況のなかで理解されなければならない。

　結論を先取りすれば、戦時下における農村隣保施設事業はセツルメント事業（隣保館事業を含む）ではなく、農村経済更生運動における生活改善事業や、国民更生運動の流れを汲んでいる。それと同時に、農村隣保施設事業を運営するために設置整備された各町村の隣保協会は農村社会における保育事業や軍事援護事業、救護等を総合的に取り扱う厚生事業の中核的組織となり、他の援護機関の指導的立場を担うことが期待されて発足した。その内実を本章では解明してみたい。

　序論の最後に、日本セツルメント史の先行研究における戦時下の農村隣保施設事業に対する評価を確認しておきたい。西内潔は、「隣保相扶の観念の最も強固な部落を基礎として、部落民相互に協調し合って、その目的達成に努めた」と述べている[4]。しかし、西内が提起した時期区分にしたがえば同時期は「セツルメントの衰退期」であり、「ファシズムの全盛期」という表現からも理解されるように[5]、セツルメント事業の日本ファシズムへの収斂という評価に落ち着くものと思われる。また、一番ヶ瀬康子は「日本セツルメント史素描」のなかで、戦時下の隣保事業について「いずれも厚生事業の一翼をなす事業と、戦争経済が国民生活におよぼす圧迫に耐えさせるための生活合理化指導、消費の節約、貯蓄の奨励など、消極的な事業に終始していた」として「隣保事業は厚生事業に積極的協力を示しながらその波に乗ることができず、とりのこされ衰退していった」と結論づけている[6]。同様に、田代国次郎は戦時下のセツルメント（隣保事業）について、「戦争遂行に必

要な人的資源の保護育成に力を入れ、児童愛護と母性保護政策を強化していった」とし[7]、「社会連体思想、社会改良の自由主義的思想、あるいはヒューマニズム等の思想はすっかり姿をけさざる得ない状況となった」と結論づけている[8]。

一方、山口県の隣保事業施設「労道社」と姫井伊介の実践活動に焦点をあてた布引敏雄はその活動を評価しつつも、「結局はファシズムに収斂されてゆくところに姫井の誤算がある」としてその限界性を指摘している[9]。同じく、山口県の隣保事業史を論じた杉山博昭は、戦時下の隣保事業に対して「戦時体制の構築のうえで適合的な事業」、「隣保事業の性格は戦時体制にそのまま利用できるもの」と評価している[10]。いずれの評価も、隣保事業の戦争協力及びファシズム体制への収斂、あるいは衰退という意味では共通している。同時に、いずれの先行研究でも戦時下の隣保事業に対する評価にとどまっており、事業実態については十分に解明されているとはいえない。本章では以上の先行研究に学びつつ、滋賀県を事例として戦時下における農村隣保施設事業の内実を解明し、戦後における地域福祉事業との連続性を指摘してみたい。本研究で活用した主な資料は、滋賀県所蔵『農村隣保施設助成書類』である（カナは平仮名で引用している）[11]。

Ⅱ. 農村隣保施設助成制度と滋賀県助成指定町村

1940年より厚生省は毎年全国から300町村を選定し、隣保施設事業の施設整備・運営に対する助成制度を発足させた[12]。その目的について、厚生省は「隣保相扶の観念を基調とし乳幼児及母性の保護、保健指導、教養教化指導等各種の厚生施設を総合的に運営し得る施設を設置し決戦下農山漁村に於ける庶民生活の確保と刷新とに資」すとの見解を示している[13]。この通牒から判断されるように、戦時下における農民生活の救済は隣保相扶を原則としつつも、同制度により新たに整備された隣保施設（隣保協会）が町村内に存在する既設の厚生施設を監督し、厚生事業を総合的に運営する役割を果たすことが期待されていた。つまり、隣保施設（隣保協会）は戦時下における厚生事業施設の中核的施設としての機能を担うことの期待を受けて整備された。

さらに、厚生省が示した「農村隣保施設要綱」から農村隣保施設事業計画の概要を確認してみたい。農村隣保施設制度の助成を希望する町村は、本要綱に準拠した各々の隣保事業計画を立案し、県内務部を通して厚生省に提出することが義務付けられていた。同要綱に示された隣保施設の経営主体は、「町村又は町村一圓を以て区域とする隣保協会又は隣保組合等を組織し之をして経営せしむること」が規定されている[14]。つまり、隣保事業を運営するための新たな隣保協会や隣保組合を組織し、事業運営のための中心的機関としての機能が担わされた。さらに、隣保協会は「町村内居住の全世帯主を以て構成」し、「各部落毎に支部を設け之を更に隣保班に分つ」ことが規定されている[15]。つまり、隣保協会の経営さらにはその運営事業についても、全町村民が強制的に参画することが当初から求められていた。ここに、隣保相扶のイデオロギーの制度的基盤を確認することができる。

　また、同要綱は隣保協会が経営する事業についても規定している。同要綱には、次に掲げる７つの事業を総合的に経営することが定められていた。つまり、保育事業（季節保育所、常設保育所）、保健指導並に家庭訪問事業、教養教化事業、季節共同炊事、各種相談事業、生活刷新改善、授産其の他経済的保護事業の７事業である[16]。その多くは農村経済更生運動期の農村社会事業を踏襲する事業であるが、比較的安易に計画実行できる教化的事業とは異なり、財政的支出が伴う施設整備や専門職による活動が求められる事業も計画されている。保育事業や保健指導訪問、共同炊事がそれである。

　一定の助成金を交付する以上、その事業内容に対して国家が介入するのは必然である。各事業の経営基準についても詳細に規定されていた。たとえば、保育所については「相当の広さを有する運動場」や「雨天又は食事、午睡の為の部屋」を整備することを条件とし、家庭訪問や健康相談事業においても保健用具、応急薬品、自転車を整備することを条件とするなど、助成制度の趣旨に適合した整備条件を課していた[17]。このことは隣保施設の従事者においても同様であった。隣保施設事業に従事する職員・役員の選定については、「事業の効果を挙ぐる上に至大なる関係あるもの」と位置づけ、特に保健婦、保育婦、嘱託医師について規定を設けている。しかし、その内容は「農村社会事業に関する知識と理解を有する」ことや「乳幼児保育の知識及び経

験を有し農山漁村に理解を有する」ことなど、厳密な意味での資格要件ではなかった[18]。

　むしろ、隣保施設事業の基準のなかで厳密な適用が求められたのが、国庫補助のなかでも創設費用として承認された事業整備であった。その整備要件には「最少限度必要とするものに限ること」が規定されていた[19]。創設費用として承認された事業設備は、以下のとおりである。つまり、保育所用具（ブランコ等の遊具、毛布等の午睡設備、ヨードチンキ等の保健用具）、家庭訪問及び健康相談用具（体重計、氷嚢、自転車、訪問鞄等）、教養教化用具（紙芝居用具）、季節共同炊事用具（土嚢、大炊釜、調理台等）、冠婚葬祭用具（神軸、銚子、神棚等の結婚改善用具及び装具一式、但し装飾用的のものは之を除く）、授産事業用具（製縄機、製網機、製筵機、製莚機、ミシン等の授産農具、建物改善費、建物建築費）に限定されていた。このような設備規定からも明らかなように、隣保相扶による事業運営が基盤で、施設設備については費用の節減を意図して当初から必要最低限なものに限定されていたのである。

　上記のような条件を踏まえて、滋賀県内政部は助成対象となる町村を選定するべく各郡支部に対して郡内町村の事業実施希望を募ることになった。助成対象とすべき町村の選定条件についても、厚生省生活局保護課において指針が示されていた。つまり、指定町村の選定にあたっては（1）乳幼児の死亡率高きこと、（2）町村当局並に関係機関等が本事業遂行に関し熱意を有すること、（3）本事業遂行に関する指導的人物が当該町村内に居住し居ること、の三条件が課せられていた。この三条件のなかで特に重要な要件が（1）の乳幼児の死亡率の高さで、助成指定の申請書類中に当該町村の最近年度の乳幼児死亡率を添付することが求められていた[20]。農村隣保施設事業の目的が戦時体制下における食料増産のための労力養成や農村民の体位向上にあった以上、乳幼児死亡率の改善に重点が置かれたのは当然であった[21]。

　滋賀県においては、1940年度より例年7〜8町村が指定町村の選定を受けた。各年度における実施町村が表1である。

（表1）農村隣保施設事業助成指定町村一覧

郡別	滋賀郡	栗太郡	野洲郡	甲賀郡	蒲生郡	神崎郡	愛知郡	犬上郡	坂田郡	東浅井郡	伊香郡	高島郡	合計
昭和15年度			中州村	佐山村・多羅尾村	鎌掛村			豊郷村		七尾村	片岡村		七町村
昭和16年度	堅田町			宮村(甲南町)	鏡山村・老蘇村		東押立村		法性寺村(坂田村)		南富永村	水尾村(高島町)	八町村
昭和17年度		葉山村	中里村			山上村(永源寺村)		河瀬村	柏原村	小谷村		西庄村	七町村
昭和18年度	真野村	金勝村		貴生川町	青柳村	御園村			伊吹村		北富永村		七町村

滋賀県所蔵「農村隣保施設実施地年度別一覧表」より引用・作成。

　上記指定町村に対して、農村隣保施設費補助金として一町村あたり450円を目安として助成が為された。実際に昭和18年度の場合申請認可町村に対して農村隣保施設費として3,150円が滋賀県に対して交付されている[22]。その他にも「社会事業法」第11条の規定（補助金規定）に従って、隣保施設事業の運営主体（多くは○○町村隣保協会と名称）に対して補助金として80円（昭和17年度実績）が助成されている[23]。農村隣保施設事業は農村隣保施設費補助金、社会事業補助金の他、地元名士からの寄付金、会員（村民）からの会費を主な財源として運営された。

Ⅲ．農村隣保施設事業組織と事業計画

　前節で確認したように、農村隣保施設事業を総合的に運営することを目的として創設された各町村の隣保協会は町村内の既存の厚生事業施設に対しても指導的役割を果たすことが求められていた。一般的には隣保協会の本部を（多くは役場内に）設置し、町村内の集落ごとに支部を設けて、支部ごとに隣保班を編成することで隣保施設事業の実施体制を整備していった。隣保協会長は町村長が兼任し、支部は各集落の会長宅に置かれ（同時に集落会長〔区長〕が支部長を兼任〕、支部長が隣保班長を選任することが一般的であった。また、当初農村隣保施設は新たに隣保館を建設して事業運営を計画することが理想とされていたが[24]、戦時下の滋賀県において農村隣保施設事業を運営するために隣保館を創設した事実を確認することはできない。多くは役場や寺院、学校等の既存の施設を活用することで、農村隣保施設事業が運営されていた。ここでは、栗太郡金勝村隣保協会及び高島郡青柳村隣保協会を事

例として、隣保協会と既存の厚生事業施設との関係性を明らかにするとともに、隣保協会の組織構造を明らかにしてみたい。

　金勝村（現栗東市）は、1943年に農村隣保施設事業の助成対象町村に選定された。その事業目的には次のように記されている。「大東亜戦争下農村に於ける労力の減少栄養物資の減退は率ひて人力の過労並に栄養の欠乏による体位の低下は免がる能はざる處にして之が対策に万全を期せざるは緊急の事に属す之が重要施設を総合的経営に移し充実を計るは銃後の完璧を全ふする所以なり」[25]。同時に、「本村は国民健康保険組合、定期出張診療所、銃後奉公会と之に加ふるに日婦支部、佛教会の活動と相俟って前述の事業の遂行を期しつつありと雖も之が総合的運営に缺くる所なしとせざるを以て本施設の下その合理的総合運営を計画し決戦体制に即応せんとするものなり」と述べられている[26]。農村隣保施設制度の目的が戦時体制下に必要な労力養成や食料増産体制の整備にあったことはすでに述べたが、新たに発足した隣保協会には既存の厚生事業施設を総合的に運営するための指導的役割を担う役割が発足時に課せられた。つまり、隣保協会は農村における戦時厚生事業の中核的機関としての機能を担ったのである。

　このことは、隣保協会の組織及び運営方法のなかにも反映されている。隣保協会長を村長が兼任したことは先に述べた。隣保協会役職員には方面委員や日本婦人会支部職員、佛教会職員を任命し、組織運営については「村長の指導方針に則り隣保協会役職員の協力により協会直接と参加団体の受命の二段運営」が基本とされた[27]。つまり、隣保協会長（村長）の指導方針がそのまま他の厚生事業団体の指導方針となり、実質的には命令系統とされたのである。事実、「金勝村隣保協会々則」の第一条には「全村各戸並に銃後奉公会、日本婦人会支部、佛教会、軍友会を以て組織す」と規定されている[28]。その系統図が表2である。

（表２）金勝村隣保協会系統

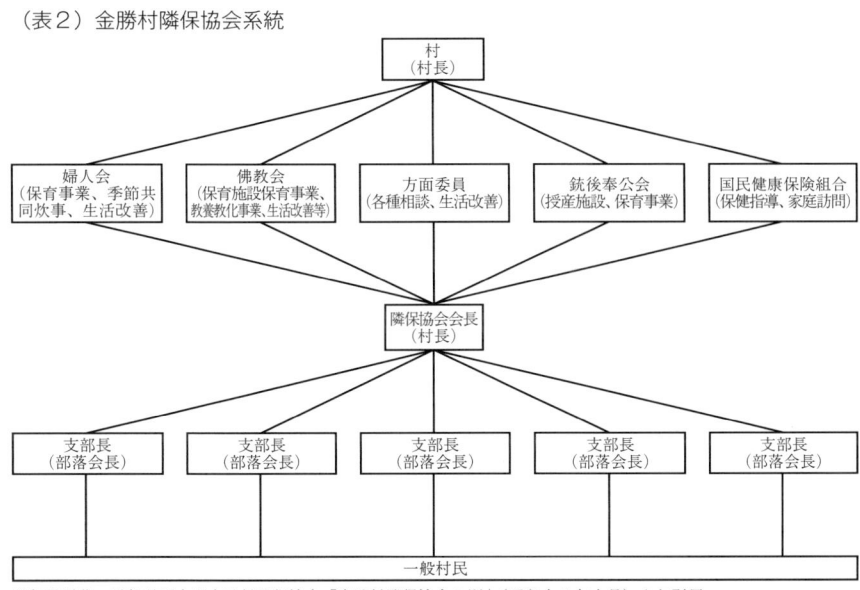

```
                          村
                        （村長）
    ┌──────────┬──────────┼──────────┬──────────┐
  婦人会      佛教会     方面委員    銃後奉公会  国民健康保険組合
（保育事業、  （保育施設保育事業、（各種相談、生活改善）（授産施設、保育事業）（保健指導、家庭訪問）
季節共     教養教化事業、生活改善等）
同炊事、生活改善）

                    隣保協会会長
                      （村長）
    ┌──────────┬──────────┼──────────┬──────────┐
   支部長      支部長      支部長      支部長      支部長
  （部落会長） （部落会長） （部落会長） （部落会長） （部落会長）
    │          │          │          │          │
    └──────────┴──────────┴──────────┴──────────┘
                      一般村民
```

滋賀県所蔵、滋賀県栗太郡金勝村隣保協会「金勝村隣保協会々則」（昭和十八年十月）より引用。

　表２からも判断されるように、金勝村の農村隣保施設事業組織は実質的には村長が軍事援護団体を含めた厚生事業施設の実質的な司令官となり、各厚生事業施設の意向や事業を取りまとめ、再度隣保協会長として各集落会長及び隣保班に指令する命令系統となっていた。協会々則に記されている「二段運営」とは、村長が隣保協会長を兼任することではじめて可能となる組織運営方法であった。

　次に、青柳村隣保協会の組織運営方法について確認してみたい。青柳村（現高島市）は、1943年度に農村隣保施設事業の助成対象に選定された。その事業目的は、「隣保相扶の観念を強化培養し決戦下に最も緊要なる乳幼児母性の保護、保健医療、教育教化事業等各種の厚生施設を総合的に運営し以て庶民生活の確保と刷新を図らんとす」とされている[29]。つまり、農村隣保施設事業の目的は他の指定町村と同様、隣保協会が中心となり各種厚生事業施設を村民に対して総合的に提供することにあった。その運営は、会長（村長）→副会長→理事（区長）→班長（隣組長）→五人組という命令系統を基

盤としてなされていた。同時に隣保協会は「青柳村一圓を区域とし区域内に居住する全世帯主を以て之を組織」することが規定され、隣保協会の末端組織である隣保班は「協会の実行単位として班長の指揮の下に毎月一回以上隣保班常会を開き実行事項の申合を為し世帯員と共に班内に於て協会の事業を実行」することが役割として課せられていた[30]。つまり、村内居住の村民全員が強制的に農村隣保施設事業に動員され、農村における厚生事業の主体的役割を担うことになった。既存の厚生事業施設を統合的に運営するにしても、昭和恐慌以降弛緩していた村民の隣保相扶機能を組織的に復活させ、組織化活用することなしにはその目的を達成することはできなかった。

最後に、各指定町村の農村隣保施設事業計画に掲載された具体的な事業内容を検討してみたい。多くの町村は厚生省が各都道府県に提示した「農村隣保施設要綱」に準拠した形で農村隣保施設事業計画を立案した。本節では、昭和十八年度指定町村の「農村隣保施設計画概要書」から事業内容を割り出してみたい（表3）

（表3）昭和18年度農村隣保施設助成指定町村計画概要

町村名	真野村	金勝村	貴生川村
事業種別	保育事業、保健指導教化事業共同炊事、各種相談事業、生活改善経済的保護事業	左全	左全

御園村	伊吹村	北富永村	青柳村
保育事業、共同炊事、教養教化事業、家庭訪問及健康相談	保育事業、共同炊事、教養教化事業、授産其の他経済的保護事業	保育事業家庭訪問教化集会人事相談健康相談共同炊事冠婚葬祭の簡略化経済的保護事業	保育事業、保健指導及家庭訪問事業、季節共同炊事、各種相談事業、生活刷新改善、授産其の他

滋賀県所蔵「農村隣保施設計画概要書」より抜粋。

上記の表からも確認できるように、滋賀県における農村隣保施設事業は次の6事業に部類することができる。つまり、保育事業（常設、季節保育所）、保健衛生健康指導（家庭訪問事業）、共同炊事、経済的保護事業（授産事業）、生活改善事業（生活刷新）、教養教化事業である。この事業自体は「農村隣保施設要綱」を踏襲したものであり、特段滋賀県に固有の事業を確認することはできない。同時に、計画された事業の多くは農村経済更生計画の流れを

汲む事業である。しかし、その運営規模や内容については各町村により千差万別な傾向を見せる。各町村の事業実態については次節で確認するが、共通する中心的事業は保育事業と保健衛生健康指導（家庭訪問事業）である。実際に教養教化事業や生活改善事業（その方法の多くは教化事業と重複している）は僅少の経費で実施可能であり、農村経済更生運動以降の農村社会事業の中心的事業であった。その一方で、保育事業と保健衛生健康指導は比較的多くの労力と予算を必要とする事業である。その意味で、農村隣保施設事業費の助成制度は、この二つの事業の創設維持に重点を置いていたといえよう。そのことは、制度の趣旨である「決戦下農山漁村に於ける庶民生活の確保と刷新」という事業目的とも一致している。

Ⅳ．農村隣保施設事業成績と評価――昭和十七年度の事業成績を事例として――

　1940年度に発足した農村隣保施設事業助成制度であるが、厚生省は年度末に各都道府県に対して前年度の農村隣保施設事業費決算及び事業成績書の提出を求めていた。本節では現存する「昭和十七年度農村隣保施設費並事業成績書」から各指定町村における農村隣保施設事業計画の実施状況を明らかにしその効果を評価してみたい。

（１）保育事業

　前章で確認したように、農村隣保施設事業の中心的事業は保育事業である。すべての指定町村で保育事業が計画され、実際に実施された様子である。実際に多くの指定町村の歳出に占める事業費のなかで保育事業費が最も高かった。その内実を確認してみたい。

　野洲郡中洲村では、村内大字ごとに存在する寺院を活用し、農繁期の春季（6月10日～6月24日【平均】）、秋季（11月3日～11月20【平均】）の2回にわたって季節保育所を開設している。開設場所は6箇所で、各寺院の住職が主任を努め助手として一保育所あたり、2～3名の助手が設置されていた。昭和17年度の収容実績児童数は、春季195名、秋季185名（共に延人数）となっている[31]。

　甲賀郡佐山村隣保協会の成績書には「計画書に基き春季々節保育所を各部落に開設し衛生用具及玩具、給食用具の設備をなす」と記されている。さら

に、「保育に従事する者として青年国民学校女教員及保健婦診療所看護婦指導、婦人会員、国民学校高学年助手として終始其の事業に熱心、好成績を納めたり」との評価が記されている。開設期間には保健婦や看護婦が各保育所を巡回指導し保健衛生指導をおこなっていた様子である。利用実績としては村内6ヶ所に保育所を開設し、5月末実から10日間で137名の乳幼児が同事業を利用している[32]。

鎌掛村隣保協会の保育事業では「春季農繁期六月二日より全月二十一日迄二十日間開設し受託児童男二十六人女二十六人計五十二人にして延一五六〇人とす、尚年齢は最低三才最高七才とす、尚受託者の便利を計り昼食と副食物と共に給食を成し間食も午前午後一回支給したるを以て最初より最後迄児童の減する等の事なく成績良好にして一般農家の裨益する処多大なりき」と評価されている[33]。なお、秋季は保育所が開設されていない。

東浅井郡七尾村隣保協会の「乳幼児保育事業」は、「応召軍人、現役軍人の子弟、戦没軍人の遺児を主体とし各支部に一ヶ所又は二ヶ所の農繁期託児所を開設し乳幼児（三才未満）の保護を目的とし併て学齢未満の一般乳幼児を農繁期に於て春秋二回一定期間の収容保護をなし農業主体者の労力を支援するとともに隣保相扶の精神の涵養に務む」との報告である。実際には、村内八ヶ所で保育所が開設され、春季191名（延人員2492人）、秋116人（延人員1499人）の児童が収容されていた[34]。

蒲生郡老蘇村隣保協会の報告書では、次のように記されている。「季節保育所の助成に力を入れ保育所開所前に於ける乳幼児の体重を測定し共同炊事に依る栄養と相俟ってその増減を測定し将来の育児に関心を持居れり（中略）之が為に体重計身巻尺並に運道具及食事用具を設備せり季節保育所開所後健康並に体重を測定せし所十五日間に平均一人に付百五十匁の増加を見たり」[35]。農繁期託児所の設置が、乳幼児の栄養改善につながった事実が確認できる。

坂田郡坂田村隣保協会では「五ヶ所の農村保育所を開設し毎年春秋の二季農繁期に児童を四歳以上七歳未満の者を収容し一ヶ所一人宛の専住保育婦を置き当字の婦人会役員を補助員として二三名宛之れが補助しなさしめ農繁期に於て戦時下増産に対して援助をなし優良なる成績を納めたり、五ヶ所に対する児童延人員二千五百人なり」と事業報告している[36]。

以上、各指定町村における特徴的な保育事業の実態を確認してきたが、多くの町村が農繁期（春季、秋季の２回）に村内大字ごとに保育所を開設していた事実が確認できる。さらに、保健婦が保育所を巡回して、栄養指導や保健指導をおこない、保育所内で給食を支給するなかで児童の体位の向上につながった例も確認できた。その結果「現在に於ては農村に欠く可からざる施設」となっていた様子である[37]。いずれにしろ、農繁期に主婦が労働力として動員されるなかで、子育ての一旦を社会的に保障する制度が戦時下において広範に整備されたことは戦後の地域福祉事業への伏線となっている。

（２）健康相談事業・家庭訪問

　保育事業に次いで、農村隣保施設事業の中心的活動となっていたのが健康相談事業（家庭訪問事業）である。戦時下における農民の体位低下は、食糧増産と労力養成といった戦争遂行に必要な社会資源を維持するためにも憂慮すべき事案であった。特に、無医村に代表される保健医療設備の欠乏や民間信仰による非科学的な健康療法の蔓延、公衆衛生思想の不備はそのまま農民生活の欠乏を促進する。その意味で、農民の健康維持推進のために科学的な衛生思想を普及推進することが戦時下における大きな課題であった。実際に、事業費歳出のなかで、保育事業を上回る歳出を健康相談事業が占めていた町村も確認できる（片岡村、水尾村など）。健康相談事業における実際的な活動は、健康相談所の開設と保健婦による家庭訪問活動である。その内実を確認してみたい。

　中洲村における健康相談事業及び家庭訪問は、年二回（六月上旬、十月下旬）村内の医師２名に託して健康相談事業所を開設している。また、村内４名の訪問婦に委託して各区域の家庭訪問をおこなったとの記録があるが[38]、その事業実態については明確に記録されていない。ただ、歳出事業費に占める割合は1373円70銭の内、家庭訪問費75円、健康相談所費用63円となっており[39]、他の事業と比較してもごくわずかな歳出にとどまっている。中州村における健康相談事業及び家庭訪問事業は教化的指導の範疇を出るものではなかった。

　佐山村の健康相談事業に関する報告書では、携帯用医療箱を購入し村内保健婦が常時指導をおこなったとの報告がある。同時に、帰還軍人に限って無

料施薬をおこなったとの記録がある。その訪問件数は、昭和17年度で119件の実績となっている。その他、村立診療所内に健康相談所を開設し、毎週月、金の二回にわたって保健婦を常駐させ健康相談に応じている。その内実としては「常時保健婦は季節保育所の指導は勿論各部落婦人会班長と常に連絡を保ち部落毎設置連絡箱に依り便宜指導するの外保育法ビラの配布特に母子保護計画に基き村役場の妊婦手帳交付に当り保護指針たらしむ注意書を配布す」と記されている[40]。つまり、健康相談事業といっても、その内実は連絡箱の活用やビラの配布にとどまり、実質的には教化事業の範疇をでるものではなかった。実際に、同事業にかかる費用歳出は備品の整備にとどまっている[41]。

　多羅尾村隣保協会の昭和17年度の収支決算報告書を見ると、保育事業よりも健康保健婦設置にかかる費用の割合が高いことが確認できる[42]。つまり、村内で専任の保健婦を採用し保健衛生事業を遂行することが緊急の課題であった。実際には「家庭訪問婦活動」に関しては、「常設家庭訪問六名を其の担当区に活動せしめ常に担当区域村民の健康状態を視察せしめ保健婦並に村医と連絡し疾患者の早期発見に努め其成績良好」と評価されている。つまり、医師や保健婦とは別に家庭訪問婦を設置し、無償で各担当地区の巡回指導を担わせたのである。その成績は、早期発見67名、軽疾患認めたるもの57名、妊産婦の入院なさしめたるもの1名となっている[43]。ただ、家庭訪問婦の資格要件が記されていないため、その効果を判断することは困難である。

　鎌掛村隣保協会の家庭訪問事業については、「多年希望せる村医も未だ来村せらるる運びとならず為県の日野母子健康相談所保健婦の出張を乞ひ村内産婆と連絡の上之れが実施に努め居れり尚本村に於て診療所を開設する運びとなり十二月一日開業せるを以て健康保険組合も共に開設し本村に於ける保健衛生問題は誠に好都合となり」との評価である[44]。

　七尾村における農健康相談事業は、「全村民の健康保持増進と保健衛生の向上を目的とし隣村の開業医、本村国民学校々医、県立長濱保健所医等の協力を求め」実施された。具体的には健康診断（全村民に実施）、腸チブス予防注射（5歳〜60歳まで村民全員）、結核予防注射（ツベルクリン反応注射

による陰性の村民に実施）などが実施されている[45]。

　以上、農村隣保施設事業における健康相談事業及び家庭訪問事業を確認してきたが、実際には保健所の保健婦の派遣や訪問婦（一般主婦）の派遣により辛うじて事業運営がなされていた町村も数多くあった。実際に、宮村のように、保健婦の退職後の補充が達成できていない旨を報告している町村や[46]、坂田村のように京都から医師を派遣し辛うじて事業を運営している町村も確認できる[47]。多くの無医村においては、保健婦や訪問婦、産婆が健康相談事業の中心的存在であった。

（3）共同炊事

　農繁期における重要な労力養成事業が、保育事業と並んで共同炊事の実施である。その目的は一般主婦の家事負担の軽減を図ることで農事における労力を維持すると同時に、共同炊事の場と栄養改善講習会を兼ねることで村民の栄養改善への意識を向上させることにあった。一定の事業歳出を要するためすべての町村で共同炊事事業が計画実施されたわけではないが、村民の栄養改善の報告がなされている町村も確認できる。

　たとえば、鏡山村隣保協会主催の共同炊事では「農繁期に於ける共同炊事も農事実行組合とも能く協調して実施を奨励しつつあり本年度に於ては春季に於ては大字方前に秋季に於ては大字方前及西川に開設されたり」と報告され、春季は20日間開催され（共同炊事場を活用）、参加戸数16、参加人員86人を動員している。秋季は大字方前で10日間実施し、参加戸数17、参加人員100人を動員し、大字西川（個人宅を利用）では、17日間開催し、参加戸数47、参加人員180人を動員している[48]。

　同じく蒲生郡老蘇村隣保協会でも共同炊事が実施され、次のように報告されている。「村内一園に共同炊事を励行せしめ農繁期に於ける労力の減少栄養改善等に留意しつつあり（中略）尚村の中央に栄養改善共同炊事場を設け農繁期に備えし為に農閑期に協会婦人部を召集し研究改善に努め居れり、之が為に県の助成を得て炊事家屋を建設し之れに土カマド、釜、馬穴秤、洗流場、包丁、鍋等を常設せり、之れが為めに全員の会員の労力利用並に健康保持上裨益せしこと甚大なり」[49]。同様に、方岡村においても春秋の農繁期に各20日間共同炊事を実施したと報告されている[50]。

しかし、上記のように正確な参加人数を報告したり、助成金を基に共同炊事場を設置したりした町村は稀である。多くの町村で共同炊事を計画しているものの、その内実は教化指導の範疇をでるものではなかった様子である。たとえば、堅田村隣保協会は教養教化事業のなかに共同炊事を位置づけ、「貯蓄思想の昂揚と生活改善に付ては各関係方面と連携し公債消化に共同炊事の実施之が実行の徹底を期したり」と報告している[51]。また、佐山村隣保協会も「昭和十七年八月昭和十八年一月各部落毎に婦人をして保育及び有り合せ資材に依る栄養料理講習会を開催せり其他共同炊事実施に当り婦人に指導を兼ね台所衛生を説く」と報告されている[52]。しかし、共同炊事にかかる歳出費用が算出されていないことから、単なる栄養改善指導（教化的指導）にとどまったものと思われる。また、南富永村隣保協会は「農繁期に於ける労力を節減し食糧増産に全能力を発揮し一方農村栄養の改善を為し隣保相助並に共同作業の精神を涵養する為共同炊事を奨励し之に対し助成を為す」と報告し、共同炊事事業に30円を支出しているものの[53]、その実績が記されていないことから事業実態はなかったものと推測される。いずれにしろ、共同炊事に関しては実態として事業運営した町村と、あとで確認する教養教化事業や生活改善（冗費節約）の文脈に位置づけられた町村の二種類があった。

（４）経済的保護事業

　戦争遂行に必要な物資の増産や食糧増産は、戦時下において農村に課せられた重要課題であった。同時に農閑期における農民生活を維持することは、上記の課題を達成するための必要条件であった。その条件を満たすために企図されたのが、経済的保護事業である。その内実は授産事業の実施や農機具の修繕講習会の開催、養豚や養鶏の副業奨励といった教化的指導も含んでいた。

　例えば、七尾村隣保協会は経済的保護事業について次のように報告している。「藁加工用農機具を購入共同作業場に設置し冬季に於ける勤労を勧奨し授産補導に務む（中略）農具は本会に於て購入し各支部に領布し代金は五ヵ年の月賦として生産品は全部本会に於て販売を斡旋し販売の代金より償還金差引納付せしむ」。実際に同協会は支給された助成金をもとに製縄機3台と製莚機7台の購入している。その結果昭和17年度においては、縄8,250貫（代

金 2,890 円）、筵 1,250 枚（販売 124 枚、代金 62 円）、叺 6,300 枚（販売 5,660 枚、代金 1,585 円）の生産に至っている。一町村の授産事業でこれだけの事業実績を報告している町村は七尾村を除いて皆無である[54]。同じく、豊郷村隣保協会でも、経済的保護事業として副業（製莚作業）を奨励し平成 17 年度に筵 8,000 枚を生産した旨報告している[55]。その他、老蘇村隣保協会のように、「村の中央に授産場を設け失職会員をして授産指導」を実施するような失業救済事業の意図で授産事業を実施した町村もあった[56]。

　しかし、全体的には他の事業と比較しても事業成績は低調であったことが確認できる。例えば、鎌掛村隣保協会は経済的保護事業に関しては「僅少なる当協会の補助は何等の効果も来さざる現状なるを以て一時之を中止」せざるを得ない状況あった旨報告している[57]。また、中洲村隣保協会では経済的保護事業の一環として、副業奨励（養兎、養豚、製縄、製筵）や農機具修繕講習指導を実施しているが[58]、村民に対する実質的な補助はなかったため、その効果を判断することは困難である。いずれにしろ、副業奨励や講習会の開催が農民生活の維持さらには生産力の増大につながったと評価することはできない。

（5）教養教化事業・生活改善

　農村隣保施設事業の中心的事業は保育事業であるが、保育事業以上に広範かつ執拗に計画実施されたのは教養教化事業であった。実際、すべての県内指定町村で教養教化事業が計画されている。教養教化事業は歳出を殆ど伴うことなく計画実施することが可能で、農村経済更生運動期の農村社会事業の中心的事業であった。また、これまで確認してきた各事業は教化的指導と密接に関連したものも多く含んでおり、実質的な農村隣保施設事業の中心は教養教化事業にあったとも評価可能である。同時に、農村生活の冗費節約を志向した生活改善は、冠婚葬祭の簡略化や貯蓄励行など伝統的農民生活の因習を打破し、戦時体制下における農民生活の刷新を目的とした事業であった。生活改善もまた、農村経済更生運動期の農村社会事業の中心的事業であった。以下、その実態を確認してみたい。

　七尾村隣保協会は「教化集会」の事業目的について「国体の本義に則り隣保扶助の精神を涵養し時局下国民精神を作興し以て生活刷新国民貯蓄の励行

を奨励し国債債券の消化に努め軍人遺家族の為を昂揚し各自の職域に精励食糧増産の確保を期し物資の活用に努め大政翼賛の実を挙ぐる」と述べ、時局講習会の開催、映画会の開催、村常会・部落組合団体の常会の開催、農産物加工講習会の開催の他、共同作業場の設置並びに利用、共同炊事の励行、共同託児の励行を促進していると報告している[59]。また、堅田村隣保協会は「教養教化事業」について「納税完納に重点を置き各町内会に設置せられたる納税組合を督励し或は表彰等の方法を講じ全戸殆ど完納の域に迄到達し相当の成績を挙げたり（中略）貯蓄思想の昂揚と生活改善に付ては各関係方面と連携し公債消化に共同炊事の実施等之が実行の徹底を期したり（中略）応召軍人遺家族に対しては各隣保組織を通じ農繁労力奉仕を行はしめ感謝奉仕の実を挙げたり」と報告している[60]。いずれの町村も殆ど経費を要しないで、村民の隣保活動により「実を挙げ」ている。また、水尾村のように「教神常祖の念を徹底せしむる為全村一体となり部落毎に毎月一日必ず神社に参拝出征軍人の武運長久を祈願す」ることを村民に強制した村もあった[61]。いずれの町村においても、講師を招聘しての講習会の開催の他、村常会を筆頭に、部落常会や婦人会常会等の下部組織に命令伝達する組織体制の下、教化教養事業の目的を達成しようとしていた。

　同じく、生活改善についてもその多くは教化的指導が中心となっていた。しかし、その一方で、冠婚葬祭にかかる用具を隣保協会で購入し、式開催にあたってはその用具を無償で貸し出す町村もあった。例えば老蘇村隣保協会では「生活改善実行の為先ず第一に冠婚の式服を協会に於て設備し之を実行せしめ以て時局に対処せしめたり」と報告している[62]。また、七尾村隣保協会でも「冠婚葬祭の簡略化」として「女子用婚礼衣装の設置を計画したるも時局の進展に伴ひ不合理なる為之を廃し一切新調をなさず饗応等は近親者の極少範囲に止め且手料理程度の簡素なるものとし之が励行に當り」「前年度に於て葬儀用輿七組を購入したり之を以て一般に利用せしめつつある」と報告している[63]。つまり、あらかじめ隣保協会で冠婚葬祭に必要な用具を準備することで華美な因習を打破し、可能な限り経費を削減し貯蓄を奨励しようとした。この点にも方面委員等の教化的指導が執拗に展開されていた。その意味で、教化教養事業と生活改善は表裏一体の関係にあったといえる。

V．まとめ

　以上、滋賀県を事例として戦時下の農村隣保施設事業の内実を見てきた。結論からいえば、戦時下の農村隣保施設事業の系譜はセツルメント活動や隣保館事業のどちらにも属していない。むしろ、戦時下の農村隣保事業は昭和恐慌期以降に展開された「農村経済更生運動」や「国民更生運動」に見られた教化事業・生活改善事業の流れを受け継いでいる。その結果として、強力に精神運動としての側面が強調される一方で、農村隣保施設事業は戦時体制下における食糧増産や労力増産に向けた農村共同体の再編成の役割を担うことになった。

　同時に、農村隣保施設（隣保協会）は、戦時下農村における厚生事業体制の指示系統を担う中核機関に位置づけられ、他の援護機関の指導的立場を担うことになった。それは、他の厚生事業施設や軍事援護施設による援護活動を組織的に運営することで戦時下における村民の体位向上を図るため、さらにいえば戦時体制を維持遂行するための合理的な運営体制であったといえる。緊縮財政のなかで毎年助成金を支出し、その多くの事業は村民間の隣保相扶を前提としたものであったとしても、農村隣保施設事業は農村社会や農民生活の近代化を志向する側面をもっていた。しかし、そうした課題が戦時下に克服達成されることはなく、そのまま戦後の課題として持ち越されたといえる。

　最後に、戦時下の農村隣保施設事業と戦後農村社会事業（地域福祉事業）との連続性を確認して本章の結びとしたい。1949（昭和24）年9月に日本社会事業協会より委託を受けて結成された農村社会事業研究会が提案した「農村社会事業実践要領」には次のように記されている。つまり、「農山漁村に於ける母性及び乳幼児の保健衛生、青少年の不良化防止、健全なる慰安娯楽の提供、失業者及び未亡人等の保護、生活の改善、知識教育の向上等厚生文化全般に亘る福祉事業が社会事業として組織的に実践されなければならない。現下農山漁村に於ては此の必要性を認識していても、今日までその具体的な事業と運営の方法、特に資金の面に於いて適切な指針を欠いていたため遂に見るべき成績を収め得なかった」との現状認識の下[64]、「保険医療に関

する事業」、「児童福祉事業」、「生活保護に関する事業」「文化、レクレーション、教養に関する事業」の4事業を企画し、これを実施運営するために各町村に「町村福祉協会（仮称）」を組織することを提案している[65]。つまり、戦時下に結成された農村隣保協会に代わって、戦後における社会福祉協議会による地域福祉体制の原案がここ示されている。事業内容は、戦後に制度化された生活保護を除いて戦時下の農村隣保施設事業をそのまま引き継いでいるといえよう。同時に、農村社会事業の主旨についても、「農山魚町村の居住者が自分達の生活を向上させ自分達の住む土地を最もよいところにするために自主的に相協力して行う社会事業或いは社会福祉事業の実践方策を樹立する」ことにあると述べているように[66]、隣保相扶から住民の組織化活動へと理念の変遷を確認できるが、その組織化の具体的方法については戦時下の課題を引き継いでいる。

　一方で、「社会事業が、若し当然国家や町村自体が、若くは本来社会事業を目的とする国体が行うべき事業をそのまま肩替りして或は重複して行う如きことになると本旨に違うことになる」と述べられているように[67]、戦時下における国家の事業干渉とは異なる地域の自主的な活動が承認されたとみてよい。戦後農村社会事業（地域福祉事業）は、戦時下の農村隣保施設事業の課題を引き継ぎつつ戦後民主主義体制の構築のなかで新たな理念を獲得したといえよう。

【注】
1）大林宗嗣は、セッルメントの目的を「社会の階級分裂と云ふ事実に其の基礎を置くのであるが併し人の生活状態に依つて人間に階級を附し且つ之に価値の高低を附するが如き差別感を排すること」としている（大林宗嗣『セッツルメントの研究』【復刻版】、日本図書センター、1996年、23頁）。また、三好豊太郎はその著『セッツルメント事業』で、「階級と階級、伝統の集団と新興の集団とへの橋」という表現でもってセッルメント事業の機能を説いている（三好豊太郎『セッツルメント事業』東方書院、1934年、29～30頁）。
2）吉田久一『昭和社会事業史』ミネルヴァ書房、1971年、137頁。
3）農村経済更生の概要については、楠本雅弘編著『農山漁村経済更生運度と小平権一』不二出版、1983年に詳しい。また、農村経済更生運動と農村社会事業の関係性については、吉田久一「昭和初期における失業救済と農村社会事業」大正大学社会学・社会

事業研究室カウンセリング研究所『社会・人間・福祉』（第１号）、1968年、及び拙著『群馬県公的扶助史研究』本の泉社、2009年を参照。
4）西内潔『日本セッツルメント研究序説』童心社、1968年、23頁。
5）西内潔、同前書、75頁。
6）一番ヶ瀬康子『現代社会福祉論』時潮社、1971年、204〜205頁。
7）田代国次郎「戦前日本のセツルメント施設史序説」広島女子大学文学部『紀要』（第21号）、1986年、30頁。
8）田代国次郎、同前「戦前日本のセツルメント施設史序説」31頁。
9）布引敏雄「姫井伊介と労道社──大正末・昭和前期における社会事業の地方的展開───」部落解放研究所編『論集・近代部落問題』解放出版社、1986年、295、324頁。なお、被差別部落における隣保事業の通史については、窪田享信「戦前における同和地区隣保事業の歴史（上、下）」『部落解放研究』（第19号、22号）を参照。
10）杉山博昭『山口県社会福祉史』葦書房、1997年、154頁。
11）以下、特に断りのないかぎり、同簿冊内文書からの引用とする（カナは平仮名で引用表記している）。
12）同制度の概要については、吉田久一、前掲『昭和社会事業史』174頁、及び西内潔、前掲『日本セッツルメント研究』23頁、田代国次郎、前掲「戦前日本のセツルメント施設史序説」31頁、窪田享信、前掲「戦前における同和地区隣保事業の歴史（上）」61頁を参照。
13）厚生次官「農村隣保助成ニ関スル件通牒」（厚生省発生第一〇一号）、昭和十八年八月二十六日。
14）この「農村隣保施設要綱」は、同前「農村隣保助成ニ関スル件通牒」に添付されている。
15）同前、「農村隣保施設要綱」。
16）同前、「農村隣保施設要綱」。
17）同前、「農村隣保施設要綱」。
18）同前、「農村隣保施設要綱」。
19）同前、「農村隣保施設要綱」。
20）この文書は、厚生省生活局保護課長より昭和18年6月5日付けで各都道府県内政部長宛に提示されている。
21）昭和18年度申請町村の過去３年における乳幼児死亡率は次の表のとおり。

町村名	乳幼児死亡率		
年度	昭和15年	昭和16年	昭和17年
滋賀郡真野村	3.4%	13.5%	14.3%
栗太郡金勝村	14%	23%	18%
野洲郡小津村※	18%	24%	21%
蒲生郡市辺村※	8.7%	17.3%	14.7%
神崎郡御園村	8.7%	11.8%	10.3%

坂田郡伊吹村	5.5%	5.5%	10%
東浅井郡上草野村※	28.5%	32%	30.3%
伊香郡北富永村	20%	17%	45%
高島郡青柳村	26.4%	9.4%	10.9%
甲賀郡貴生川町	22.6%	18%	18.8%

各地方事務所長から県内政部に提出された「農村隣保施設助成ニ関スル件回答」より作成。
※指定除外町村。

22) 前掲、「農村隣保助成ニ関スル件通牒」（厚生省発生第一〇一号）。
23) 厚生省健民局長「社会事業法第十一条ノ規定ニ依ル昭和十八年度農村隣保施設経常費補助ニ関スル件」（厚生省発健第六九号）、昭和十九年三月二十日。
24) 前掲、「農村隣保施設要綱」。
25) 滋賀県栗太郡金勝村隣保協会「金勝村隣保協会々則」（昭和十八年八月）。尚、同資料が栗太郡金勝村村長服部岩吉「農村隣保施設ニ対スル補助金交付申請」（社発第五〇号）、昭和十八年十月四日に添付されている。
26) 同前、「金勝村隣保協会々則」。
27) 同前、「金勝村隣保協会々則」。
28) 同前、「金勝村隣保協会々則」。
29) 滋賀県高島郡青柳村長「農村隣保施設助成申請書」（社発第三四号）、昭和十八年十月四日。
30) このことは、前掲「農村隣保施設助成申請書」に添付された「青柳村隣保協会会則」第11条に規定されている。
31) 中州村長「昭和十七年度農村隣保施設決算書並事業成績書等提出ニ関スル件」（社発第八号）、昭和十九年一月二十一日。
32) 甲賀郡佐山村「昭和十七年度農村隣保施設費決算並事業成績書提出方ノ件」（厚第一号）、昭和十八年一月八日。
33) 鎌掛村隣保協会長「昭和十七年度農村隣保施設費決算並ニ事業成績書提出方ノ件回報」昭和十九年一月九日。
34) 東浅井郡七尾村長「昭和十七年度農村隣保施設決算並事業成績書提出方ノ件」（社収第六号）、昭和十九年一月十日。
35) 蒲生郡老蘇村隣保協会長井上円蔵「昭和十七年度農村隣保施設費決算並ニ事業成績書提出ノ件回答」（社会第三五号）、昭和十九年一月拾日。
36) 坂田郡坂田町隣保協会長「昭和十七年度農村隣保施設費決算並ニ事業成績書提出方ノ件」（社第六号）、昭和十九年一月十七日。
37) 甲賀郡甲南町役場野洲出張所「農村隣保施設ニ関スル件報告」（社野発第一号）、昭和十八年九月十六日。
38) 前掲、「昭和十七年度中洲村隣保会事業成績書」。

39）前掲、「昭和十七年度中洲村隣保会歳入歳出決算書」。
40）前掲、「昭和十七年度佐山村隣保協会事業成績書」。
41）前掲、「昭和十七年度佐山村隣保協会収支決算」。
42）甲賀郡多羅尾村隣保協会長「昭和十七年度多羅尾村隣保協会決算書送付ニ関スル件」昭和十九年一月十日。
43）同前、「昭和十七年度多羅尾村隣保協会事業報告」。
44）前掲、「昭和十七年度鎌掛村隣保協会事業成績書」。
45）前掲、「昭和十七年度七尾村隣保協会事業成績書」。
46）前掲、「昭和十七年度宮村隣保協会事業報告書」。
47）前掲、「昭和十七年度農村隣保施設事業成績書」（坂田郡坂田村）。
48）鏡山村隣保協会長「昭和十七年度農村隣保協会決算並ニ予算成績書提出ノ件」昭和十九年一月八日。
49）前掲、「昭和十七年度蒲生郡老蘇村隣保協会事業成績」。
50）方岡村隣保協会長「昭和十七年度農村隣保施設事業成績書提出ノ件報告」（昭和十九年一月十二日。
51）滋賀郡堅田町隣保協会長「昭和十七年度農村隣保施設費決算竝事業成績書送付之件」（社発六八号）、昭和十九年一月九日。
52）前掲、「昭和十七年度佐山村隣保協会事業成績書」。
53）南富永村隣保協会長山岡源之助「農村隣保施設費決算並ニ事業成績ニ関スル件」昭和十九年一月拾日。
54）前掲、「昭和十七年度七尾村隣保協会事業成績書」。
55）滋賀県犬上郡豊郷村隣保協会長宮崎丈助「昭和十七年度豊郷村隣保協会収支決算書並同事業成績書」昭和十八年六月二日。
56）前掲、「昭和十七年度蒲生郡老蘇村隣保協会事業成績」。
57）前掲、「昭和十七年度鎌掛村隣保協会事業成績書」。
58）前掲、「昭和十七年度中洲村隣保会事業成績書」。
59）前掲、「昭和十七年度七尾村隣保協会事業成績書」。
60）前掲、「堅田町隣保協会事業成績書」。
61）水尾隣保協会理事長「昭和十七年度農村隣保施設費決算並事業成績書ニ関スル件」昭和十九年一月拾八日。
62）前掲、「昭和十七年度蒲生郡老蘇村隣保協会事業成績」。
63）前掲、「昭和十七年度七尾村隣保協会事業成績書」。
64）農村社会事業研究会編纂『農村社会事業実践要領』日本社会事業協会、1949年、7頁。
65）農村社会事業研究会編纂、同前『農村社会事業実践要領』11頁。
66）農村社会事業研究会編纂、同前『農村社会事業実践要領』9頁。

67）農村社会事業研究会編纂、同前『農村社会事業実践要領』9頁。

第四編
救護法の運用と軍事援護

第一章　滋賀県における救護施設の創設

Ⅰ．はじめに

　社会福祉施設は、地域福祉や在宅福祉の重要性が叫ばれて久しい現代の日本において依然としてニーズの高いサービス形態である。その歴史は洋の東西を問わず、数多くの著名な社会福祉施設を生み出してきた。実際に社会事業史研究でも施設史研究に関する業績は数多く提出されており、特に孤児院史や養老院史の分野でそれが顕著に確認できる。しかし、救護法の制定により制度化された「救護施設」の創設過程、特に各地域に存在した無名の施設に関しては依然として解明の余地が残されているといえる。本章では、救護法の施行と同時に全国的に普及を見た救護施設について、滋賀県を事例として申請から事業開始に至るプロセスを解明してみたい。

　救護施設の創設過程に関する先行研究には、寺脇隆夫による詳細な政策的動向を踏まえた実証的研究が存在している[1]。また、日本各地の養老院史資料を精力的に開拓し、救護施設としての養老院の性格を明らかにした井村圭壯の先行研究がある[2]。本研究ではこうした先行研究に学びつつ、滋賀県における二つの救護施設（滋賀養老院、延寿舎）を取り上げてみたい。救護法が制定された昭和初期、滋賀県内には類似施設（今日の用語で言えば入所施設）が孤児院や感化院を除いて殆ど整備されていなかった[3]。本章で取り上げる滋賀養老院は1929（昭和4）年に大津市社会事業助成会によって設立され、1933（昭和8）年に救護施設として認可されている。同じく、延寿舎は長浜町が設置運営主体となり、1928（昭和3）年に設立され、1935年に救護施設として認可されている。つまり、両施設とも私人によるボランタリー的活動の前史がほぼ皆無な施設である。前者は民間施設とはいえ方面委員が主体となり大津市の助成を受けて設置された施設であり、後者は公立施設である。また、両施設に共通する事項として、救護法制定を契機として移転新

設を計画し、創設費及び初度調弁費の補助を受けて創設された事実が挙げられる。その公的救済施設の創設過程を本章では明らかにしてみたい。なお本研究が依拠している主な資料は、滋賀県所蔵文書『賑恤救済』及び『賑恤救護──救護施設に関する書類──』である（カナは平仮名に、旧字体は新字体にそれぞれ改めている）。

Ⅱ．昭和初期滋賀県における救貧制度の運用

最初に、昭和初期における救貧制度の運用の状況を確認しておきたい。日本においては明治維新を契機とする近代国家成立以降、救貧行政の分野では前近代的な恤救規則が半世紀以上にもわたって残存することになった。日本における近代救貧法の成立は、日本資本主義の危機的段階つまりは昭和初期に成立した救護法をもって達成されたことは社会事業史の先行研究が指摘するとおりである。昭和初期は、恤救規則と救護法の端境期にあたる。

昭和初期における恤救規則や救護法の救護人員及び救護率等の救護実態の全国的動向や各都道府県別データについては、寺脇隆夫による詳細な実証的研究が存在しているのでここでは繰り返さない[4]。ここでは、数値なデータを取り扱うことよりも、滋賀県所蔵文書『賑恤救護』の救済の申請書類から恤救規則の救済対象となった「無告の窮民」の実態を解明し、救護法の救済対象との連続性を指摘するにとどめたい。

（表１）昭和３年度恤救追加対象者

種別	人員	金額
棄児	2人	39円01銭
老衰	33人	1632円37銭
廃疾	2人	100円33銭
疾病	2人	44円12銭
計	39人	1815円83銭

「昭和三年度恤救規費追加請求書」『賑恤救済』より引用。

（表１）は、昭和３年度に滋賀県が社会局に申請した恤救規則による救済人員の一覧である。無論これは滋賀県全体の恤救者数の一部に過ぎないが、高齢者（老衰者）が大多数を占めていることが確認できる。恤救規則の救済対象となった「無告の窮民」とは、一般に扶養義務者のいない70歳以上の単

身高齢者もしくは 15 歳以下の年少者に限定されていた（一部、家族世帯も救済対象に含まれていた）。恤救規則の規定により無告の窮民として認定された者に対しては、成人一人当たりにつき救済費用として年間一石八斗の米代金が支給されていた。申請の手続きとしては、要救護者本人もしくは担当地区の保導委員（方面委員）が「恤救窮民願」として各市町村に恤救の申請をおこない、申請を受けた市町村が資産や扶養義務者の有無等の資力調査の後に、「副申書」や「診断書」を市町村が県に対して提出する形態が一般的であった。一般に 70 歳以上の老衰者で資産及び稼働能力・扶養義務者のない老衰者と判断された場合には、問題なく受理される場合が多かった。しかし、扶養義務者がいる場合や 70 歳以下の者が申請した場合については、「照会」というかたちで再度市町村に対して状況の確認を求める場合もあった。本章では一例として、野洲郡小津村（現守山市）のＴという男性（67 歳）の申請から支給に至る過程を追って見ていきたい。引用資料は、すべて滋賀県所蔵『恤救救済』である。

　1927（昭和 2）年 11 月 15 日付で、県知事宛に申請された「窮民恤救願」には、申請理由として次のように述べられている。「来の眼疾にて盲目に等しければ止むを得ず職を放れ候（中略）私長男にして而も扶養義務者の〇〇有（中略）同人は頑愚にして理性を弁へず親或は警官等の手を経て保護すべき〇再三説諭を願ふも頑として応ぜず候名二男〇〇〇は同字内に居住するも養家は一町歩未満の小作農にして且つ家族養父母妻子持て七人あり到底不要の余裕無（中略）四男〇〇〇は大正四年八月以来家出致目下所在不明なれど（中略）後は親族或いは隣保等の情誼より助力を受け以て生活し来り（中略）他に扶養すべき者も無」（〇は伏字）[5]。さらに、添付された副申書によれば、Ｔは露店商売を営んでいたが失明状態に陥り歩行もままならず、廃業し篤志家の納屋で寝泊りをしている。三人の子どもがいるものの、長男とは「間柄睦ましからず二男は他に縁組して家にあらす」、三男は「警察の注意人物」という状態であった。警察署や保導委員、村長から長男や次男に対して訓諭をおこなうも扶養能力が無い状態で、やむをえずの申請に至った次第であった[6]。

　この申請に対し、滋賀県学務部は「本人は七十歳未満にして加ふるに独身者に無」との理由で再度扶養義務者へ懇諭するように指示した[7]。この照会

を受けて小津村では即座に「扶養義務者に対し懇諭するの余地無」との回答を示している[8]。この回答を受けて県社会課では独自に実地調査をおこない、警察署・役場での聞き取り及び扶養義務者への調査・懇諭をおこなうも、最終的には「副申の通に有之加ふるに家庭も貧困状態にして到底扶養資力なき」との判断に至った[9]。最終的には、4月9日付での支給が決定している（ただし、年米1石のみの支給で不足分【八斗】については扶養義務者もしくは小津村が支給するにように決定指示している）[10]。見られるように、資力調査のなかでもとりわけ扶養義務者の有無及びその資力状況が恤救の大きな指標となっていた。

滋賀県における恤救規則の恤救対象者がそのまま救護法の救護者に移行したのか否か確定できていないが、救護率の高低について関連性があることは先行研究が明らかにしている[11]。ここでは、恤救規則の最終年度となる1931（昭和6）年における同制度による恤救者数と救護法が施行された1932（昭和7）年度における同法による救護者数を比較してみたい。

(表2) 恤救規則による救護（昭和6年4月1日～12月末日）

恤救費		棄児費	
救護人員	給与額	人員	給与額
58人	1603円23銭	1人	17円

滋賀県『滋賀県社会事業概要』1932年、55頁より引用。

(表3) 救護法による救護（昭和7年1月1日～昭和7年3月31日）

種類		道府県負担			市町村負担			合計		
		実人員	延人員	金額	実人員	延人員	金額	実人員	延人員	金額
生活扶助費	居宅	3	150	23	831	61258	7245	834	61408	7268
	収容									
医療費	居宅	1	38	8	30	1262	151	31	1300	159
	収容				5	249	100	5	249	100
助産費	居宅				1		20	1		20
	収容									
生業扶助費	居宅									
	収容									
計	居宅	4		31	870		7455	874		7486
	収容				5		100	5		100
	計	4		31	875		7555	879		7586
埋葬費					19		112			
合計				31			8054			8085

滋賀県『滋賀県社会事業概要』1932年、53～54頁より引用。

上記の表からも確認できるように、保護人員は恤救規則から救護法に以降した後に大幅に増大していることが確認できる。救護法施行当時では居宅（在宅）の生活扶助支給者が圧倒的に多く、次いで医療費（医療扶助費）支給者が多い状況となっている。救護法が施行された1932（昭和7）年当時の滋賀県では序論で述べたように、一部の養老院が存在していただけで成人が入所可能な施設は存在していなかった。実際に、一部の医療機関を除いて救護者の多くは居宅保護者であった。なお、同資料には被救護者の種別については記されていない。

　被救護者の詳細な種別が記されているのが、『滋賀県社会事業概要』の1935年度版である。1935年度における救護者数は1760人（居宅1700・収容60で、救護者種別の中で最も多いのが「十三歳以下の幼者」733人（居宅726・収容7）で、うち生活扶助受給者が全体の98％を占めている。次いで多いのが「六十五歳以上の老衰者」633人（居宅594・収容38）で、同じく生活扶助受給者が全体の95パーセントを占めている。以下、疾病傷病158人（居宅147・収容11）、「不具廃疾」128人（居宅127・収容1）、「精神薄弱又は身体虚弱」87人（居宅85・収容2）、「幼者の母」5人の順となっていた[12]。

　同じく、『滋賀社会事業概要』の1937年度版では、同年度の救護者数は2620人（居宅2539・収容81）で、救護者種別では「十三歳以下の幼者」1372（居宅1360収容12）、「六十五歳以上の老衰者」758人（居宅702・収容56）疾病傷痍258人（居宅247・収容11）、「不具廃疾」118人（居宅116・収容2）、「精神薄弱又は身体虚弱」100人（居宅100）、「幼者の母」7人の順に多い[13]。見られるように、恤救規則の時代と比較しても救護者数の伸びが大きく、とりわけ13歳以下の幼者の救護者の増大が著しいことが確認できる。

Ⅲ．救護施設の創設（1）――滋賀養老院の事例――

　最初に、大津市社会事業助成会が設置運営した滋賀養老院（現社会福祉法人滋賀同仁会）の救護施設認可へのプロセスを追って見ていきたい。滋賀養老院はすでに先行研究でも明らかにされているように、民間施設とはいえ創

設時から大津市の助成を受けつつ、方面委員助成会によって運営されていた。つまり、半ば公立施設の性格を持つ施設であり、財政的にも他の民間施設より潤沢な条件を伴っていた[14]。救護施設としての認可について見ると、申請から1年以内に認可・助成を受けており、後に見る延寿舎と比較しても認可に至る比較的順調なプロセスをたどったといえる。以下、そのプロセスを確認していきたい[15]。

　滋賀養老院の創設は、1929年12月に滋賀県方面委員大津支部後援会（後の大津市社会事業助成会）が大津市三井寺山内善法院の建物の一部を借り受けて、身寄りの無い高齢者を保護収容した「滋賀養老園」に遡る[16]。同施設の救護施設としての認可申請の手続きは、1933（昭和8）年1月14日付で開始された。県及び社会局に提出された設置理由書には、「現在被救護者八名を収容せるも設備完からさるため一時に十名以上を収容することを得ず然るに昭和七年一月一日救護法実施により居宅救護を受け居るもの別表の通り百二十余名に達し居りて適切なる収容施設を為すに於ては其過半数は収容救護を希望するに至るへきは明かなる（中略）今回其の目的の幾部を遂行するため大津市神出に敷地約四百坪を購入し滋賀養老院を設置し現在の滋賀養老園の収容者を之に引継ぎ此者と共に計三十名を収容せんとするものなり」と述べられている[17]。当時、滋賀県内には同施設を含めて4つの養老施設が設置されていた。しかし、どの施設も収容定員が10名前後の小規模施設で、人口の多い県庁所在地で当然救護者数（収容保護者数）も人口比的に多くなることが予測される大津市で同施設が最初の認可施設であった。また、同時期に県内の他の施設が認可申請をしなかったことも、同施設の認可申請が比較的順調に進んだ一つの要因であった。

　滋賀養老院の認可申請の手続きのなかで特筆すべき事項は、救護施設認可と同時に創設費及び初度調弁費に関する申請が為されている点である。つまり、先に見た設置理由書に述べられているように、大津市社会事業助成会は救護施設への認可を契機として移転新設を計画し、そのための創設費補助を同時に申請したのである。その創設計画については、「敷地約四百坪の内へ木造平家建瓦葺建家百四拾六坪に合し建築し中央に幅一間の廊下を通じ各要の室に連続し且つ〇〇通風に注意を加へ特に病室並に隔離病室を隔離し尚浴

場、防火其他非常用並に起居不自由なる者のため設備等に付ては充分に注意を盡し又礼拝室保養室等の設備尚食堂、炊事場及医務室等に於ても適当なる場所を選び本院の主旨たる収容者の安定、健康、長寿を基本として建築設備をなせり」と記されている（○は判読不能）。創設にかかる費用は14,553円（建築費9318円、敷地購入費2417円、初度調弁費2818円）となっており、その段階では救護法の規定に基づき二分の一の国庫補助が見込まれていた[18]。

　大津市社会事業助成会からの認可申請を受けて、滋賀県社会課から社会局へと協議の場が持ち越された。県社会課では「県内には三箇所の同種施設有之らも何れも北部に偏在し大津市を中心とする一市八郡に渉る地域には本施設の外全様設備無之機関の分布之の利用の状況等より見るも適切なるもの」との見解を示し、特段の問題なく社会局へと申請が為された様子である。同時に県社会課は、大津市社会事業助成会が認可申請と創設費用及び初度調弁費補助申請を並行しておこなうことを承認していた。申請書類からは、認可・補助金交付の両方を同時に承認することを懇願する様子が伺い知ることができる。大津市社会事業助成会及び県社会課の構想のなかには、申請手続きの手間を省くと共に新設に伴い認可を受け補助金の交付を受けることで早急に工事に着工する意図があった。

　上記のような性質を伴った滋賀県からの認可申請に対して、社会局（保護課）は1933（昭和8）年1月26日付で次のように回答している。つまり、「本件の如く設置認可を留保し補助のみに付ては詮議難相成（中略）尤も日子も無之事なれば設置認可と国庫補助を同時に協議相成はこの際便宜と存し」と回答し、申請書類の差し替えを県社会課に対して指示するのみで申請の受理には至った様子である。同時に、設置認可申請者名義人の変更、救護法による救護該当者とそれ以外の収容者の区別、設計書の合計金額と内訳の不一致の是正を指示し、再度書類を提出することを求めた。その結果として、滋賀養老院は1933年2月14日付で社会局社会部より救護施設としての認可を受けている。しかし、「国庫補助の協議に付ては別途詮議」が必要とされ、この段階では明確な回答はなかった[19]。なお、滋賀県でも3月1日付で同施設に対して県告示三十一号で以って救護施設としての認可を承認している[20]。

救護施設としての認可を受ける一方で、施設創設費及び初度調弁費に関する国庫補助の申請については、1933年3月4日付で社会局社会部によって承認された[21]。申請から2ヶ月での承認であるが、ここから実際の補助に至るまで幾つかの壁があった。補助の承認を受けて、施設の運営主体である大津市社会事業助成会は「救護費国庫補助の件依命通牒」第3項の規定により国庫（県費）補助申請書を県社会課に提出した[22]。「滋賀養老院収容救護施設拡張に付補助申請」と題された申請書には、「三月十五日より工事に着手致し六月二十五日迄に竣功の予定」と記されている。また、同申請書に添付された「大津市社会事業助成会予算書」には、新設にあたる費用（歳入臨時部）として国庫補助金7136円、県補助金3568円、その他大津市からの補助等100円を合計して10,804円が計上されている。実際の新設にかかる歳出は、建築費9318円、敷地購入費2417円、初度調弁費2818円、合計14,553円が計上されている[23]。実際には後で触れるように寄付金等218円が控除されて、14,272円が滋賀養老院の創設及び初度調弁費として認定された。

　上記の認定を受けて大津市社会事業助成会には、規定にしたがって国庫補助金7136円、県補助金3568円が助成される予定であったが、即座に助成が為されたわけではなかった。大津市社会事業助成会は5月22日付で「救護施設に対する県補助金下附申請」をおこなっている。そのなかで、「今日迄に敷地代金並建築金内渡し等に既に金六千六百円を支出致し尚竣工に近づき候為に諸種の調弁品に要する金額も亦不尠尚且国庫補助金は目下大蔵省に於て概算補助に付協議中の為御交付に不接本会に於ては茲に融金の困難に陥り候」と記されているように[24]、国庫補助は遅々として進まず財政難に陥り、竣工が近づいても開設が出来ず先に県費補助を要請する状態であった。こうした状態のなかで、県社会課では社会局に対して照会をおこない補助金の交付を促進している[25]。なお、この段階において県は、国庫補助の交付後に県費を補助する予定であった。しかし、社会局は大蔵大臣との協議が進捗していない状況を伝え、「国庫補助の交付を俟つことなく（中略）県費補助」を支給することは何等問題ないことを回答していた。なお、同時期には各県から保護施設の認可が殺到したためか、社会局は「五月末日迄に御提出無之ときは本年度に於ては該当無之ものとして処理」することを宣言していた[26]。

これは、5月の段階で出された昭和8年度国庫補助申請の事実上の打ち切り宣言である。
　その後社会局は、県からの督促に対して1933年6月5日付で補助金交付に関して回答をおこなっている。この段階で、大津市社会事業助成会が申請していた国庫補助基本額14,272円が承認されている[27]。実際の国庫補助額が交付されたのは同年9月8日以降の様子で、救護法の規定により創設費及びこれに伴う初度調弁費の総額14,272円の2分の1（7136円）が国庫補助として支給された。無論、国庫補助額が支給された段階ではすでに建物は完成し、収容保護事業を開始していた[28]。この間どのように資金のやり繰りをおこなったのか、詳細は不明である。
　国庫補助の交付が内定しているものの実際には交付されない状況のなかで、大津市社会事業助成会は施設拡張に伴う新たな国庫補助申請をおこなうことになる。1933年5月20日付で提出された申請書で拡張を必要とする理由として「建設工事中に有之候処建物の形態上敷地の狭隘を告げ不便不尠を以て今般更に同敷地の接続せる（中略）土地壱百八十壱坪7合9勺を購入」することを挙げ、拡張にかかる費用として3236円34銭を計上している（主な用途は排水溝の整備等）[29]。具体的な土地利用の目的については、収容者の健康保持を目的とした花壇菜園、運動場等の利用を掲げている。しかし、この申請は社会局によって不承認となっている。その理由として「敷地のみを特に拡張するの必要無（中略）追て現施設に排水溝生垣其の他を設くる経費に対しては国庫補助不相成」と記されているものの[30]、その詳細については記されていない。その後も大津市社会事業助成会は執拗に照会をおこなったためか、社会局は1934（昭和9）年3月2日になって不承認に対する見解を示している。不承認の理由として「施設の拡張は現在の施設に収容余力なき状態に至り始めて其の必要を生するへきも該施設は現在にては猶相当収容余力あるやに存せらるる」とし、収容見込人員等について大幅な変更がない限り、施設拡張に対する国庫補助はありえないとの判断を示している。
　以上滋賀養老院の創設過程を見てきたが、認可申請から2ヶ月で救護法における救護施設としての認可を受けたものの、国庫補助の交付は遅々として進まず最終的に交付を見たのは認可を受けてから6ヶ月後のことであった。

さらに実際に初度調弁費に対する国庫補助の交付を受けて、最終的に設備が完了したのは1934（昭和9）年3月21日のことであった[31]。無論設備完了の段階ではすでに収容保護事業は開始されていたが、申請から設備完了に至るまで1年以上の歳月を費やしたことになる。しかし、それでも他の救護施設（例えば次節でみる延寿舎）と比較して、認可から交付に至るプロセスにおいて順調な歩みをたどったといえよう。それは、同施設が滋賀県における最初の申請施設であること、同規模の収容保護施設が県庁所在地である大津市には皆無であったことなどが理由として挙げられる。

Ⅳ．救護施設の創設（2）──延寿舎、その他の事例──

延寿舎は、長浜町が1928（昭和3）年に同町内に設立した公立の養老院である[32]。設立当時の定員は4世帯で一棟・22坪の小規模施設であり、実際の収容者数も1932（昭和7）年で5人、1935年で4人となっていた[33]。同施設が救護法における救護施設としての認可申請の手続きを開始したのは1934（昭和9）年で、すでに先行研究が指摘するような財政難による認可の引締めが進行していた時期と一致する[34]。延寿舎の場合、滋賀養老院と同様に救護施設の認可によって移転新設を計画したため、創設費及び初度調弁費にかかる国庫補助も高額となる。同時に、同施設は公立施設のため事務費用への補助が認められており、また近隣（湖東地区）には彦根養老院や高宮町賑窮舎（どちらの所在住所も現彦根市内）が存在していたため認可条件としては最初から厳しい状況にあったといえる。

延寿舎の認可申請手続きは、1934（昭和9）年4月10日付で開始された。その設立理由書には、「現に相当改修を要するに至れるのみならず救護法実施以来全法に依る被救護者中（中略）収容希望者有之此際相当大規模の収容施設の必要を痛感せられるを以て茲に町会の議を経て阪田郡六荘村大字八幡東字東浅の本に敷地六百坪を購入し完備せる設備をなし現在収容者は勿論前記収容希望者中より事情急迫せる者を選び収容するの外救護法に依る医療の収容救護を必要とする者亦貧困なる妊産婦をも収容することとし以て救護の徹底を期すむとするにあり」と記されている[35]。つまり、救護施設としての認可を契機として移転新設を計画したことは滋賀養老院と同様であるが、

延寿舎の場合養老・医療・助産を包括した総合的な収容救護施設の創設を計画していた。また、「設備に余裕あるときは単に本町要救護者のみならず他町村の委託収容の希望に応ずるは勿論なりとす」と述べられているように[36]、同施設は湖東地区における救護法の中核的施設としての様相を帯びていた。収容定員は養老部が25名、助産部が2名、医療部が3名となっている。申請の段階における施設創設費は、国庫補助金9156円、県費補助金4578円、町費4578円で、総額18,312円が計上されていた[37]。

延寿舎における収容保護事業は、当初1934年6月1日より開始する予定であった。滋賀県から社会局への申請も4月19日付でおこなわれており、認可後の工事着工を待つだけであった。しかし、申請から3ヶ月が過ぎても社会局からの回答はなく、長浜町及び滋賀県の社会局に対する催促がはじまる。最初の催促は1934年7月16日付でおこなわれ、この段階では「既に敷地の買収も相済み本年中に工事竣功致し度計画に有」とし、早急の認可の訴えが為されている[38]。さらに、滋賀県方面委員坂田郡常務委員会においても、8月25日付で「滋賀県北部に於ける時機に適せる好施設にして実現一日も早きを一般より切望致居り」といった常務委員会満場一致の陳情書を提出している[39]。しかし、申請年度内に認可が為されることはなかった。翌年には、長浜町議会が1935年2月26日付で「本町は曩に救護法に依る救護施設として養老院の建設を計画し既に敷地を指定せられたるも未だ建設之運に至らさるを遺憾とす当局は速に所期の目的を達成する様最善の努力を払われたし」とった建議書を提出し[40]、県から社会局へ催促するように働きかけをおこなっている。こうした再三にわたる催促が功を奏したのか、延寿舎は1935年3月30日付けで救護施設として認可され、設備認可国庫補助基本額として16,164円が認定された[41]。当初の申請予算より2000円以上削減されての認定であった。基本額が決定したことで、国庫補助額8082円、県費補助額4041円の支給が確定したはずであった。

しかし、即座に上記の額が支給されたわけではなかった。社会局社会部は認可及び基本額の決定通知と共に、次のことを明記していた。「創設費及之に伴ふ初度調弁費に対する国庫補助金は当面の内交付不相成見込なる」、さらに「国庫補助金交付額か計画の額（補助率二分の一）に達せさることある

へきを認可に際し設置者に了承せしめ置くこと」「初度調弁費は3,075円なるも之を2,300円程度に減額せしむること」[42]。つまり、救護施設としての認可にあたっては、創設費及び初度調弁費にかかる国庫補助の削減を条件として受け入れること、さらにその国庫補助についても当分の間支給されないことが明記されていた。国庫補助が救護施設としての認可を受ける最大のメリットであるが、そのメリットが受けられない以上、認可は何の意味も持たなかった。

　上記の条件を長浜町は受け入れることを県に対して回答し[43]、初度調弁費の減額を受けて新たに設備計画書を策定し県へ提出した。また、設備計画にかかる費用についても一時的に借用金でもって対応し、国庫補助の交付が為された場合その交付金で弁済することとした[44]。なお、この段階では基本額の1/2である8082円全額の交付を前提として計画を立案していた。このような紆余曲折をたどりつつ、延寿舎は1935年5月31日に竣功した[45]。当初の計画より1年遅れでの完成であった。なお、施設の開院式が同年10月3日に開催され、名称も「延寿院」と改称された[46]。

　新施設の竣工後当然に事業が開始されたが、その後も創設費にかかる国庫補助は即座に交付されなかった。最終的に延寿舎に対して国庫補助の交付及び交付額が決定したのは1937（昭和12）年3月31日で[47]、実際に交付されたのは同年4月19日である。国庫補助額は当初の試算どおり基本額16,164円の半分8082円であった。先行研究が指摘するように[48]、補助率の引き下げが検討されていた時期においても一応2分の1の国庫補助規定は遵守された。しかし、それは見てきたような補助決定の引き延ばしの上になされた交付であった。

　延寿舎が救護法による救護施設としての認可を受けて以降、滋賀県内では確認できただけで大津市が2つの施設の認可申請をおこなっている。一つは大津市救療院という医療扶助施設で、もう一つは和光園なる母子保護施設である。大津市救療院の認可申請手続きは、1936（昭和11）年6月1日付で為されている。設置理由には、「同市は昭和八年石山、膳所両町を併合以来人口著しく増加し生活困窮者も亦自然増加を示し殊に医療救護に於ては市内日赤滋賀支部病院又は地方開業医師に委託するも要救護者数に比し之が収容

力薄く為に大部分の患者は已むを得ず自宅に療養するの状態にてややもすれば病勢を助長せしむる感あるに鑑み今回救護施設として救療院を新設し救護上遺憾なきを期せむ」と記されている[49]。つまり、町村の合併に伴う人口増と入院施設の不備を理由としてあげている。事業計画では収容定員を14名に設定し、救護法における医療扶助対象者に限定していた。

この事業計画に対して社会局は、1937（昭和12）年7月22日付の「照会」で「収容定員全部を救護法に依る被救護者を収容することに定むることは過大」と判断し、救護法による医療扶助対象者以外に非該当者を半数入院させることを指示した。同時に、創設費及び初度調弁費にかかる国庫補助基本額についても再度計画の練り直しを求めていた[50]。こうした指示の背景には無論、救護法対象者の定員を減少させることで初度調弁費及び救護費を抑制させる社会局のねらいがあった。

しかし、その後大津市は計画を立案・提出せず、逆に社会局から経緯の報告を求められる状況であった[51]。詳細は定かではないが、計画そのものが頓挫した可能性が高い。また、大津市が和光園なる母子保護施設の設置認可申請を1938（昭和13）年4月22日付けでおこなったとの記録があるが、こちらは1939年2月28日付の社会局の通牒で「予算経理の都合上本年度に於ては承認難致」として却下されている[52]。戦時色が濃厚になるなかで更なる救護法における施行の抑制策が推し進められたことがこのような却下の直接の原因であろうが、医療施設や母子保護施設は少なくとも戦力に必要な人的資源の保護育成には必要不可欠な施設であったはずである。長期的なビジョンよりも抑制を優先させた結果であるが、結果的に滋賀県における救護施設は2つの養老施設の認可にとどまった。

V．まとめ

以上、滋賀県における救護施設の創設過程を見てきた。滋賀県においては救護法制定時には成人を対象とした入所施設が一部存在していたが、その事業規模は極めて限定的で慈善事業の枠組みを出るものではなかった。その意味で救護法の制定による救護施設の制度化、特にその創設費及び初度調弁費の助成制度は滋賀県の社会事業施設の近代化に大きな意味をもったといえ

る。事実、救護施設として認可された二つの施設（滋賀養老院・延寿舎）は、救護施設としての恩恵（助成）を受けることで戦後まで活動を継続することができた。

　しかし、その創設に至る過程ではさまざまな紆余曲折があったことが資料から確認できた。滋賀養老院では1年以内に認可から国庫補助の支給まで達成することができたものの、延寿舎では申請から認可に至るまで約1年を要し、さらに補助金の支給を受けるまで2年を費やした。この間事業運営は開始されていたものの、事業運営にかかる費用は借用金によって賄われていた。救護法の制定が全国的に救貧行政組織を整備し救護者数を増大させるなど救貧制度の近代化をもたらす一方で、社会事業施設の整備の面では個別の救済案件以上に抑制が働いていたといえよう。

【注】
1）寺脇隆夫「救護法下の救護施設の実態――普及と施設実態、認可と補助、施設財政など――」『長野大学紀要』（第24巻、第3号）、2002年。
2）井村圭壯『日本の養老院史――「救護法」期の個別施設史を基盤に――』学文社、2005年。
3）昭和初期に滋賀県内に存在した成人施設は、高宮町賑窮舎（定員12名、養老院）、彦根町養老院（定員6名、養老院）の二つのみである（滋賀県『社会事業概要』1932年）。
4）寺脇隆夫「救護法の施行状況と地方別データの検討――全国概況と都道府県別の各種救護統計数値――」『長野大学紀要』（第25巻、第4号）、2004年。
5）「窮民恤救願」（昭和二年十一月十五日）。
6）野洲郡小津村長寺田太三郎「副申書」（昭和二年十一月十五日）。
7）滋賀県学務部長「窮民恤救ノ件照会」（社第二八一号）、昭和三年二月十日。
8）野洲郡小津村長「窮民恤救ノ件再申」（小発第一二号）、昭和三年二月十八日。
9）滋賀県学務部社会課嘱託山田幾次「調書」昭和三年三月二十三日。
10）学務部長「窮民恤救米支給ニ関スル件伺」（社第二八一号）、昭和三年三月二十三日。
11）寺脇隆夫、前掲「救護法の施行状況と地方別データの検討」36頁。
12）滋賀県『社会事業概要』1935年、40〜42頁。
13）滋賀県社会課『社会事業概要』1937年、46〜48頁。
14）この指摘については、井村圭壯「昭和十五年六月末における全国の養老院の実情分析――基本統計解析からの考察――」『北信越社会福祉史研究』（第8号）、2010年、8頁。
15）なお、特に断りの無い限り、本章及び次章が依拠している資料は滋賀県所蔵『賑恤救

護——救護施設に関する書類——』である。
16) 大津市社会事業助成会『経営事業概要』1934年、1頁。
17) 大津市社会事業助成会山川丈助「収容保護施設設置認可申請」昭和八年一月十四日。
18) 同前、大津市社会事業助成会山川丈助「収容保護施設設置認可申請」。
19) 社会局社会部長「救護施設認可ニ関スル件通牒」（収社第一〇七号ノ内）、昭和八年二月十四日。
20) 滋賀県告示第百三十一号、昭和八年三月一日。
21) 社会局社会部長「救護施設ノ創設費及之ニ伴フ初度調弁費ニ対スル国庫補助ニ関スル件通牒」（収社第一〇七号ノ内）、昭和八年三月四日。
22) 同通牒の内容については、寺脇隆夫編『救護法成立・施行関係資料集成』ドメス出版、2007年、884〜885頁を参照。
23) 大津市社会事業助成会「滋賀養老院創設費並初度調弁費県費補助ノ儀ニ付申請」昭和八年三月五日。
24) 大津市社会事業助成会「救護施設ニ対スル県補助金下附申請」昭和八年五月二十二日。
25) 滋賀県知事「救護施設創設費及初度調弁費国庫補助金交付ニ関スル件照会」（社第一一九四号）、昭和八年五月二十二日。
26) 社会局社会部長「救護施設ノ創設費拡張費及之ニ伴フ初度調弁費ニ対スル国庫補助協議ニ関スル件」（社発第発七四号）、昭和八年五月十日。
27) 社会局社会部長「救護施設ノ創設費及之ニ伴フ初度調弁費ニ対スル国庫補助金交付ニ関スル件回答」（保第五七二号ノ内）昭和八年六月五日。
28) 大津市社会事業助成会が県社会課に提出した「収容救護開始御届」には、7月7日より収容保護を開始したと報告されている。
29) 大津市社会事業助成会「滋賀養老院収容救護拡張ニ付補助申請」昭和八年五月二十日。
30) 社会局社会部長「救護施設ノ拡張費ニ対スル国庫補助ニ関スル協議ノ件」（社初第七四号ノ内）、昭和八年九月二十七日。
31) このことは、社会局への報告書「救護施設ノ整備費ニ対スル国庫補助清算書」に記されている（滋賀県知事「救護施設ノ創設費及之ニ伴フ初度調弁費国庫補助予算ニ関スル件」昭和九年四月五日）。
32) 『長浜市二十五年史』によると、同施設は、1943（昭和18）年長浜町の市制に伴い同市に引き継がれた。しかし、同年12月末現在の収容者は7人、昭和19年12月末には4人に減少した。戦後は引揚者・戦災者及び生活困窮者の激増に伴い、1947（昭和22）年に養老院を廃止し、施設は厚生住宅に転用された（『長浜市二十五年史』1967年、464頁）。
33) 滋賀県、前掲『滋賀県社会事業概要』1932年版、107頁、及び1935年版83頁。
34) 寺脇隆夫『救護法の成立と施行状況の研究』ドメス出版、2007年、774頁。

35）「救護法ニヨル救護施設設置ニ付設備認可申請書」（社発第四五号）、昭和九年四月十日。
36）同前、「救護法ニヨル救護施設設置ニ付設備認可申請書」。
37）同前、「救護法ニヨル救護施設設置ニ付設備認可申請書」
38）長濱町長「救護法ニ依ル救護施設ニ付許可促進ノ義ニ付申請」（社発第一〇四号）、昭和九年七月十六日。
39）滋賀県方面委員坂田郡常務委員会「陳情書」昭和九年八月二十五日。
40）「養老院建設促進ノ件建議」（昭和十年二月二十六日）。
41）社会局社会部長「救護施設ノ設備認可ニ関スル件通牒」（収社第二八六号）、昭和十年三月三十日。
42）同前、「救護施設ノ設備認可ニ関スル件通牒」。
43）長濱町長「救護施設々備認可ニ関スル件回答」（社発六四号）、昭和十年四月八日。
44）長濱町長「救護施設設備計画実施ニ要スル経費」（社発六四号）、昭和十年四月十七日。
45）長濱町長「救護法ニ依ル救護施設竣功報告」昭和十年五月三十一日。
46）なお、『賑恤救護』中には、開院式における県知事の「告辞」が収録されている。
47）社会局社会部「救護施設ノ創設費及之ニ伴フ初度調弁費ニ対スル国庫補助ニ関スル件通牒」（収社第二四四号）、昭和十二年三月三十一日。
48）寺脇隆夫、前掲『救護法の成立と施行状況の研究』852頁。
49）滋賀県知事「救護施設ノ創設費竝ニ之ニ伴フ初度調弁費国庫補助ニ関スル件協議」（社第四二二号）、昭和十一年六月一日。
50）社会局社会部長「救護施設ノ設備認可ニ関スル件照会」（収社第六六二号ノ内）、昭和十二年七月二十二日。
51）厚生省社会局長「救護施設設備認可ニ関スル件通牒」（社発第一八五号）、昭和十三年十二月八日。
52）厚生省社会局長「母子保護施設設置認可ニ付協議ノ件通牒」（社発第一七号）、昭和十四年二月二十八日。

第二章　軍事援護事業の展開

Ⅰ．はじめに

　戦時下において社会事業が厚生事業として改組され、社会連帯や自由主義の思想を纏いつつ発展してきた地域の社会事業活動は国家の直接的な統制下に置かれることになる。そして、このことは戦時下において急速に需要が高まった軍事援護の分野において特に顕著に確認できる傾向である。軍事保護院を頂点として都道府県単位では軍人援護会支部が、市町村単位では銃後奉公会が、さらに部落単位では部会がそれぞれ張り巡らされ、統一的かつ統制的な援護体制が整備された[1]。このように国家主導で軍事援護体制が整備される過程において、各地域において軍事援護を担っていた既存の団体は解消または統合の運命を辿ることになる。しかし、そのような統制に至る過程のなかで方面委員を中心に既存の社会事業組織が軍事援護の一翼を担っていったこともまた事実である。その意味で、一般的な政策的動向とは別に各地域単位で軍事援護を論じることが必要となってくる。本章では滋賀県を事例として、主に日中戦争勃発以降の軍事援護の内実に迫ってみたい。

　軍事援護が傷痍軍人や帰郷軍人等の生活扶助や生業指導にとどまらずその家族や遺家族をも対象とした背景には、出征軍人が抱く後顧の念を払拭させることで国民に兵役の義務を確実に履行させて戦争遂行に必要な軍事力を確実に確保する軍事作戦上の課題があった。全国の市町村単位で組織された銃後奉公会の機能が、軍事援護と並んで「兵役義務服行の準備」にあったことはこの点に由来している[2]。つまり、戦争を継続遂行する上で兵役義務の履行と軍事援護とは車の両輪の関係にあった。軍事援護を論じることは、国民の戦時体制への動員のプロセスを論じることと同義である。

　軍事援護をめぐる政策的な動向については、すでに吉田久一や郡司淳によって論じられてきた[3][4]。その一方で各地域における軍事援護を論じた研

究は、山口県を対象とした杉山博昭の研究を筆頭に一部の地域にとどまっているのが現状である[5]。本章では滋賀県を事例として、特に地方で展開されてきた軍事援護事業がどのような過程で統制されていくのか、また国家による統制のなかで方面委員制度を筆頭とした既存の社会事業がどのような機能を担っていくのかを明らかにしてみたい。

Ⅱ．満州事変勃発後における軍事援護の初動

　1931（昭和6）年の満州事変をきっかけとして日本が中華民国への侵略を開始した後に、滋賀県においては増加する出征軍事遺家族に対する後援事業が開始される。1932（昭和7）年3月7日付の公報号外により、滋賀県に新たに「出動軍人遺家族後援臨時委員会」なる組織が設置されたことが宣言された。その設置目的は「満州上海両事変の為に出動した我が忠烈なる軍人の遺家族をして後顧の患なからしむる為に組織的之が後援を行ふ」ことにあった[6]。委員会設置と同時に発表された「出動軍人遺家族後援臨時委員会規程」の第二条には、同委員会が担う事務として「出動軍人の慰問戦病死者の弔慰」、「遺家族の慰問及救護」、「時局に対する国民的観念の涵養」、「其の他必要なる施設」の4項目が掲げられた。なお、注目すべきはその委員の構成で、「会長は知事之に当り委員は縣廳内部課長、縣会議長、市長、町村長會長等に付知事之を任命又は委嘱す委員長は学務部長常任委員は社寺兵事、教育、社会、会計の各課長を以て之に充つ」ことが定められ[7]、県知事が会長職を兼任して各委員に県吏員が就任する規程となっている。つまり、出征軍人遺家族の後援事業は県主導で展開することが宣言されたのである。

　満州事変の勃発に伴う県内出身者の出征が増加するなかで、県予算に占める軍事救護費の増加も顕著に確認できる。1931（昭和6）年度における軍事救護費の総額は34,857円にのぼり昭和初年度と比較しても2倍に達していることが確認される[8]。一例として昭和初期滋賀県における軍事救護対象及び救護費の支出の推移を引用してみる。

年次	大正15年度	昭和2年度	昭和3年度	昭和4年度	昭和5年度	昭和6年度
戸数	127戸	211戸	365戸	406戸	435戸	664戸
人員	544人	598人	995人	1280人	1361人	2186人
金額	18714円	21268円	25178円	30713円	34210円	34857円

滋賀県社会事業協会『共済』（第九巻、六月号）、1932年、48頁より引用。

上記の表からも明らかな通り軍事救護費のみならず、軍事救護対象者についても著しい増加が確認できる。その増加理由について、滋賀県では次のように報告している。「最近経済界の不況が深刻の度を増し各種産業に甚大な影響を被つたが特に庶民階級には著しいものがあつた、殊に小農階級に於ては農作物価の下落によつて益々窮乏を告げた。その結果軍事関係の家族中にも救護を要する者増加するに至つたのである。加之昨年九月日支事變勃発以来本縣下にも動員及補欠召集があり應召人員一千百十八人を算するに至つた之が為要救護家族の激増を見るに至つたのである」[9]。この報告に従えば軍事救護増大の第一義的な要因は、昭和恐慌下の農村社会の疲弊による出征軍人家族の要救護層への没落に求めることができる。実際に先の表からも明らかなとおり軍事救護対象の戸数及び人員ともに昭和5年度から6年度にかけて著しい増大をみせているが、その救護にかかる支出金額については殆ど伸びていない。この要因は、現役兵並びに傷病兵遺家族一人に対して一日33銭まで支給することが可能であった救護費が昭和6年10月の軍事救護施行規則の改正に伴い、上限が25銭に切り下げられたことにあった[10]。つまり、軍事救護対象者の増加は単に満州事変の勃発による出征軍人の増加に帰せられる現象ではなく、昭和恐慌期の農村社会（家族）の疲弊による要救護層への没落に要因を見出すことができる。実際に、昭和6年度滋賀県の「現役兵傷病兵遺家族」を対象とした救護種類は生活扶助が大部分を占めていた[11]。

　また、滋賀県においては多数の出動将兵を輩出したことから、「益々盡忠報國の赤誠を捧げしむるために後顧の憂なからしめん」ことを目的とした「出動軍人遺家族後援臨時委員会」が設置されたことは先に述べたとおりである。同委員会が担った主な活動は出動将士に対する犒軍慰問、戦病死者の弔慰、遺家族の慰問などであるが、他にも軍事救護法の救護対象から除外された遺家族に対して別途同委員会が経費を支出して救護をおこなった例も報告されている[12]。

　このように満州事変以降に現地へ出征する軍人が増加するなかでその家族など救護を必要とする軍人関係者も増加の一途を辿ったが、当時そうした需要に対応する社会的施策は軍事救護法による救護のみであった。しかし、同

法は救護対象を主に傷病兵及び下士兵の家族・遺族に限定していたため、救護対象からこぼれ落ちる要救護者を生み出した。また、仮に軍事救護法の救護を受けられたとしても、昭和恐慌下における緊縮財政のなかで救護費は削減され充分な生活保障には至らなかった。そうした状況のなかで滋賀県では独自に委員会を設置して軍事救護にあたるなど、早くから県行政の一環として軍事救護対策を講じていたことが確認できる。無論そうした背景には、兵役服務の確実な履行の促進と兵役拒否の風潮が蔓延することを予防する政策的な意図があったことは言うまでもない。

軍事救護法による救護の他にも県主導で独自に軍事援護が展開されたことは先に述べたが、満州事変勃発以前から帝国軍人後援会滋賀支会や愛国婦人会滋賀支部等の民間団体が独自に軍事援護を担っていた。しかし軍事援護対象者が増大するなかで、民間団体による軍事援護の円滑な遂行を計るためには団体間の連絡統制を担う機関の設置が求められるようになる。1934（昭和9）年6月14日に県学務部に於いて機関設置の準備委員会が開催され、協議の結果「軍事扶助滋賀縣地方委員会」なる機関が滋賀県社会課内に設置された。同委員会は、傷痍軍人や遺家族に対して生活扶助や医療、助産、生業扶助等の事業をおこなう団体によって構成された。新たに公布された会則では、「本會ハ軍事扶助事業ノ聯絡統一ヲ圖ルヲ以テ目的」とすることが明記され、主な事業として１．軍事扶助事業の調査及び研究、２．軍事扶助団体の連絡、３．要扶助者の調査及び研究、４．その他、の４事業が掲げられた。なお、総裁には滋賀県知事が推薦され会長には学務部長を、副会長には滋賀県社会課長・社寺兵事課長を充足することが定められている[13]。つまり、民間団体の事業とはいえ、県がその事業運営を直接統制する規程となっていたことが確認できる。このように軍事援護分野においては早くから県が主導権を握り、民間の軍事援護団体を統制して包括的な軍事援護体制を整備する動きが確認できる。

Ⅲ．日中戦争期における軍事援護行政組織の整備

軍事援護が本格的に政策上の課題として表面化してくるのは、言うまでもなく日中戦争勃発以降のことである。1937（昭和12）年に軍事救護法が軍

事扶助法に改正され、救護（扶助）対象も一定の拡大を見た。また、新たに厚生省外局として軍事保護院が創設された。軍事保護院が創設されたことで同院を頂点とした組織体制が各地方にも普及し、下部組織として都道府県には軍人援護会が市町村には銃後奉公会が各部落には部会がそれぞれ整備され、統制的な軍事援護体制が完成したことは序論で述べた通りである。

　日中戦争下において社会事業が厚生事業として再編成され、軍事援護がその中心に据えられたことは周知の事実である。しかし、国家の主導により軍事援護が展開されたことは、換言すればそれまで各地域で独自に軍事援護を展開してきた地方行政や民間団体の役割が変化していくことを意味する。例えば、1938（昭和 13）年から軍事扶助法による扶助額が約 2 割増額し、結果として 1 人あたり 1 日の扶助限度は大津市で 42 銭、彦根市で 40 銭、その他の町村でも 35 銭に引き上げられた。しかし、その一方で出動軍人遺家族後援会では従来軍事婦扶助法適用者に対して支給してきた援護金を廃止するなど[14]、民間団体による経済的援護は軍事援護の中心から外れることになる。それに伴い、以降軍事援護を担ってきた民間団体の主な役割は慰問活動や教化指導などの精神的援護にシフトしていくことになった。その内実について、戦時下における滋賀県の軍事援護行政と軍事援護団体の事業を中心に確認してみたい。

　前述したように軍事扶助法施行後に経済的援護は国家主導で展開されることになり、それに伴い各地方行政や民間団代が独自におこなってきた経済的援護は軍事援護の中心的課題から外れることになる。そうしたなかで、県主導で展開された新しい事業の一つが生業援護であった。県社会課では「生活扶助中心の軍事援護は動もすれば勤労精神を失ふ處あるに鑑み今後政府の新方針に順應して、自主向上、精神労働の涵養を目標に生業扶助に重點を置き、各般の生業援護對策を樹てゝ之が大々的實踐に乗り出す」ことになった。具体的には軍事扶助法の生活扶助受給者に対して、50 円程度（上限 100 円）の生業資金や器具資料を給付し、また軍事扶助法の対象とならない要援護者に対しては滋賀県軍人遺家族援護会より同額の生業援護をおこなっている[15]。このように、滋賀県（地方）の軍事援護行政の課題は徐々に生活扶助から生業扶助へとシフトしていくことになる。社会課では養鶏、養豚、養兎、

製炭、製筵、製縄などの「有望確実なる副業」の訓練を生業援護の柱に位置づけて関係各課や産業団体と連携を図ることになった。実際に、都市における応召軍人遺家族の生業扶助の一環として、1938年の6月から9月にかけて大津市及び彦根市において、陸軍被服廠より割り当てられた軍隊用襯ズボンの縫製作業を「ミシン裁縫による授産事業」として位置づけた長期講習会が開催され、出来高に応じて受講者には賃金が支給された[16]。同様に県では、1940（昭和15）年8月17日からの25日間山村地域における「自奮自営の精神を喚起せしめ家計経済の向上」を目的とした「軍人遺族授職補導木炭講習会」を開催している。開催場所は滋賀郡伊香立村、甲賀郡雲井村、高島郡廣瀬村の3村で、対象は傷痍軍人、戦没者遺族等から選抜された「将来成業の見込確實なる男子」で55名が講習に参加した。講習期間中には近藤知事が督励に訪れるなどの配慮を見せ、「製品に於ても實に優秀なる結果を収め約五〇〇俵の木炭を産出せり縣は各講習員に四俵宛、其村軍人遺族、家族中援護を受くる方に一俵宛及縣下滋賀縣湘南學園（舊名滋賀縣育児院）外二十六社会事業團體に對し夫々交付」している[17]。

このように生活扶助から生業扶助が重要視された背景には軍事援護対象者に対する勤労精神の涵養といったイデオロギー的な課題の他に、戦時下において軍需労務へと労働力を移行させる生産政策上の課題があった。この動向を端的に表しているのが、1938年の「職業紹介法」の改正である。これによって職業紹介所は国営に移行したが、その意味について厚生省職業部は次のように提案している。「今次事變下ニ於ケル當面ノ問題ト致シマシテハ、一方ニ於テ軍需労務ノ充足ヲ敏速適確ナラシムルト共ニ地方ニ於テハ事變ニ伴ツテ生ズル職業轉換ヲ圓滑ナラシメ、克ク長期對戰ニ堪エ得ルノ措置ガ必要デアリマスノミナラズ、歸還又ハ傷痍ノ軍人等ノ職業斡旋ニ付テモ其ノ萬全ヲ期スルノ用意ガナケレバナリマセン」[18]。職業紹介法の改正に伴い、傷痍軍事等への職業斡旋事業は国営の職業紹介所に一元化することになる。このような状況のなかで、1938年3月5日に県教育会館で「職業紹介所職員会議」を開催している。この会議では一般職業紹介事業業務の他に、「應召軍人遺家族及傷痍軍人再教育並ニ今事變除隊者就職斡旋ニ関スル件」が議題として提出されている[19]。また、同年4月19日に水口町鹿深館で開催された職業

紹介所職員会議でも「召集解除者並ニ遺家族ニ對スル就職斡旋ノ件」が協議されている[20]。つまり、戦時下における職業紹介所は軍需労務の需給調整の他に、軍事援護としての職業紹介事業という機能を担うようになった。

職業紹介所の国営化に伴い、滋賀県では大津市と彦根市に国営職業紹介所が設置され既設の職業紹介所は廃止された[21]。さらに、社会課内の一係として位置づけられていた職業係が独立して職業課となり、職業課が県内における傷痍軍人の職業指導及び斡旋、帰郷軍人の就職斡旋及び応召者の遺家族に対する授産指導にかかる業務の連絡調整を担うことになった[22]。このことは傷痍軍人への職業斡旋や指導等が、社会事業（軍事援護）行政から分離独立したことを意味している。

生業扶助や職業紹介などの職業指導の他に、要援護者に対する相談事業の一環として軍事援護相談所が全県市町村に整備されることになった。すでに県では「軍事扶助滋賀縣地方委員會附設軍人遺家族相談所」を開設して各市町村の方面委員を駐在委員に委嘱して相談網を張り巡らしていたが、1938年には国の指針に従いその機能の拡充を意図して新たに県庁内に中央相談所を、各市町村には分会をそれぞれ設置することが決定した[23]。これに伴い、県中央相談所の指導のもとで各市町村に設置された軍事援護相談所が軍事援護にかかる相談事業を担うことになった。「軍事援護相談所規程準則」の第一条には、「出動又ハ應召軍人ノ家族並ニ遺族ノ家業ノ経営維持、紛議調停其ノ他身上及家事全般ニ関スル相談ニ應ジ適切ナル指導ヲナス為」とその設置目的が記されている。また、第三条には所長を市町村長が副所長を市町村助役が兼任することがそれぞれ規定され、相談委員には市町村吏員、方面委員、市町村会議員等を充当することが定められた[24]。実際にどのような地位の人材が市町村に設置された軍事援護相談所の相談委員に充当されたのか、統計的に判断できる資料を確認できていないため不明である。しかし、軍人遺家族相談所の拡張構想の結果として軍事援護相談所が開設されたことを考慮すれば、相談委員には軍人遺家族相談所の駐在委員であった方面委員がそのまま委嘱されたと考えるのが妥当であろう。この仮説に従えば、方面委員は軍事援護相談所の主な機能である応召軍人家族並び遺家族間に発生した扶助をめぐる紛争を発見し解決する役割を担っていたといえる。実際に、

紛争等の事件が発生した場合にはその状況を県に報告する義務が各軍事援護相談所に課せられていた[25]。このようないわば国民の監視体制が整備された背景には、国民間の融和を推進し出征軍人の後顧の念を払拭することで戦意を高揚させるための軍事作戦上の要請があった。なお、軍事援護相談所開設当初（1938年7月から9月まで）の相談内容の記録が残されているので引用してみる。

中央相談所

種目	前期より繰越件数及本期受理件数	同左中解決件数	同左次期へ繰越件数
各種恩典を繞る紛争	9	5	4
扶助及援護手続	1	1	—
借家問題	2	2	—
小作問題	—	—	—
戸籍整理	3	3	—
家業の維持経営	2	2	—
子弟の教育	2	2	—
就職斡旋	8	8	—
其の他	5	3	2
計	32	26	6

市町村相談所

種目	前期より繰越件数及本期受理件数	同左中解決件数	同左次期へ繰越件数
各種恩典を繞る紛争	17	13	4
扶助及援護手続	810	778	32
借家問題	17	13	4
小作問題	7	5	2
戸籍整理	267	248	19
家業の維持経営	261	202	59
子弟の教育	19	18	1
就職斡旋	58	52	6
其の他	287	274	13
計	1743	1603	140

滋賀県社会事業協会『共済』（第十五巻、第十二号）、11頁より引用。

上記の表から判断されるように、当初軍事援護相談所の第一義的な業務として想定されていた「各種恩典を繞る紛争」解決に向けての介入・調停よりも、「扶助及援護手続」に関する業務が軍事援護相談所の日常的な業務であったと判断できる。その意味で方面委員は軍事援護相談所における主要な相談委員として機能し、末端で要援護者を軍事扶助法等の社会資源と結合させる

役割を担っていたと判断できる。

このように軍事援護体制が整備されるなかで、滋賀県では1938（昭和13）年末に新たに２つの軍事援護組織が成立している。一つは下賜金により創設された恩賜財団軍人援護会の滋賀県支部で、もう一つは財団法人大日本傷痍軍人会滋賀支部である。軍人援護会滋賀県支部の主な機能は軍事扶助法適用外の要援護者に対して軍事扶助法に準じて生活援護、医療保護、生業援護を展開することであった[26]。つまり、従来滋賀県軍人遺家族援護会が担っていた事業をそのまま引き継ぐ形態となり、以降軍人援護会滋賀県支部とその下部組織である市町村銃後奉公会を中心とした軍事援護体制が整備されることになった。また、日本傷痍軍人会滋賀支部は社会課内に傷痍軍人相談所及び彦根支所を設置し、傷痍軍人の身の上に関する相談事業を一手に担うことになった[27]。傷痍軍人相談所の設置により、傷痍軍人が傷兵保護院療養所や医療機関等の社会施設を利用する際の手続き及び斡旋に関する業務は同相談所に一本化されることになった。このように政府直轄の機関支部が設置されることによって、それまで独自に発展してきた軍事援護事業は次第に地域性（独自性）を喪失していくことになった。

国家及び県主導で軍事援護行政組織が次第に整備される一方で、軍事援護対象者間で遺家族修養会や遺家族会等の組織を独自に形成する動きもでてくる。その目的は「我々遺家族も感謝援護に押れず自粛自戒、互いに修養をつみ家庭の内外に正しき道義を確立堅持して榮ある名誉を保持し以て上御皇室の有難き恩召と下國民の厚き援護感謝に酬ひん」とすることにあった。実際の活動は方面委員や社会課関係者を招聘して指導援助を仰ぐ修養会の開催が中心で、1938年末には県内に76の組織が結成された[28]。しかし、このような市町村で結成された独自の組織的活動もやがて新たに市町村に整備された銃後奉公会とその下部組織である部落会へと吸収されていくことになる。そして、既存の援護団体が新たに国家主導で結成された軍事援護団体組織へと円滑に移行・吸収させる役割を担ったのが他ならぬ方面委員であった。このことを念頭に置いて、次節では方面委員の軍事援護事業及び方面委員と軍事援護行政・団体との関係性について論じていく。

Ⅳ．方面委員の軍事援護活動

　満州事変勃発以前から方面委員は日常的に慰問等の軍事援護事業を展開していたが、その一方で方面委員が軍事援護を担うことに対して否定的な意見が根強く存在していたことも先行研究が明らかにするところである[29]。日中戦争勃発以降に軍事援護の需要が増大するなかで社会事業（救貧）行政から軍事援護が独立し、新たな軍事援護体制が整備された。そのような状況のなかで新たに軍事援護団体や組織が創設され、それぞれの事業領域を設定して軍事援護事業を展開していったのは前節で確認した通りである。本節では、滋賀県における方面委員の軍事援護事業を考察してみたい。当時、方面委員を各軍事援護団体及び組織の役員に推挙する運動が方面委員会を中心に推進されていたが[30]、方面委員が軍事援護行政のなかでどのような機能を担っていたのかを合わせて確認してみたい。

　1939（昭和14）年3月25日に滋賀県教育会館大講堂にて「第十回縣下方面委員大会」が開催された。この大会において「隣保相扶ノ醇風ニ則リ互助共済ノ精神ヲ以テ同胞ノ生活安定ニ裨補スルハ我等方面委員ノ使命トスル所ナリ而シテ今次支那事變勃發以来我等ハ率先軍事扶助ノ任務ヲ分担シ其ノ適正迅速ナル運用ニ力ヲ致シ以テ銃後ノ護リノ完璧ヲ期シツヽアルハ我等ノ深ク光栄トスル所ナリ」と宣言され[31]、次の5つの項目が指示事項として各市町村の方面委員に通達された。つまり、「今ヤ時局重大ヲ加ヘ銃後ノ護リニ一段ノ努力ヲ要ス、各位ハ更ニ其ノ責務ノ重大ナルヲ自覚シ各種機関トノ連絡ヲ密ニシ出征兵士ヲシテ何等後顧ノ憂ナキニ至ラシメムコトヲ期セラレ度」ことを目的とした、「應召者ニ對シテハ其生活状態ヲ審ニシ軍事扶助ノ要否決定ニ付テハ成可ク方面委員會ノ審議ニ付スルコト」、「時々應召者ノ家庭ヲ訪問シ其ノ生活上ノ相談對手トナルコト」、「應召者ノ家族ニ對シテハ努メテ生業ニ勵ム良風ヲ馴致シ外部ヨリノ援護ニ對シテハ感謝ノ念ヲ以テ迎フルヤウ精神的指導ヲ加フルコト」、「一般援護事業ニ関シテハ克ク他ノ諸團體ト協調シ公平且懇切ナル援護ヲ行フヤウ努ムルコト」、「召集解除歸郷者ニ對シテハ各機関協力シ、復職又ハ就職ニ付斡旋セラルヽコト」の5事項である[32]。この指示事項からも明らかなとおり、経済的援護に関する方面委員の活動は軍事扶助法による扶助の可否の判断のみで、他は慰問活動や就労指導等の教化

事業が中心であった。

　方面委員による軍事援護活動の比重の増加は、一般的に全国的動向として確認できる傾向である。1938（昭和13）年6月に新潟市で開催された第九回全国方面委員大会では厚生大臣からの諮問について滋賀県では次のように答申している。つまり、「銃後後援ノ實ヲ擧ゲ忠勇ナル将士ヲシテ後顧ノ憂ナカラシムルト同時ニ一面國民生活ノ安定ヲ圖リ國力を充實シ以テ益々國威ヲ輝耀セシメザル」ため、次の4事項を方面委員の任務として推挙している。つまり、「今次事變ノ目的ヲ國民ニ明徹セシメ堅忍持久ノ精神ヲ涵養シ聖戰ノ大目的達成ニ邁進セシムルコト」、「軍事援護ノ擴充徹底ヲ期スルコト出動軍人遺家族、歸郷軍人及傷病軍人等ニ對シ軍事扶助法ニ依ル扶助、各般ノ公私施設ニ依ル援護、労力奉仕、身上相談等物心両方ヨリノ援護ヲ擴充徹底セシムルト共ニ、被援護者ヲシテ天恩ニ感謝セシムル様指導誘掖ヲ怠ラザルコト」、「國民ノ経済生活ノ革新並ニ保護安定ヲ圖ルコト」、「國民體位ノ向上ニ努力シ現在及将来ノ國力ノ増進ヲ圖ルコト」の4事項である[33]。そして、その実現のための具体的方法としては「吾國古来ノ美風タル隣保相扶ノ精神ヲ基調トセル五人組制度等ヲ新時代ニ即シタル組織ニ於テ復活セシメ之ヲ信用シテ力ヲ致スヲ最モ效果的ナリト信ズ」と述べられているように[34]、隣保相扶を基本とした新組織を再編成することで対応しようとした。無論、その中核に方面委員を充当する計画であったことは言うまでもない[35]。

　このように軍事援護に対する方面委員の関与の比重が高まるなかで、滋賀県では方面委員制度の拡充を意図して委員の増員を計画することになる。つまり、「現下非常時局に際し方面委員の活動は銃後國民生活の安定に寄與するところ多大なるものがあるが尚、町村の中には委員数不足せる為、援護活動に不自由を感じつゝある向もあるので、縣では今般それらの町村の希望を聽き、眞に増員を要する方面に對しては増員を認むること」とした[36]。このように方面委員制度の拡充についても県主導で展開され、実際に滋賀県においては40名の委員の増員を見ている[37]。

　方面委員制度の拡充は増員という方策の他に、委員の人選強化についても新たな動きを生み出した。その一つが、方面委員の夫人（婦人ではない）の活用である。当時母子保護法の制定に伴い、婦人方面委員の設置の必要性に

ついて議論が展開されていた。同じく軍事援護においても、出征軍人家族及び遺家族等は婦女子のみで構成されている世帯が多く、訪問等は婦人が担うことが適当であるという認識のもとで婦人方面委員の充当ということが県内でも議論されるようになった。しかし、県では婦人方面委員の充足よりも方面委員「夫人」の活用という道を選択することになる。その状況について、当時の滋賀県社会事業主事の福岡文芳は次のように説明する。つまり、1938年度の滋賀県全方面委員1045人のなかで婦人方面委員は僅か4人に過ぎず、さらに1939年度には1名に減少している状況に鑑み福岡は「婦人方面委員の少ないのは、第一適当なる婦人が得られないこと、第二には一定の擔當區域を分擔せしめて、委せ切りにすることに不安が伴ふといふことにあるらしい。右の二の原因は要するに婦人方面委員として適當なる婦人が少ないといふことに歸着するのである」と説明する[38]。このような認識に基づいて福岡は「矢張り婦人方面委員に對して多く期待することは無理なやうに思ふのである。ともあれ本縣に於ける有力な方面委員（男）の唱道される所は、一致して婦人方面委員の特設には反對の意見を抱かれてゐられるやうであるが、しかし方面事業に婦人の参加を拒むものではなく、却つて必要を認めてゐるのである。だから婦人方面委員を特設するよりも、寧ろ方面委員（男）の夫人を活用するに如かずといふにあるのである」と主張する[39]。また、別の論稿で福岡は、「方面内助会」（方面委員の奥さん方を中心とする會）の効用を説き、「方面委員の奥さん方が方面精神を體して、機會ある毎に婦人から婦人へと傳へられ、一波は萬波を起し全市、全町、全村に波及するならば、銃後の護りは愈々堅くならうといものである。方面内助會の効能亦偉大と云ふべく、内助會をすゝめ、これに期待する所も亦結局は茲にあるのである」と結論づける[40]。実際に、栗太郡方面委員聯盟では1938（昭和13）年3月12日に草津小学校内で「方面委員精神の眞髄を説き方面事業の進展と家庭婦人の協力の必要欠ぐべからざる相互関係」を構築するため「方面委員の夫人大會」を開催し、婦人方面委員からの取扱い事例の発表などがおこなわれた例も確認できる[41]。また、「内助會を開いて以来方面委員會定例會に出席がよくなり且つ時間勵行が出来るやうになつた」という報告も県に寄せられたとの福岡の言があるが[42]、その後の方面内助会の動向については詳

細を確認できない。

　上記のような方面委員制度の強化が県主導で模索される一方で、県による方面委員活動への統制は着実に推進されていく。1938（昭和13）年の12月には1932年以来開催してきた「歳末同情週間」が、国民精神総動員運動と連動した「軍事援護の完璧」と「国民生活の安定」を目的とする「全国方面強調週間」に新たに改組された。同期間中の方面委員の役割として従来の一般保護事業の他に、「軍事援護に関する事項」が計画され、傷痍軍人、戦没軍人遺族、出征軍人家族の生計状態を一斉に調査すると共に、集中した慰問活動が展開された[43]。また、同期間中には「縣下軍事援護事業運営の中枢である方面委員の重責を十分に果させる」ことを目的に方面部会未開催の都市に対して一律に方面部会を招集させるなど[44]、統制の度合いが一丁顕著になっていった。

　1939（昭和14）年3月に開催された「第十一回縣下方面委員大会」では「茲ニ於テ我等ハ常ニ第一線将兵ノ忍苦ヲ心トシテ堅忍持久愈々傳統ノ方面精神ヲ昂揚シ軍事援護ノ徹底ヲ企圖スルト共ニ向後益々緊迫ヲ加フベキ國民生活各般ノ輔導誘掖ニ碎勵シ以テ皇國ノ大使命達成ニ貢獻センコトヲ期ス」ことが宣言され[45]、軍事援護に関して次の事項が方面委員に対して指示された。「出動軍人遺家族ニ對シテハ特ニ迅速ニ其ノ生活状態ヲ審カニシ軍事扶助ノ要否ニ付テハ成ル可ク方面委員會ノ審議ニ付シ扶助ノ適正均衡ヲ期スルコト」、「各種扶助金ハ成ル可ク委員自ラ携行シテ之ヲ手交スルコト」[46]。つまり、軍事扶助法の補助機関として方面委員を規定しようとする動きは以前から方面委員会でも議論となっていたが、この第十一回大会をもって実質的には方面委員が主体となって軍事扶助法による扶助の可否の決定及び給付に関する事務を担うことが宣言されたとみてよい。無論、「屢々遺家族ヲ訪問シ慰問ノ傍ラ生活状態其他ノ異動ヲ調査シ積極的ニ相談指導ニ當ルコト」、「遺家族ニ對シ自主向上生業ニ勵ムノ醇風ヲ作興スルコト特ニ生業援護ヲ受クル者ニ對シテハ生業ノ選擇及事後ノ指導監督ヲ怠ラザルコト」、「遺家族ノ教化指導ニ付テハ不斷ノ努力ヲ拂ヒ國民ノ援護ニ對シテハ感謝ノ念ヲ以テ之ニ對ヘ又家庭内ニ於テ道議ヲ確守シ以テ軍人遺家族トシテノ名誉ヲ堅持スル様精神的指導ヲ加フルコト」、「召集解除者ニ對シテハ関係機関ト協力シ復職又ハ

就戦ニ付斡旋スルコト」といった従来からの慰問や教化指導といった精神的援護も方面委員の軍事援護における主要な機能であった[47]。しかし、軍事援護行政組織及び軍事援護団体の構成員との兼任という視点で方面委員の軍事援護事業を考慮した場合、軍事扶助法による扶助の補助機関としての機能こそが方面委員固有の機能であった事実が見えてくる。事実、軍事援護事業の中心であった「傷痍軍人ノ保護ニ関スル件」における方面委員の機能は、軍事援護団体や組織の整備に伴い「経営運用ニ協力スルト共ニ銃後国民ニ傷兵保護ニ関スル正シキ思想ヲ涵養シ以テ傷兵保護ノ萬全ヲ期」すことにとどまるようになる[48]。

　その一方で方面委員が兼務する軍事援護団体や組織の構成員としての活動の比重は、年々増大していく。銃後奉公会や軍事援護相談所の吏員には方面委員が中心に任命されたことは先に指摘した通りであるが[49]、このような軍事援護団体への方面委員の関与はより下部組織へと浸透していくことになる。例えば、厚生大臣の「時局下扶掖にを要する者の状況に鑑み之が保護指導の徹底を期するの要ありと認む仍て其の具體的方策」という諮問に対して、中央社会事業委員会が「凡そ方面委員制度の根帯は方面委員に人を得て其の活發なる活動に依り扶液を要する者の自立向上を促進するに在り。従て方面事業の振興を期するは此の趣旨を徹底せしむることに存するもの謂はざるべからず」と答申しているように[50]、方面委員に対する社会的期待は戦時下においてなお一層高まっていた。この答申を受けて県では1940年11月15日付けで「方面委員制度ト部落會町内會トノ関係ニ関スル件依命通牒」を県内各市町村長宛に発している。この通牒のなかで「方面委員ノ任務遂行ニ當リ部落會、町内會ト常ニ緊密ナル聯繋ヲ保ツノ要アルヲ以テ之等部落會、町内會等ノ幹部組織ニ方面委員ヲ加ハラシムル等（例ヘバ各種ノ部ヲ設クル場合ニハ社會部ノ部長ニ任ズルガ如キ）地方ノ實情ニ即スル適宜ノ方途ニ依リ両者ノ有機的聯絡ヲ圖ルル萬遺憾ナキヲ期セラレ度」すと指導しているように[51]、方面委員を部落会や町内会の幹部組織に充当することが指示されている。つまり、市町村銃後奉公会の下部組織として部落会や町内会を位置づけることが国の方針として提示されたが、その下部組織においても方面委員を充当することで「銃後奉公体制の完璧」を期することが画策されていた。

すなわち、方面委員が軍事援護を担うことに対して懐疑的意見が根強く存在するなかにあっても、なお軍事援護（銃後後援）事業の中心には方面委員の存在が確認できる。軍事援護事業は方面委員の存在なしには展開できなかったし、軍事援護行政及び団体についても方面委員以外に運用できる人材は存在しなかったのである。

V．まとめ

　以上、滋賀県を事例として軍事援護事業の内実に迫ってきた。満洲事変勃発後に出征軍人が増加するなかで傷痍軍人等の救護対象者も増加していったが、当時軍事救護法を除けば軍人関係者を対象とする社会的施策は存在していなかった。僅かに、帝国軍人後援会滋賀支会や愛国婦人会滋賀支部等の民間団体や方面委員が独自に援護を展開していたに過ぎない。しかし、昭和恐慌下で疲弊が進む農村のなかで新たに生み出された出征軍人家族や遺家族等の困窮家族を救護するために、滋賀県内では県主導のもとで独自に軍事援護に関する施策を展開していくことになる。

　その後県独自に展開してきた軍事救護事業は、日中戦争勃発以降に国策として展開された軍事援護事業に吸収されていくことになる。その典型が軍事保護院を頂点とした軍事援護体制の整備で、都道府県単位で整備された軍人援護会支部、市町村単位で整備された銃後奉公会、部落単位で整備された部会による「隣保相扶」体制が確立することになった。そのように新たに結成された軍事援護組織体制のなかで、既存の軍事救護団体は吸収または合併の運命をたどることになる。しかし、そのような統合を円滑に遂行したのが方面委員の存在であり、方面委員は実質的にも軍事援護事業の中心的存在であった。方面委員が軍事援護を担うことに対する否定的見解が根強く存在するなかにあっても、実質的には方面委員が軍事援護相談所や銃後奉公会の相談委員や役員を担うなど銃後々援体制の中心に存在していた。一方で、そのような状況のなかで方面委員としての固有の機能を考察すれば軍事扶助法等の社会的施策と援護対象者を結合させる役割にとどまったと見てよい。方面委員は軍事援護事業を中核で支えつつも、なお「補助機関」としての固有の機能を志向していたといえる。

【注】
1）青木大吾『軍事援護の理論と実際』（復刻版）、日本図書センター、1997年、104頁。
2）滋賀県社会課『軍事援護事務提要』1939年、210頁。なお、銃後奉公会の機能については、佐賀朝「日中戦争期における軍事援護事業の展開」『日本史研究』（第385号）、1994年、及び一ノ瀬俊也『近代日本の徴兵制と社会』吉川弘文館、2004年を参照。
3）吉田久一「太平洋戦争下の軍事援護事業について」大正大学社会学・社会事業研究室カウンセリング研究所『社会・人間・福祉』（第2号）、1969年。
4）郡司敦『軍事援護の世界——軍隊と地域社会——』同成社、2004年。
5）杉山博昭「山口県戦時下社会事業と軍事援護」中国四国社会福祉史学会『中国四国社会福祉史研究』（第8号）、2009年。
6）「出動軍人遺家族の後援」滋賀県社会事業協会『共済』（第九巻、四月号）、1932年、11頁。
7）同前、「出動軍人遺家族の後援」11 〜 12頁。
8）「軍事救護——昭和六年度に於ける——」『共済』（第九巻、六月号）、1932年、48頁。
9）同前、「軍事救護——昭和六年度に於ける——」48頁。
10）同前、「軍事救護——昭和六年度に於ける——」49頁。
11）同前、「軍事救護——昭和六年度に於ける——」49 〜 50頁。
12）同前、「軍事救護——昭和六年度に於ける——」50頁。
13）『共済』（第十一巻、七月号）、1934年、49 〜 50頁。
14）『共済』（第十五巻、第一号）、1938年、10頁。
15）『共済』（第十五巻、第六号）、1938年、16頁。
16）同前、『共済』（第十五巻、第六号）、16頁。
17）『共済』（第十七巻、第九号）、1940年、12 〜 13頁。『共済』（第十七巻、第十号）、1940年、11頁。
18）厚生省職業部「改正職業紹介法に就て」『共済』（第十五巻、第六号）、1938年、7頁。
19）『共済』（第十五巻、第四号）、1938年、17頁。
20）同前、『共済』（第十五巻、第四号）、17頁。
21）『共済』（第十五巻、第六号）、1938年、19頁。
22）学務部職業課「職業課開設ニ就テ」『共済』（第十五巻、第九号）、1938年、5 〜 6頁。『共済』（第十五巻、第八号）、1938年、12頁。
23）『共済』（第十五巻、第六号）、1938年、16頁。
24）同前、『共済』（第十五巻、第六号）、15頁。
25）同前『共済』（第十五巻、第六号）、15 〜 16頁。
26）『共済』（第十五巻、第十二号）、1938年、10 〜 11頁。
27）同前、『共済』（第十五巻、第十二号）、11頁。
28）『共済』（第十六巻、第一号）、1939年、11 〜 12頁。

29) 例えば、吉田久一『昭和社会事業史』ミネルヴァ書房、1971年、203頁を参照。思想的状況は別にして、当時の地方の状況から考慮すれば方面委員を除いて軍事援護を担える人材は皆無であったと考えるのが妥当である。
30) 例えば、1940年に奈良県で開催された第十一回大会においては、「銃後奉公会の役員並軍事援護相談所の委員中には可及的多数方面委員を加ふること」が答申決議されている（「全国方面委員大会の決議」群馬県社会事業協会『社会連帯』（第十巻、六月号）、1940年、10頁）。
31) 「第十回縣下方面委員大會」『共済』（第十五巻、第四号）、1938年、14頁。
32) 同前、「第十回縣下方面委員大會」15頁。
33) 『共済』（第十五巻、第六号）、1938年、19〜20頁。
34) 同前、『共済』（第十五巻、第六号）、20頁。
35) 実際に、同大会の中で厚生大臣の諮問に対する全国方面委員の答申として、「軍事扶助中ニ方面委員制度ヲ採リ入レ方面委員ヲシテ名實共ニ市町村長ノ補佐機関タラシメ以テ之ガ運用上敏活適正ヲ期スルコト」が提案されている。『共済』（第十五巻、第七号）、1938年、12頁。
36) 『共済』（第十五巻、第八号）、1938年、10〜11頁。
37) 『共済』（第十五巻、第十号）、1938年、10〜11頁。
38) 福岡文芳「方面二題」『共済』（第十七巻、第一号）、1940年、6頁。
39) 福岡文芳、同前「方面二題」6頁。
40) 福岡文芳「方面内助會開催のすゝめ」『共済』（第十七巻、第八号）、1940年、2頁。
41) 『共済』（第十五巻、第三号）、1938年、12頁。
42) 福岡文芳、前掲「方面内助會開催のすゝめ」3頁。
43) 『共済』（第十五巻、第十二号）、1938年、8〜9頁。
44) 同前、『共済』（第十五巻、第十二号）、1938年、9〜10頁。
45) 『共済』（第十六巻、第三号）、1939年、9頁。
46) 同前、『共済』（第十六巻、第三号）、1939年、10頁。
47) 同前、『共済』（第十六巻、第三号）、1939年、10頁
48) 同前『共済』（第十六巻、第三号）、1939年、9〜10頁
49) 拙稿「軍事援護と方面委員──群馬県を事例として──」『中国四国社会福祉史研究』（第8号）、2009年。
50) 「中央社會事業委員會の厚生大臣諮問答申」『共済』（第十七巻、第十一号）、1940年、1頁。
51) 『共済』（第十七巻、第十一号）、1940年、4頁。

補章　海野幸徳の「湖西社会事業」論——滋賀県「遊覧社会事業」の構想——

Ⅰ．はじめに

　海野幸徳（1879 〜 1955）といえば、『社会事業概論』や『社会事業学原理』等の大著をはじめ、生涯を通して 500 本以上の論説を遺した近代社会事業史上類を見ない理論家であることは疑いの余地がない[1]。実際、社会福祉理論史上の評価では「日本社会事業の理論的研究は、純粋な意味で海野によって端緒が開かれたといっても過言でない」とされ[2]、大正後期から昭和初期にかけて壮大な「社会事業学」の構想を打ち出した[3]。その理論は、海野と同様に社会福祉の「学」的構想を志向した戦後における岡村重夫の社会福祉理論の先駆的系譜とみなすことができる[4]。

　このような社会事業研究の理論家としての海野には、同時に「実践家」としての顔があった。1920（大正 9）年には京都府社会課の嘱託に就任したのを皮切りに、1921 年には東本願寺社会事業講習所の嘱託、1922 年には京都瓦斯株式会社顧問に就任している。その後も、横浜市の嘱託（1930 年）に就任し、中央卸売市場の設計に携わるなどその活動範囲は社会事業行政を中心に多方面にわたっている[5]。その多岐にわたる実践活動のなかで、本章では滋賀県における海野の社会事業実践に注目してみたい。1925（大正 14）年に滋賀県嘱託に就任した海野は大正末期から昭和初期にかけて滋賀県の農村社会事業、融和事業計画に対して積極的に発言し、自身の社会事業構想を実現しようとした。また、滋賀県社会事業協会発行の機関紙『共済』の編集・発行を担うなど、海野は滋賀県社会事業界におけるオピニオン・リーダー的存在であった。

　その海野が滋賀県において特に心血を注いで構想実現化しようとしたのが、自身が「夏期殖民」、「湖西社会事業」、「遊覧社会事業」という言葉で表現した一連の社会事業構想計画である。特に「遊覧社会事業」について、海

野が「縣特有のもの」「滋賀縣の三大社会事業」の一つ（他の二つは農村社会事業、地方改善社会事業）と表現するなど[6]、その実現の重要性についての主張は終始一貫している。本章では、海野が構想した滋賀県における「湖西社会事業」（遊覧社会事業）計画の推移と目的、さらには壮大な海野社会事業学の構想のなかで「遊覧社会事業」が占める位置を明らかにしてみたい。

なお、筆者はここまで「実践」という言葉をしきりに使用したが、結論を先取りすれば海野の湖西社会事業（遊覧社会事業）論は一部を除いて殆ど実現化せず、「構想」の枠組みを出るものではなかったといえる。別の言葉で表現すれば、「遊覧社会事業」の構想は直観に基づく「観念」や「思惟」が先行し、海野は否定しているものの[7]、ある種の「ユートピア」的な構想の枠組みを出るものではなかった。それは、海野の社会事業実践が、「体験として直観し、感性及洞察によって把握さるべく」性質のものであり、「概念的」なものよりも「体験的なもの」への優位性を求めた当然の帰結であった[8]。しかし、理論的営為が「実践」の範疇に入ることはいうまでもない。海野が滋賀県嘱託として活動した時期は「優生学」から「社会事業」へと主要な関心をシフトした後に精力的に社会事業理論に関する論説を発表していた時期であり、自身の「社会事業学」の完成に邁進していた時期と重なる。さらに言えば、海野の滋賀県嘱託としての実践活動は、自身の「社会事業学」の完成に大きな影響を与えたといえるのではないか。このことを本章では海野が唱えた「湖西社会事業」論との関連で証明していきたい。

Ⅱ. 海野幸徳の遊覧社会事業の構想

　海野幸徳の「遊覧社会事業」の構想がどのような内容であったのか、それは本研究全体を通して明らかにする課題である。しかし、海野が遺した500を超える論説すべてに目を通すことは筆者の力量を遥かに超えている。そこで、本節では海野の主要著書と滋賀県嘱託時代に発表した論説を中心に、その着想へのプロセスとその後の展開を見ていきたい。要点のみを示せば、海野の「遊覧社会事業」は自身が唱えた「夏期殖民」と「遊覧地帯」の「綜合」であった。

　海野が「夏期殖民」の着想に至るきっかけとなったのが、『児童と活動写真』

の執筆経験であったと自身が述べている。「この両三年の間小学校教育者などは林間学校などいふて騒いでゐるやうだが林間学校の意味が一般に分ってゐるかどうかは疑はしいものがある（中略）私は京都や大阪の小学校教師の中で参考として私の本を讀んでゐる奇特の人は少なからうと思ふ。小学教師は例によって子供に活動を禁じたり乃至説法してゐるが、それがどういふ意味のものであるか分かつてゐるものは極めて少ないと推測すべき理由がある（中略）それ故、私は林間学校や夏期殖民や市街殖民や児童療養所の経営についても、その区別なり実施の方法なりについて一と通り学習した上で子供の世話をやいて貰ひたいと思ってゐる」[9]。つまり、活動写真の教育への効用を主張したのと同様に、林間学校についても一定の事業指針を示し、実践にむけての理論化を図ろうとした。その理論を滋賀県において実践しようとしたことは後に明らかにするとおりである。

　このような林間学校（夏期殖民）への関心は、同時期に児童問題について記した『児童保護問題』でも触れられている。同書のなかで海野は「林間学校の効果」を主張し、林間学校を「戸外で虚弱乃至病弱児童のためにする教育」（オープン・エア・スクール）と定義付けている[10]。その上で、自身が巡覧した京都の知恩院の実例を紹介し、次のように主張する。「私は京都の林間学校は林間学校でも戸外学校でもなく、寧ろ夏季殖民に範類に入るべきものと考へる。夏季殖民は通常期間が短く、同じく、薄弱病弱児童のために、山と森と田舎との中で、新鮮なる空気と閑寂なる環境とに恵まれ乍ら衰弱病弱乃至栄養不良による故障を取り除く仕組みである。昨年開いた京都のものは、期間もザット三週間に過ぎず、仕組などでも、余程、夏季殖民に接近しては居まいかと私は考へて居る。ただ、市内に在ることが殖民と異ふ。併しどちらでも結構で、私は来年あたりからは特に夏季殖民と銘を打った社会施設が漸次全国を通じて企画されるを希望する。知恩院では、時間は午前八時より午後五時まで、八月一日に始り、二十五日に終った。林間学校の中では、四月頃から始め十月十一日あたりまで継続するものがある。私は林間学校戸外学校と称するものは寧ろこの式にして欲しいと考へる」[11]。つまり、従来実施されてきた短期の「林間学校」から、虚弱児童を長期間「自然の精気」に触れさせ、「身体の組織の整ふる」ための方策として新たに「夏季殖民事業」

という概念を打ち出している。この「殖民」という概念が、後の滋賀県の湖西社会事業（遊覧社会事業）構想へのキータームとなった。このような海野の「殖民」概念は、「白痴及低能者の労働殖民事業」にも適用され、当時の寄宿制度（隔離教育所）を批判し、「一般社会に接近した気分を与へることで、白痴低能者をして一般社会に復帰」させることを提案している[12]。

　このような「夏期殖民」に関する主張は、『社会事業概論』のなかでより具体的に展開されている。同書のなかで同事業は「保健社会事業」の一部に組み込まれ、「夏期殖民とは市街地より遠出をして、山間或は海濱に児童を集め、数ヶ月間保養さすることである」と定義付け、「市街地の附近に設けらるゝものは市街殖民である」として「夏期殖民」と「市街殖民」の二つの概念を定式化し機能によって区分している[13]。つまり、「市街殖民では、市街を遠く離れて療養する程身體の悪い子供でなく、たゝ薄弱、虚弱といふ程のもので、純良なる牛乳を與へ新鮮なる空気によって保養せしむるに対し、夏期殖民では、弱い體質の子供で、貧血症とか、栄養不良とか身體の衰弱する者とかを、山なり川なり海濱なりに送る仕組みである」として[14]、「市街殖民」と「夏期殖民」を対象の相違によって概念区分している。この区分に従えば、それぞれの「殖民事業」の対象は健康さらには疾病の軽重によって区別されることになる。その上で、「夏期殖民」の具体的な実行方法（事業地の選定）について説明しているが、滋賀県琵琶湖西岸（阪本）がこの「夏期殖民」の事業地として「最適地」であるいうのが海野の認識であった[15]。なお、次章にみる「湖西社会事業論」では二つの事業及び対象の区別はみられない。その意味で滋賀県「湖西社会事業」構想は「市街殖民」と「夏期殖民」の「綜合」であったといえる。

　しかし、「なぜ、斯の如き結構な事業が社会施設の中へ織り込まれぬのだらう」や「夏期殖民とは何であるか、未だこの社会福利事業は一般に理解されて居ないやうに見える。随分新奇なものを追ふ習慣であるが新奇なもの必ずしも良いものとは言はれぬ。各地方の社会事業形態の意識に基く仕事でなければ凡て良いとは言はれぬ」という発言から判断されるように[16]、「夏期殖民事業」は当時の社会状況において殆ど認識されなかった様子である。また、「各地方の社会事業形態の意識」という表現から判断するに、滋賀県琵

琵琶湖西岸は「夏期殖民事業」の「最適地」であるものの、それが県関係者及び県民に充分に理解されず実現化しなかった海野の苛立ちが上記の言葉から理解される。

「夏期殖民」と共に、海野の「遊覧社会事業」構想のもう一つの柱が「遊覧地帯」の開発であった。海野の社会事業研究における主要な関心が「社会事業の発生史的アプローチによる社会事業形態論の研究」にあったことは先行研究が指摘する通りであるが[17]、このことは地方別の社会事業の形態類型化にも海野の関心を向かわせることになった。海野の社会事業に関する最初の体系書『輓近の社会事業』では次のように述べている。「各都市は各其特徴を異にするが、各文化都市として発達すべきものたるは同一である。例へば私は遊覧地帯として諸々の缺陥を有する京都は又遊覧地帯として一層容易に積極的文化政策樹立及開発に進むで来る傾向があるものと思ふ。京都に於て必要なのは其他の都市の如く有形なる社会施設であり、殊に京都は六大都市に雁行と云ふよりも遥に後に蹲る窮状であるが、私は穴勝有形施設のみが社会事業とは考へてゐない。市民の努力如何によりて、無形なる文化的貢献をなし諸種の積極的並に文化的社会事業を分に応じて進行せしめられないと云ふ道理はない。各都市に於て、人類の生存を規正し、社会及国家の成長を完成するものとしての社会事業的形態は一様に発達しなければならない。今日の社会事業は世人の信ずるが如き貧者弱者に集中するやうな舊式のものではなく、既に、社会事業界も遥に旅行をつづけ、今や積極的社会事業なるものが擡頭せむとする形態に達した」[18]。海野の社会事業概念が消極的社会事業から積極的社会事業、さらには綜合的社会事業、超越的社会事業に至ることはすでに周知の事実であるが、その端緒が同書のなかですでに確認できる。つまり、「社会事業と称するものは貧者及弱者のみを救済するが如き貧弱なものではなく、人類の生存を合理的に建設するものである」以上、「社会事業の目的は国家及び社会の幸福、発達及進化を来すことであり、有形無形の施設を通じ、社会連帯の観念により、社会の機能を調整し、その発展を促すこと」でなければならないとされる[19]。その積極的社会事業を推進するための方法として、手始めに「文化的社会事業」として京都の遊覧地帯を整備発展＝「特殊化」し、日本全体を「世界的な大遊園」として「一般化」する

構想であった。

　上記のような海野の主張は、その後いかなる展開を見せたのか。『日本社会政策史論』では、次のように述べている。『京都社会事業の特色は遊覧的なるにある。遊覧社会事業は京都固有のものである（中略）京都市及び近畿地方の遊覧政策は興味ある社会事業である。然るに京都市では貧弱極る案内所を一ヵ所造っただけで、国際案内所の議はいつまでたっても現はれさうにもない。京都市や滋賀県の社会事業は遊覧社会事業として分化すべきである』[20]。各地方の社会事業形態を「直観」によって整理し、その特色＝「分縣」を求めた主張であるが、「滋賀県特有」の社会事業であった遊覧社会事業はこの段階では「京都固有」のものとなっている。その理由として、次のような状況があった。「遊覧社会事業は未だ全く注目さるゝにいたらざる社会事業である。我国を通じいづくにも遊覧施設を講ぜしものあるを知らず。滋賀県に於ては末松偕一郎知事によって一度び遊覧政策が講ぜられ、琵琶湖を中心とする無限の寳庫を開発する計画が進められたが、県民の自覚未だ熟せず、末松知事の辞任と共に立ち消えの姿となった」[21]。その結果として、海野の主な関心は滋賀県から京都市の「分縣社会事業」としての遊覧社会事業を「定型化」することに移ったものと思われる。しかし、その着想のきっかけが滋賀県嘱託時代に携わった「琵琶湖西岸の社会事業」（湖西社会事業）計画の立案体験にあったことは言うまでもない。

　次節では、海野が唱えた「湖西社会事業論」のなかで「夏期殖民」と「遊覧地帯」開発の二つの事業がどのような推移で「綜合」され、「遊覧社会事業」論の構想に至ったのかを確認してみたい。

Ⅲ．湖西社会事業論の展開

　海野が滋賀県嘱託に就任した大正末期は当事の滋賀県知事であった末松偕一郎が音頭を取り、滋賀県全体を「遊覧地」化する計画が始動していた。その遊覧政策の中心となったのが琵琶湖の開発であり、その事業を中心となって推進したのが「琵琶湖協会」である[22]。同協会が発行した『琵琶湖へ』は滋賀県の遊覧地区の紹介を目的としたパンフレットであるが、同書のなかでも湖西地区は詳細に取り上げられて紹介されている[23]。海野の「湖西社

会事業」論は、滋賀県の遊覧政策の勃興と結びつき展開されたといえる。

　海野が滋賀県嘱託に就任し「夏期殖民」に着目した理由について、次のように述べている。「私は滋賀県にくるやうになってから天下の絶景たり国立公園たるべき滋賀県に足留りの乏しいことを感じた。大津を初め滋賀県では宿舎に乏しいが、之は素通りで足留りのない表徴である。言はば滋賀県はこれまで自然を開発さすべき機運になって居ないといふ有様である。私はかういふ意味で夏期殖民を見て行かうと思ふ」[24]。つまり、「遊覧地帯」としての素質を宿している滋賀県が依然として開発されていないことを悲嘆し、開発にむけての最初の展開として「夏期殖民」＝児童療養地帯を整備しようとした。

　その海野が児童療養地帯として「理想的地帯」と評したのが、琵琶湖西岸の阪本地区（以下、阪本と記す）であった。海野は夏期殖民の目的を「健康児と病児との中間にある栄養不良の子供や貧血症のもの病弱のものを森林、海岸湖岸にあつめ、これに新鮮な空気と緑陰と静寂とを興へ、滋養価値のある食物を供給して、心身の快復を図り、強健なものとする」と定義し、「この目的に向って阪本は最適の土地」であるとした。海野が提示した児童保養地の選定のための指標が、「（一）山麓及び森林であって、水邊ではないこと、（二）衛生地域であること、及び衛生設備のあること、（三）栄養品の供給容易なること、（四）風俗の悪くないこと、（五）教材に富むこと、（六）都市に接近すること、（七）好通の宜いこと」の7つの要件である[25]。上記の要件を充足している地域が阪本であるというのが、自身の調査結果から得た主張であった[26]。

　海野が主張した「夏期殖民」の構想は、「児童交換事業」という独自の事業構想にも反映している。その目的は、「都会と田舎とに交換会を設け、都会の児童交換会の会員は田舎の交換会会員の家庭に寄宿し、田舎の子供は都会の交換会員の家庭に入り込み、平常夢にのみ見る都会と田舎とに両々移り住み、一は自然、他は人為の恩恵に浴する仕組みである」と述べている[27]。このような児童交換事業を、海野はさらに都市と農村の「融和」事業の一端として活用しようと意図している。つまり「この上、我々はこれによって将来の社会政策として都市と田舎との関係を根本的に整理する一助たることを

感ずるのである。都会の生活もそれ自らでは不完全なものであるが、我々は将来に於て、この矛盾する近代人の生活に根本的解決を與へねばならぬ茲に於て子供の折りに都会と田舎とを併せ見る児童交換事業が現代的意義を齎することになる」と述べているように[28]、都市人と農村人の生活や文化的格差を解消し、国民間の融和と「近代人」としての人格完成の実現を「児童交換事業」に託していた。

　以上のように海野の「琵琶湖西岸の社会事業」＝「湖西社会事業」論の根拠となったのは、滋賀県が「理想的児童地帯」(夏期殖民地帯)としての阪本を有していたことである。そしてこの「夏期殖民」が、どのようにして「遊覧社会事業」の構想へと結びついていったのか。「遊覧社会事業」という用語が始めて登場するのは、『共済』誌の1925年第3号であった。そこでは、次のように述べられている。「滋賀県には三萬七千の人口を有する大津が最も大なる都会であるといふ地方だから都市社会事業は副次的である。それに対し滋賀県では遊覧社会事業と農村社会事業とは多々益々企画発達せしめなければならぬ（中略）遊覧地帯として我国に冠たる湖国滋賀に人為を加へる必要は漸く痛感せられて来たが、之れと饗応して遊覧社会施設は大いに発達しなければならぬ約束をもつ。滋賀県には遊覧地帯と云ふものが到るところにある。之れに対し各種の娯楽施設、児童施設、夏期殖民などが次から次へと現はれて来る。滋賀県は遊覧地として先ず発達しなければならず、之れが目下のやうに夏期最も人手の多き折りに一日僅かに五千の乗降があるだけでは真に心細い至りで、人為の殆ど加はってゐない証拠であるこれに対し滋賀県の特色としての遊覧社会事業は今後特に発達させなければならないだらう」[29]。海野の「遊覧社会事業」のモデルとなったのが遊覧国瑞西で、大量の遊覧客の招致が潤沢な財政をもたらすという認識のもとで瑞西と同様に日本も「遊覧国」として展開すべきであるというのが海野の主張である。日本における「遊覧国」化への最初の事業計画が、滋賀県「遊覧社会事業」構想の内実であった。

　「遊覧社会事業」としての「琵琶湖西岸の社会事業」の実現にむけて海野が注目した地域が、阪本と同じ湖西地区の雄琴村である。「雄琴は将来湖西に於ける有数の遊覧地として発達すべき気運に向って居る。江若鉄道の開通が

一層大津及び其の他の隣接地との関係を密にしたので、近き将来に於て雄琴村民の努力と相俟って必ず県下有数の娯楽地として発達するであらう（中略）雄琴が遊覧娯楽地として発達するとせば、物資は如何にしても豊富でなければならない。よって、その開発繁栄と雁行して物資供給の途を開くことに工夫を積んで行かなければならぬ」[30]。戦前の雄琴は小規模な温泉地域でラジウム温泉を集客の宣伝としていたものの、戦後に開発された観光地としての雄琴温泉とは異なる様相であった。ここに「劇忙なる都会人の頭の休め所と云った仙境であって、大津を初めとする滋賀県の町村、京都、大阪及神戸の都市人士の遊覧兼保養所」を建設する計画構想が湖西社会事業（遊覧社会事業）計画の柱の一つであった[31]。

　阪本、雄琴の開発と並んで、「湖西社会事業」計画のもう一つの柱が眞野川水泳場の開発であった。「滋賀県には琵琶湖があって湖国として知られながら水泳場がないものと思はれて居る。波が岸を噛んで泥土を沖へ持って行く、岸からヅドンと急に深くなって居る。これが湖水の現状で到底水泳などの出来るものでない、と斯う解釈されて居る（中略）然し、水泳場なしと云ふことは嘘の又嘘で、適当な水泳場と云ふのが少くない（中略）いくら理想的な水泳場としても水泳需要の集中する地点から遠ければ価値はない。この地点と云ふのは滋賀県では大津などを指すのだが、湖南一帯の地は大津を通じて湖西に連って居る。そこで、假に湖西を水泳地点とすると、大津を経過するといふ一事を計算に入れなければならない（中略）すると、湖西地方が最も水泳場として好適な地方の一つとなるのであって、之れは大津よりも、湖南地よりもまた、京都及大阪よりも最も便利な地点である但し、湖西と云ふても、北上一時間以内の地点が最も望ましい。この範囲で水泳場を求むると、湖西では眞野川が最も好適地である」[32]。そしてその選定の根拠となったのが、「私は昨夏玉置滋賀郡長と共に堅田町長で同地方を見たが如何にも好適な水泳場だと思ふた。私の鑑別し得ない水質とか水流とか温度とかと云ふものは除外して私の判別する範囲内に於ては湖西に於て最も優れたる水泳場たることを得るであらう」と述べられているように、海野自身の「体験」と「直観」であった。その意図として、「日本は自然の美を以て世界に鳴るが、之れによって我国の収得するところのものは極めて少なく、端西などは国を

遊覧地として売り出し、所謂遊覧立国を挙国一致でやり、富有なる国となってゐる。我国では商工業に対しても、遊覧に対しても努力を積み、国富を圖りたいと思ふ。滋賀県に於ても我国の現状を顧み商工政策によって国富を増進すると共に、遊覧地として国立公園に擬せらるゝ土地柄なるに想倒し、充分土地開発に成功しなければならぬ。かくて、眞野川は先づ水泳場として其の使命を発揮すべきである」と述べている[33]。海野の遊覧社会事業の構想が瑞西の遊覧政策（観光政策）から着想していることは既述の通りであるが、日本の「遊覧国」化を通して利潤を生み出し国富を増進させるというのが海野が遊覧社会事業に託した狙いであった。

Ⅳ. 湖西社会事業論の事業化への推移

　前節で確認したように、海野の湖西社会事業論は「児童地帯としての阪本」、「遊覧地としての雄琴」、「水泳場としての眞野川」の三地域の開発によって、他府県や他国からの来訪者を「殖民」し、利潤を獲得するといった観光政策の側面が濃厚である（その後、大崎地区を保養地帯として追加）。改めて述べるまでもなく、観光政策は概念的にも実態的にも現代の「社会福祉」の範疇には内包されていない。また、当時の社会事業研究者のなかでも遊覧政策を社会政策（社会事業）として認識した論者は海野を除いて皆無であると思われる。実際に、「夏期殖民は何であるか、未だこの社会福利事業は一般に理解されて居ないやうに見へる（中略）随分新奇なものを追ふ習慣であるが（新奇なもの必ずしも良いとは言はれぬ。各地方の社会事業形態の意識に基く仕事でなければ凡て良いとは申されぬ。私はこの種の社会事業を『分縣的社会事業』なる名称を唱えた）夏期殖民はどうしたことか、トント導入せられない。恐らく、これは未だ一般化する程度にこの智識が普及しない為だらうと思ふ」と述べていることからも[34]、当時の一般的認識から充分理解されなかった様子である。しかし、この「夏期殖民」が湖西地区で一部事業化されたこともまた事実である（詳細は後述）。海野の構想のなかで遊覧政策が「遊覧社会事業」として認識された要因は何処にあったのか、海野の湖西社会事業の実行方法と事業化への推移をあわせて確認してみたい。

　海野が湖西社会事業の実現にむけて実行した方策の一つが、滋賀県内にお

ける交通網と来県者の時期に関する調査研究である。調査対象は、大津駅乗降客、太湖汽船会社所有船の便乗者、京阪電鉄京津全線の乗降状態、及び江若鉄道の乗車人員である。詳細は省略して結論だけを抽出すると、次のような発言となって表れている。「夏期の往来は極めてその率が低い。之によって見れば水といふものが人を吸引する力を全然もって居ないのだ。景色としての琵琶湖は春秋二期に他の自然と協力して人を引きつけて居るが、湖水としての琵琶湖は人を引きつける力を全然もたぬ」[35]。「即ち、滋賀県全県の景色は人を引力する力なし。滋賀県の往来は景色によるものであるが、それは三井寺と石山との景色がはたらいて居るだけである。それに広大なる水路は他府県人を誘引して居ない」[36]。「之によって観ると、遊覧地域に於ては夏期は最も人出の少ないことを知るのである（中略）斯の如き考察を通じて私は滋賀県の夏は淋しい、琵琶湖面は人を誘引しない、滋賀全県は磁石力を有たない、三井寺と石山とだけが磁石力となって居ると結論し得ると思ふ」[37]。「県下の交通状態を見ると、遊覧客大部分を占め、流石日本の大公園たることを思はしむるが、何れの交通線を観察するも、大湖の沿岸及水の全面は殆ど人員を吸引してゐないことを知る。滋賀県繁栄のためには、沿岸及水面の生きて働らくことを要するは言なきのみ」[38]。つまり、調査結果から得た滋賀県への来訪客数に対する海野の認識は一貫していて、夏期において遊覧客の減少が顕著であること、その要因として琵琶湖の水面と沿岸区域が遊覧客を吸引するだけの要素を内包していないという結論に至っている。このような認識から「湖西繁栄策は既に人員の動き始めし、京都府に面せるケーブルを中枢とすべく、これより下って阪本に出づる人員を南下せしめずして、北上せしめることである。南下すれば大津に出で、一泊だにせずして直ちに縣外に去ること〻なる。縣外に去ることは直ちに千八百萬圓の損害を招く所以である。よって、是非共比叡より下る人員を北上せしむる手段をとらなければならない」という主張となった[39]。

　このようにして海野が唱えた「湖西社会事業」が目指したものとは何か。「生命保存の欲求は勿論人間に取って基本的のものであるが、これと並んで、遊戯又娯楽の欲求は基本的なものである（中略）人間の欲求を両断して支配する基本的な欲求に対する施設は之れ我国の特に他国に先んずるところであ

213

るが、我国に於ては未だ充分この種の自覚が生じない（中略）我々の計算では滋賀県に来往する年百八十萬人にして、僅かに一泊するに於て年収實に壹千八百萬圓に上るを見る。二泊すれば参千六百萬圓の収入がある。若し、我国全體を斯の如く開発提供するに至れば、恐らく巨大なる収入を易々獲得するであらう。滋賀県の遊覧社会事業は単なる消極的なものではなく、縣の繁栄に貢献する積極的なものである。この縣繁栄に雁行すべき社会事業は湖西に於て着々その歩を進めつゝある。即ち、湖西社会事業は進行を開始して居るのである」[40]。海野社会事業学の基本構想である「消極的社会事業」から「積極的社会事業」への展開を、この主張からうかがい知ることができる。つまり、湖西社会事業の目的は民衆の娯楽や遊戯への欲求を充足することにあった。この遊戯や娯楽の重要性の主張は『学校と活動写真』及び『児童と活動写真』の研究以降、海野の一貫した関心事（社会精神の作興）であったが[41]、そのような基本的欲求の充足を通じて遊覧客を招聘することで多くの利益を滋賀県ひいては日本全体に生み出すことに湖西社会事業（遊覧社会事業）の真の意図があった。実際、「實質的には縣の繁栄となるべき経済事業であると言へる」という発言からも明かなとおり[42]、虚弱児等を対象とした「夏期殖民」（消極的社会事業）から国家社会事業としての「遊覧政策」（積極的社会事業）への展開がここに確認される。実際に、「琵琶湖の風景や水面を社会化して用ゐること即ち滋賀縣社会事業の一側面であるが、大湖はこれを遊覧に用ゐ得ると共に、を通じて民衆の幸福を圖り、そのより生れる社会的害悪を除去し、一層進んで之れを浄化し、民衆の福利を齎すところに県下社会事業の特色がある。を通じて休養が来る。湖邊には啻に縣民に向ってのみならず更に眼光を放って広く日本全国民に対し他に比類なき休養を供給することが出来る」と述べられているように[43]、遊覧社会事業の対象は民衆さらには日本全国民へと拡大されている。さらに、「夏期殖民が湖西社会施設の顕著なものであり、滋賀全県に提供せらるゝと共に、全国に、引いては、世界に開放せらるべきものである。この意味に於て、滋賀県の遊覧社会事業は一縣の事業であって、全国に渉り、外国とも接触する広大なる事業である」と述べられているように[44]、国内のみのとどまらず世界中から遊覧者を招致しようとする壮大な構想であったことが理解できる。このように滋賀県の

湖西社会事業論は、海野の壮大な「遊覧社会事業」着想の出発点をなすものであった。

　前述したように海野の湖西社会事業論の事業計画は児童地帯としての阪本、遊覧地としての雄琴、水泳場としての眞野川の開発にあったが、その後これに保養地帯としての大崎の開発が追加されている。大崎が保養地帯として付加された理由について、次のように述べている。「これを内外人に紹介し土地開きをなせば、恰も軽井澤の土地開きを少数の有志がなし、忽ち有数なる別荘地帯となりしと同一事情にある。軽井澤は西洋人が見出し、その手によって土地が開かれた。若し、篤志家によって、乃至、縣民によって大崎が開かれ、内外人に紹介さるゝ事となれば、忽ち、大崎は滋賀縣の大崎でなく、天下の大崎たるにいたるであらう。大崎については速かに日本人に紹介の途を開くべく、外国人に対しては、例へば桑港やシャトルの商業会議所を通じて、観光團の日程を琵琶湖まで延長せしむべきである。この順序さへたてば、縣内の要地は忽ち内外人に宣伝せらるゝことゝなるであらう」[45]。つまり、大崎を保養地（別荘地帯）として宣伝することで、さらなる滋賀県の経済的繁栄を企図している。この段階に至って、海野の湖西社会事業論は完結する。

　以上海野の湖西社会事業論の構想を確認してきたが、最初に述べたように一部を除いて殆ど事業化に向けて着手されなかったことは海野自身が述べている通りである[46]。最後に、海野の湖西社会事業論の事業化にむけてのプロセスを確認してみたい。湖西社会事業の事業化への動きで最初に確認されるのが、眞野川の開発である。その端緒となったのが、「眞野川尻開発」の協議会発足であった。1929（昭和４）年５月18日に今堅田において堅田町長、眞野村長の発起により眞野川開発に向けての協議会が開催された。同協議会では「海野氏より眞野川尻地帯の保健地帯とし推奨すべき理由を列挙して是非之が開拓に任すべき様訓話」があった。その後、同協議会は「眞野川崎保勝会」として再編されて会則も制定し、「眞野川崎遊園地ノ開発ヲ圖ルヲ以テ目的トス」ることを事業目的として掲げた[47]。しかし、昭和恐慌下における緊縮財政のなかで同会の目立った動向はその後確認できない。

　むしろ、湖西社会事業の事業化が顕著に確認できるのは海野が「夏期殖民」

と称した虚弱児保養事業である。1933（昭和8）年8月11日より三週間、「身體虚弱児童ヲ収容シ健康ノ増進ヲ圖ル」ことを目的として日本赤十字社滋賀支部が「夏季児童保養所」を堅田小学校内に開設した[48]。これは海野が主張した「夏期殖民」事業の一端であるといえる。その後も同事業は「非常に良好なる成績を収めた」ため、翌年以降も継続して開設された[49]。また、戦時下の1940（昭和15）年8月には「軍人の遺家族中身體虚弱児童養護」を通して「遺家族児たるの教養の向上を期する」ことを目的とした「軍人遺家族児童夏季保養所」が野洲郡中洲村中洲小学校菖蒲分教場に開設されている[50]。

　このような事例からも判断されるように、「殖民」や「遊覧」をキータームとする海野の「湖西社会事業論」は「夏期殖民」の一部が事業化されたものの、社会状況が昭和恐慌期から戦時体制化へと移行する過程のなかで殆ど顧みられることなく終戦を迎えることになる。

V．まとめ

　最初に述べたように、海野幸徳が滋賀県嘱託として社会事業行政に携わった大正末期から昭和初期は自身の社会事業学完成を志向していた時期と重複している。そして海野自身が「生存原理を補足するのに概念的形式によることは能きないとし、直観的形式によるのである。凡て完全態は体験するだけであり、率直に感得するだけであって、分解の形式によって概念的に捕捉し乃至理解することは能きない我々の経済生活や倫理生活は概念によって捕捉され理解されうるが、これ等を統合する完全態の捕捉や理解は體し感得する外はない」と述べているように[51]、「生存原理」の定式化を志向した海野社会事業学は社会事業概念の完成だけでは満足せず、自身の「体験」と「感得」によって完成する性質のものであった。海野の「体験社会事業」の優位性はすでに述べたが[52]、嘱託として地方の社会事業行政に携わった自身の体験は社会事業学完成のための必須条件であったといえる[53]。その意味で滋賀県の湖西社会事業（遊覧社会事業）計画の実現は、自身の「生存原理」を定式化するための一里塚であった。

　さらに、海野の社会事業理論は消極的社会事業から積極的社会事業、さら

には綜合的社会事業、超越的社会事業に至る一連の段階的構想のなかで展開されたが、湖西社会事業論においも同様の段階的構想が確認できる。つまり、児童保護事業としての林間学校を「夏期殖民」として鋳直して虚弱児童等を感化教育する構想（消極的社会事業）から出発し、新たに「遊覧地帯」に着目することで対象が「民衆」に拡大され、その享楽を充足する事業（積極的社会事業）に発展することになった。同時に海野が「消極的社会事業と積極的社会事業とは綜合して一体となる」と主張しているように[54]、夏期殖民と遊覧地帯を「綜合」することで綜合社会事業としての「遊覧社会事業」が成立する論理となっている。湖西社会事業は、その綜合社会事業としての遊覧社会事業を実現するための壮大な実験構想であったといえる。

　また、海野は遊覧社会事業を「滋賀県特有の社会事業」と繰り返し主張する一方で、一県の社会事業から国家による遊覧政策へと発展させる構想をもっていた。つまり、海野の言葉に従えば滋賀特有の社会事業（分縣的社会事業）から国家の遊覧政策（国家社会事業）へと発展させ、最終的には「人類生存の完成」を目的とした「国際社会事業」へと展開させる意図があったといえる。海野社会事業学が最終的に志向したものが人類の「生存学の成立」にあったことは周知の事実であるが[55]、海野はその実現の可能性（人類の「享楽」の充足）を琵琶湖西岸に見出していた。

【注】
1）海野幸徳の社会事業理論については、次の先行研究を参照。酒井慈玄「海野幸徳の生涯と文献」『龍谷大学論集』（389・390号）、1969年。中垣昌美「海野幸徳教授の社会事業理論の再評価」『龍谷大学論集』（389・390号）、1969年。平田勝政「海野幸徳文献目録」長崎大学教育学部『紀要』(68号)、2005年。この他にも近年の研究動向として、優生学との関係で海野を取上げた研究が顕著に確認できる。
2）吉田久一『社会事業理論の歴史』一粒社、1974年、204頁。
3）田代国次郎「社会福祉研究の動向と課題」花村春樹・田代国次郎『社会福祉研究の課題』ミネルヴァ書房、1973年、17頁。
4）吉田久一は、海野と岡村の理論を「目的価値論」として同一の枠組みで認識している（吉田久一『日本社会福祉理論史』勁草書房、1995年、9、158頁）。
5）海野幸徳の生涯については前述した先行研究の他に、中垣昌美『シリーズ福祉に生きる――海野幸徳――』大空社、1999年を参照。

6) 「農繁期託児所」滋賀県社会事業協会『共済』(第二巻、第五号)、1926年、1頁。
7) 「昭和二年の希望」『共済』(第三巻、第一号)、1927年、1頁。
8) 中垣昌美編・解説『海野幸徳集』鳳書院、1981年、63頁。
9) 海野幸徳「児童地帯及夏期殖民地帯――琵琶湖西岸の社会事業(上)――」『共済』(第一巻第一号)、1925年、6頁。
10) 海野幸徳『児童保護問題』(復刻版)、1986年、日本図書センター、98頁。
11) 海野幸徳、前掲『児童保護問題』98〜100頁。
12) 海野幸徳、前掲『児童保護問題』136頁。なお、「夏季」という言葉は以降「夏期」で統一されている。
13) 海野幸徳『社会事業概論』(復刻版)、日本図書センター、1996年、238頁。
14) 海野幸徳、前掲『社会事業概論』238〜239頁。
15) なお、同時期に海野が発表した「隣保事業」では、「夏期殖民はセットルメントのプログラムの中に数へらるるに至る」とし、セツルメント(隣保事業)の一方法として夏期殖民を取り上げている。更に海野は「この目的に向って、たとえば滋賀県の阪本は最適の土地である」と紹介し、「私は今後徹底的に各府縣に於て児童療養政策を採ることを勧告する。たとへば、滋賀県では一地点最小數萬の児童を迎へることは敢て難事ではない。團體主義を採らないで家庭主義を採ること、なれば一層結構である」と述べている。海野幸徳「隣保事業」『社会政策体系』(第七巻)、大東出版社、1927年、142〜144頁。
16) 海野幸徳、前掲『社会事業概論』240、244頁。
17) 中垣昌美「解説」、前掲『海野幸徳集』675頁。
18) 海野幸徳『輓近の社会事業』内外出版株式会社、1924年、33〜34頁。
19) 海野幸徳、同前『輓近の社会事業』32〜33頁。
20) 海野幸徳『日本社会政策史論』赤爐閣書房、1931年、120〜121頁。
21) 海野幸徳、同前『日本社会政策史論』257頁。
22) 「琵琶湖協会設立」『共済』(第一巻、第二号)、1925年、7頁。
23) 琵琶湖協会編『琵琶湖へ』1926年、42〜53頁。
24) 海野幸徳、前掲「児童地帯及夏期殖民地帯――琵琶湖西岸の社会事業(上)――」6頁。
25) 海野幸徳「児童地帯としての阪本(上)」『共済』(第一巻、第一号)、1925年、7頁。
26) 海野自身の「直観」によりまとめた湖西地区の調査結果は、滋賀県社会課『児童地帯及夏期殖民地帯調査』(1926年)に集約されている。同調査の結論として、「滋賀県琵琶湖西岸が保養地帯として、児童地帯として、夏期殖民地帯として近府縣に於て顕著なものだといふことが解るであらう」とし、しかしその一方で「湖西に殆ど獨特なる児童地帯のあることが知られて居らぬ」から、「縣下及近府縣がその嘱望する社会的福祉を齎らすべき地点を物色し、益々社会奉公の實を挙げられんことを望む」と記さ

れている（滋賀県社会課『児童地帯及夏期殖民地帯調査』67～69頁）。
27）海野幸徳、前掲『社会事業概論』244～245頁。
28）海野幸徳「児童交換事業（下）」『共済』（第二巻、第一号）、1926年、11頁。
29）「何をなすべき乎」『共済』（第1巻、第3号）、1925年、1頁。
30）海野幸徳「琵琶湖西岸の社会事業――遊覧地としての雄琴――」『共済』（第一巻、第三号）、8頁。
31）海野幸徳「琵琶湖西岸の社会事業――遊覧地としての雄琴（下）――」『共済』（第一巻、第四号）、1925年、7頁。
32）海野幸徳「琵琶湖西岸の社会事業――水泳場としての眞野川（上）――」『共済』（第二巻、第一号）、1926年、10頁。
33）海野幸徳「琵琶湖西岸の社会事業――水泳場としての眞野川（下）――」『共済』(第二巻、第二号）、1926年、8頁。
34）海野幸徳「夏期殖民の実行法案」『共済』（第二巻、第三号）、1926年、8頁。
35）海野幸徳「大津駅乗降客と滋賀県繁栄の観測」『共済』（第二巻、第二号）、1926年、9頁。
36）海野幸徳「琵琶湖西岸の社会事業――太湖汽船の回遊と滋賀県繁栄の観測――」『共済』（第二巻、第四号）、1926年、7頁。
37）海野幸徳「琵琶湖西岸の社会事業――京津間電車乗降と滋賀県繁栄の観測――」『共済』（第二巻、第四号）、1926年、8頁。
38）海野幸徳「琵琶湖西岸の社会事業――京津間電車乗降と滋賀県繁栄の観測（2）――」『共済』（第二巻、第六号）、1926年、6頁。
39）海野幸徳「湖西社会事業の進行」『共済』（第二巻、第十号）、1926年、1頁。
40）海野幸徳、同前「湖西社会事業の進行」1頁。
41）例えば、『学校と活動写真』では「娯楽」について「人間の消極的側面でも、贅冗でも、危険でもなく、それは、人間の建設的機能にあたるもので、それは悪いものであるとする代りに、一個社会化の手段と看做さなければならない」と主張している（海野幸徳『学校と活動写真』内外出版株式会社、1924年、67頁）。また、『児童と活動写真』では「安い料金で短時間のうちに、子供も、女も、下層階級や貧者も、能率で追ひまわされて忙しい月給取も、活動写真によって、外国の風景に接し地理を知り、探検を学び、千古の歴史に接し、動植物の實景を観、以て社会教育にいそしむことができる。かくて、活動写真による民主的教育手段を通じ文化の機会均等は実現せられる。實に、活動写真は現代に於ける唯一無二の教育手段である」と述べている（海野幸徳『児童と活動写真』表現社、1924年、320頁）。つまり、活動写真がもたらす教育効果の主張であるが、娯楽の充足を通じて人格完成（海野の言葉で言えば、「全一的」人間象）を目指すという海野社会事業理論の対象論が既に確認できる。
42）海野幸徳「昭和二年の希望」『共済』（第三巻、第一号）、1927年、1頁。

43）海野幸徳「国立公園としての琵琶湖」『共済』（第二巻、第八号）、1926年、13頁。
44）海野幸徳「湖西の社会施設案」『共済』（第二巻、第七号）、1926年、9頁。
45）海野幸徳「夏の社会事業」『共済』（第四巻、第六号）、1928年、1頁。
46）注21参照。
47）『共済』（第五巻、第六号）、1929年、22～23頁。
48）『共済』（第十巻、第六号）、1933年、49～50頁。
49）『共済』（第十一巻、第七号）、1934年、51頁。
50）『共済』（第十七巻、第七号）、1940年、18頁。
51）海野幸徳「社会事業概念の研究（下）」『社会事業研究』（第十四巻、第二号）、1926年、54頁。
52）海野幸徳「概念社会事業と体験社会事業」『社会事業研究』（第十五巻、第七号）、1927年、35～36頁。
53）このことに関連して、海野は嘱託制度について次のように主張する。「本當を云ふと、嘱託制度と云ふものは理論と実際との両面にわたって、官公吏では手出の能きぬ範囲を分担すべきものである。それが本質としての嘱託の職分である（中略）本當に社会事業をやって行かうとする了見であれば、社会技師と云ふやうな技術家を必要としやう（中略）今日の如き、素人社会事業なら、須らく全廃すべしと言ひたい」（海野幸徳「社会事業嘱託制度の是非」『人道』【第二百二十号】、1924年、7頁）。「体験」を重視した海野は同時に「篤志家の訓練」を主張していたが（『海野幸徳集』370頁）、自身もまた社会事業理論家としての自己完成を嘱託制度に見出していたと言えるのではないか。
54）海野幸徳、前掲『社会事業概論』9頁。
55）前掲、『海野幸徳集』639～640頁。

あとがき

　本書は、2009年に出版した『群馬県公的扶助史研究——戦前・戦中・戦後社会福祉のあゆみ——』に続いて2冊目となる地域社会福祉史研究の著書である。筆者が学部時代に社会福祉の歴史に興味を抱き大学院入学後に社会福祉史研究に従事するようになって10年以上が経過したが、その間に社会福祉をめぐる状況もめまぐるしく変化した。それを発達とみるか退化と見るかは後の歴史家が判断するであろうが、現代の問題を視野に入れることのできない歴史研究は果たして何の意味があるのかという疑念を筆者は払拭できないまま今日に至っている。同時に、史資料を収集することにのみ関心を集中させ、結果的には史資料のなかに自分自身を埋没させていたのではないだろうかという自己反省がいつも脳裏を過ぎる。しかし、それにもかかわらず研究途上であるこの貧しい書を出版するに至った理由は、恩師田代国次郎先生との「約束」にあった。

　大学院在籍時から能力の乏しい筆者を叱咤激励しながら多くのことを教授いただいた恩師との約束とは、「地べたをはいずる研究労働者」としての生きかたの継承に他ならない。研究とはその人の「生き方」の結晶であり、人生の足跡そのものでもある。田代国次郎先生が社会福祉はその権利主体である市民と共に存在するという確固たる信念のもとに「民衆」=「市民」の声を代弁することを使命としたのが、「母との約束」であったことは自身が述べられている。同じ研究労働者としての生き方を今後筆者ができるのか、今決断の時が迫られている。主著45冊という業績を筆者が超えることはとても不可能であるが、その理念の継承という約束だけは生涯果たしていきたいと思っている。その意味で、先ずは一冊の本として早々に刊行し市民からの批判を仰ぐことが何より必要であった。大袈裟な書名ではあるものの、社会福祉の権利性や公的責任の衰退を目の前にして改めてその意義を主張して行

く必要があるとの思いが推薦者である恩師と一致し、この書名の採用に至った。

筆者が関西の地に赴いて早6年の歳月が過ぎた。その間に多くの先輩研究者と交流する機会をもつことができ、貴重な助言を得ることができた。大学と地域社会福祉史研究の先輩である矢上克己先生。多くの研究発表の機会を与えてくださった中国四国社会福祉史学会の井村圭壯先生、杉山博昭先生。筆者が以前勤務していた群馬県の大学でお会いしてから今日に至るまでこのような地味な研究に注目してくださり、多くの支援を頂いた柏野健三先生。こうした先輩研究者からの助言指導は筆者にとって貴重な財産となっている。

さらに、滋賀県県政史料室のアーキビストには特段の配慮をいただいたこともここで述べる必要がある。社会課関連の行政文書は、地名や個人情報等の閲覧制限が多く伴う。文書の閲覧申請をしてから実際の閲覧に至るまで、半年以上の歳月を要したこともあった。そのような閲覧準備にかかる多大な負担を県政史料室には強いてしまったが、アーキビストの尽力によって貴重な資料に触れることができた。県政史料室の配慮がなかったら、本書は決して日の目を見ることはなかった。改めて感謝申し上げる次第である。

最後に、このような商業ベースに乗らない本の出版をいつも快く引き受けてくださる本の泉社代表取締役の比留川洋氏に感謝申し上げたい。出版不況といわれる現代において、誠実に「仕事」（ザッヘ）に従事されている氏の姿からは職業人としての心構えやあるべき姿を教授されている気がしている。ありがとうございました。

平成25年12月26日
著者

●著者紹介

畠中　耕（はたけなか　こう）

1978年　岩手県生まれ
現在　神戸医療福祉大学専任講師

《主要著書》
・『群馬県公的扶助史研究──戦前・戦中・戦後社会福祉のあゆみ──』、本の泉社
・『現代の貧困と公的扶助』（共著）、社会福祉研究センター
・『社会福祉の未来は』社会福祉研究シリーズNo.27（共著）、社会福祉研究センター
・『地域から社会福祉を切り開く──関東地域の社会福祉研究──』（分担執筆）、本の泉社
・『続・地域から社会福祉を切り開く』（分担執筆）、本の泉社

滋賀県公的扶助史研究──戦前・戦中社会事業のあゆみ──

2014年3月22日　初版 第1刷 発行

著　者　畠中　耕
発行者　比留川　洋
発行所　株式会社 本の泉社
〒113-0033　東京都文京区本郷 2-25-6
TEL：03-5800-8494　FAX：03-5800-5353
http://www.honnoizumi.co.jp
印刷　亜細亜印刷株式会社　／　製本　村上製本所

ⓒ 2014, Kou HATAKENAKA　Printed in Japan
ISBN 978-4-7807-1141-7 C0036

※落丁本・乱丁本は小社でお取り替えいたします。定価はカバーに表示してあります。
　本書を無断で複写複製することはご遠慮ください。